차세대 성장동력 '저탄소 녹색성장'을 이끌어 가기위한

녹색금융
GREEN FINANCE

차세대 성장동력 '저탄소 녹색성장'을 이끌어 가기위한

녹색금융

GREEN FINANCE

김주태 · 진 익 공저

서울경제경영

머리말

산업혁명이후 인류는 커다란 경제적, 기술적 발전을 해 오고 있다. 이러한 발전은 앞으로도 지속될 것이나, 그 발전방식에 있어서 패러다임의 전환이 이루어지고 있다. 지금까지의 경제발전은 환경오염이라는 부정적인 결과를 수반하여 왔다고 할 수 있다. 그 동안 이룩한 인류의 놀라운 발전과 번영 뒤에는 환경파괴, 공해발생 등을 초래하였다. 이제는 이러한 악순환의 고리를 끊고, 경제발전을 지속하는 가운데, 환경을 보호하고, 공해를 방지하며, 좀 더 안락한 삶의 환경을 만들어 가고자 한다. 특히, 녹색혁명은 기후변화와 관련된 것으로 산업 발전의 가운데 온실가스의 발생이 기후변화를 초래하였다고 하여, 이제는 산업발전으로 발생하는 온실가스 배출량을 감소시켜야 한다는 것이다. 우리나라는 이명박 정부에서 2008년 8월 이후 녹색성장을 국가발전 어젠다로 채택하여 활발히 추진하였으며, 미국 등 주요 국가의 정책과 기후변화 협약과 같은 국제적 협의의 움직임 역시 매우 활발히 움직이고 있다.

본서는 최근에 많은 관심을 갖고 있는 녹색성장의 기본 내용을 정리하고, 특별히 녹색성장과 녹색산업에 어떻게 하면 자금을 원할히 공급할 것인가에 관한 녹색금융의 여러 가지 영역을 정리하였다. 한 국가가 성공적인 녹색성장을 이루는 데에 여러 가지 요인이 갖추어져야 하나, 원할한 자금의 공급이 가장 중요하다고 할 수 있다.

본서에서는 녹색 금융의 영역을 공적금융의 영역, 민간금융의 활성화, 그리고, 시장매커니즘이라는 세 가지로 나누어 고찰하였다. 먼저 공적 금융이라는 것은 정부의 다양한 지원금이나 세제 감면에 의해서 녹색산업을 지원하는 것이다. 미국의 녹색은행처럼 정부투자를 담당하는 공공금융기관의 설립을 통해서도 가능하다. 우리나라의 경우 정책금융 공사가 이러한 역할을 수행하고 있는 것으로 보인다. 최근에 많은 나라들은 녹색 경기부양책을 고려하고 있다. 녹색산업을 발전시킴에 의하여 기후변화도 방지하고, 동시에 경제발전과 일자리 창출을 꾀하는 것이다. 과거 몇 년 동안 오바마 행정부에서 녹색 뉴딜을 추진하고 있는 것으로 보인다. 둘째로, 정부 정책에 의하여 민간 금융 기관의 녹색금융에 참여를 독려할 수 있다. 민간 금융 기관이란 은행, 자본시장, 보험회사를 주로 의미한다. 은행의 대출이 유리한 조건에 녹색산업에 이루어지도록 하고, 자본시장에서 녹색기업과 녹색기술이 좋은 평가를 받고, 우선적으로 투자를 받을 수 있도록 유도한다. 또한, 녹색보험의 발달에 의하여 녹색산업의 투자에 수반되는 위험을 관리할 보장수단들이 제공되기도 한다. 일반적으로 녹색성장에의 투자는 공적 금융에 의해서만은 충족될 수 없을 정도로 매우 크다고 이야기된다. 그러므로, 민간자본의 투자가 이루어져야 하고, 이를 이끌어내기 위하여 적절한 정책의 수립과 실행이 필요하다. 마지막으로 시장 매커니즘에는 탄소배출권 거래제와 탄소세가 있다. 이 두 제도에서 탄소배출량을 그대로 기업에게 원가로 작용하여, 탄소배출을 감축하도록 하는 강한 유인을 제공한다. 이론적으로 매우 혁신적이고, 우수한 제도이나, 실제로 실행하는 데에는 아직 여러 가지 해결되어야 하는 문제가 있고, 세계적으로 도입한 예가 많지 않다. 우리 나라의 경우에도 많은 논의 끝에 2015년에 배출권 거래제가 도입되는 것이 결정되었다. 탄소배출 감소와 환경보호라는 목적을 달성하는 과정에서 산업계의 경쟁력 약화를 초래하지 않도록 이 제도가 시행되어야 한다.

기후변화와 녹색성장에 관한 논의는 국내적으로 뿐만 아니라, 국제적으로도 많이 진행되고 있다. 저자들은 2010년과 2011년 2년 동안 진행된 APEC하의 녹색금융에 관한 국제공동 연구와 ADB에서 수행한 녹색 아시아에 관한 국제공동연구에 참여하여 녹색성장과 녹색금융에 관한 연구경험을 가지고 있다. 또한 아직 국내에서는 보편화되지 못한 상태이지만 위험관리를 위한 녹색보험 분야에 대해 보험연구원의 협조을 통해 해외 선진사례를 조사한 경험도 가지고 있다. 기후변화는 전 세계가 공통으로 직면하고 있는 공동의 문제이며, 일부 국가의 노력에 의해서만은 잘 이루어질 수 없다. 최근에 선진국과 개도국간의 이해의 충돌로 기후변화 협의가 난항을 겪고 있기도 하다. 국내에도 이러한 움직임을 반영하여 기후변화와 녹색성장에 관하여 매우 많은 종류의 서적이 출판되어 있다. 그리고, 녹색금융의 분야에 대하여도 서너 종류의 책이 이미 출간되어 있다. 본 서는 녹색금융 분야를 정리하는 데에 있어서 국제적으로 논의되고 있는 내용들을 포함하고자 노력하였다. 이제는 학문적 논의나 아니면 정책적 논의들이 국내적 차원을 벗어나 글로벌한 차원에서 보조를 맞추고, 우리의 입장을 제시하는 방법으로 가야할 것으로 보인다.

저자들은 녹색성장과 녹색금융의 분야에서 서적을 한 권 새로이 내놓는 것을 감히 기쁘게 생각한다. 모든 사람들이 관심을 갖는 새로운 분야에 미약하나마 새로운 시각을 제공하는 역할을 할 수 있으면 좋겠다. 저자들은 앞으로도 이 분야에 대하여 연구를 계속하고, 연구성과를 사회와 공유하기 위하여 노력할 것이다. 저자들의 이러한 관심과 노력에 대하여 많은 부족한 점에도 불구하고, 독자들이 따뜻한 시선을 보내주었으면 하는 바램이다. 마지막으로 이 책을 출판하는 데에 기획부터 마지막 원고 정리까지 애정어린 협조를 해주신 서울경제경영의 김은중 사장님과 직원 여러분들께 감사의 뜻을 보낸다.

2013년을 시작하며

저자 일동

차 례

CHAPTER

01 기후변화와 녹색성장

1. 기후변화의 위협

전 세계적으로 평균 온도는 꾸준히 상승하고 있다. 이는 지구 온난화(global warming)라고 표현되는데, 인류의 생존과 발전을 위협하는 가장 중요한 위협요인으로 인식되고 있다. 따라서, 지구 온난화 문제에 대처하기 위하여 전 세계적으로 관심이 증가하고 있으며, 우려가 고조되고 있다. 통계적으로 보면, 지난 100년간(1906~2005) 세계 평균 온도는 섭씨 0.74도가 증가하였는데, 21세기 말에는 6.4도 정도가 증가할 것으로 예상되고 있다.

지구 온난화의 원인에 대하여는 여러 가지 설명이 가능하나, 산업활동에 따른 화석연료의 사용 증가로 인한 온실효과(greenhouse effect)가 주원인이라는 것으로 최종 결론이 나고 있다. IPCC(Intergovernmental Panel on Climate Change)는 1998년 세계기상기구(WMO)와 UN 환경 계획(UNEP)이 공동으로 기후 변화 문제에 대처하기 위해 설립되었는데, 1990년이래 5~6년 간격으로 기후 변화 보고서를 발간하였으며, 약 6년간에 걸쳐 2,500명의 과학자가 참여한 제4차 평가 보고서를 통해 인위적 온실가스 배출이 지구 온난화의 주요 원인임을 인정하였다. 2007년 발간한 제 4차 평가보

표 1 지구 온난화의 피해

부 문	주요 영향		
수자원 (Water)	평균 기온 상승은 홍수, 물부족 등 수자원에 대하여 피해를 줄 수 있음.		
	20년(1도 상승)	50년(2~3도 상승)	20년(3도 이상)
생태계 (Ecosystem)	CO_2 증가로 생태계 구조, 역할, 종(specise)의 상호 연계에 부정적 영향		
	20년(1도 상승)	50년(2~3도 상승)	20년(3도 이상)
식량자원 (Food)	고위도 지역은 식량 수확량이 증가하나, 저위도 지역은 수확량 감소로 기근 위험		
	20년(1도 상승)	50년(2~3도 상승)	20년(3도 이상)
	전지구적 농작물 수확 잠재력 증가 1~3천만 명의 기근 위협		저위도지역 적응력 증가 중고위도지역 수확량감소 3~12천만 명 기근
해안	많은 지역이 해수면 상승으로 홍수의 위협에 노출되고 해안침식과 생태계의 파괴		
	20년(1도 상승)	50년(2~3도 상승)	20년(3도 이상)

고서에 대해 미국 등 130여 개국이 내용의 타당성을 인정하였다.

지구 온난화는 기상 재해, 생태계 파괴 등의 형태로 표출되어 인류 생존을 위협하는 요인으로 인식되고 있다. 기후 변화에 따른 경제 손실은 매년 세계 GDP의 5~20%에 이를 것으로 전망되고 있으며, 가뭄, 홍수, 폭염 등 기상재해로 인한 피해는 더욱 커져 갈 것으로 예측된다. 지구 온난화는 생태계, 수자원, 식량, 해안 등 우리 생활과 관련된 다양한 분야에 부정적 결과를 가져올 것으로 보이는 데, IPCC 4차 보고서에 표1과 같이 그 예상 피해를 정리하였다.

2. 녹색성장의 개념

녹색성장이라는 용어는 2000년 1월에 Economist지에 언급된 이후 다보스 포럼을 통해 널리 알려지게 되었다. 녹색성장은 경제와 환경이 조화를 이루어 성장하는 것을 의미한다. 환경적으로 지속가능한 의미에서 이루어지는 성장을 뜻한다. 21세기에 가장 관심을 갖는 주제인 경제적 발전이 에너지 및 환경 문제와 선순환의 구조를 이루도록 하는 것으로 저탄소의 목표를 달성하여 지구 온난화의 위협을 차단하고, 다른 환경 문제를 방지하는 차원에서 산업의 운영과 경제발전이 이루어지는 것이며, 환경 오염 방지 사업, 신재생 에너지 개발 사업 등 녹색 산업을 전략적으로 추진하여 이 분야의 산업 발전이 전체적인 경제발전의 엔진 역할을 하도록 하는 것이다. 즉, 환경과 경제의 선순환 구조라는 것은 2단계를 통해 이루어지는 것으로 생각할 수 있는데, 첫번째 단계는 환경을 훼손하지 않고 개선하는 경제성장을 의미하며, 경제의 운영에 있어서 에너지, 자원의 효율적 사용을 하고, 온실가스 배출 최소화하는 것이다. 두번째 단계는 환경산업을 추진함에 의하여 경제발전을 위하여 새로운 동력을 삼는다는 것이다.

녹색 성장을 주장하는 배경에는 기존의 경제 성장의 패러다임에 변화가 이루어져야 한다는 인식이 이루어지고 있다는 것이다. 기존의 요소투입 위주의 성장은 자원과 환경위기의 도래로 한계에 부딪혔다. 경제발전 계획의 틀안에 저탄소나 친환경의 개념이 추가되는 성장 전략이 미래의 발전을 이끌어 갈 수 있는 새로운 전략적 틀이라는 인식이 전 세계적으로 확산되고 있고, 선진국들은 이미 앞서서 정책을 수립해 가고 있다.

전 세계 국가들은 녹색성장의 필요성에 대하여 인지하고는 있으나, 일부 선진국을 제외하고는 아직까지 적극적, 구체적 실행에 나서고 있는 나라는 많지 않다. 그럼에도 불구하고 녹색시장은 급속하게 증가할 전망이다. 대부분의 국가에서 보여주고 있는 소극적이고 수동적 대응은 온실가스 배출 규제 의무 부담에 따른 비용 증가만 계속될 뿐 이 분야를 이용하여 성장동력으로 추진하는 것은 어렵기 때문에 보다 적극적 대응이 필요하다고 볼 수 있다. 탄소 배출권 시장과 신재생 에너지 시장 모두 향후 지속적 성장이 예상되며, 그로 인한 전후방 사업으로의 파급 효과가 클 것이므로, 연관 산업의 발전 전망은 밝으며, 동시에 이 분야에서 경쟁도 치열해 질 것으로 보인다.

녹색성장에 대한 이론적 논의는 지속가능 발전이론에서 생태근대화 이론, 녹색 성장 정책이론으로 발전하여 왔으며, 최근에는 녹색 성장 정책이론에 의하여 각국의 녹색 성장을 추진하는 데에 기본 틀로 작용하고 있다.

즉, 녹색성장이란 새로운 경제발전 패러다임이다. 기존의 경제발전 패러다임이 경제적 성장과 환경오염이 동시에 발생하여 왔다고 한다면, 이제는 환경을 보호하고, 탄소배출을 감소시키면서 경제적 발전을 지속하고자 하는 것이다. 과거의 경제성장 모델이 회색성장이라고 하면, 그에 대비하여 미래의 성장 모델은 녹색성장이라고 할 수 있다.

표 2 녹색성장에 대한 이론적 접근

구 분	내 용
지속가능 발전이론 (Sustainable Development Theory)	• 국민소득의 증대로 쾌적성 등 삶의 질에 대한 요구가 늘고, 사회 격차의 확대로 사회 통합의 필요성이 분출되었다. • 다음세대의 생활을 저해하지 않는 수준의 발전론으로 경제, 사회, 환경의 동시적인 발전을 추구한다. • 구체성이 없는 도덕적 선언이며, 빈국의 특수성을 반영하지 못하였다.
생태근대화이론 (Ecological Modernization Theory)	• 독일의 발전양상을 해석했던 사회학자 후버와 야니커가 처음 제시하였으며, 1984년 OECD 환경 경제 회의에서 국제적인 지지를 얻었다. • 가난을 환경의 최대의 적으로 보았으며, 경제와 환경의 공존가능성을 제시하였다. Eco-efficiency의 개념을 내세웠다. • 경제와 환경의 동시 실현보다는 환경 개선을 위한 지원에 제한되었다.
녹색성장 정책이론 (Green Growth Policy Theory)	• 산업화시대에 경제와 환경의 양립이 가능하며, 경제가 발달하되, 환경을 훼손하지 않을 수 있다는 것은 인식하였다. • 위기의 심각성을 깨닫게 되었으며, 에너지 이용의 효율화와 대체에너지 개발을 추진하게 되었다. • 성장패턴과 경제 구조의 전환을 추진하며, 이에 다라 에너지, 환경, 경제 간의 선순환 구조로의 변화를 꾀하였다.

녹색성장은 다음과 같은 세 가지의 위협에 대한 대응이라고 이해할 수 있다.

첫째, 세계경제에 대한 현재의 커다란 위협은 기후변화 등의 환경적인 문제이다. 우리는 석탄, 석유, 천연가스 등 탄소성분의 화석연료를 주된 에너지 자원으로 사용하면서 엄청난 양의 이산화탄소를 대기로 배출하고 있다. 화석연료 사용으로 인한 이산화탄소 배출의 증가와 산림파괴로 인한 이산화탄소 자연 흡수능력의 감소로 이 문제는 더욱 심각해지고 있다. 이산화탄소의 배출과 흡수가 균형을 잃어서 탄소 순환(carbon cycle)이 무너지고 있다. 대기중의 이산화탄소 증가로 인하여 물의 순환(water cycle)도 불안정해지고 있고, 폭우, 가뭄, 태풍 등 이상기후 현상도 증가하고 있다. 인구가 밀집한 도시들이 해안과 강가에 위치하고 있어서 이상기후 현상이 미치는 영향이 더욱 심각하다. 기후변화는 경제에도 영향을 미친다. 특히, 많은 개발도상국가들은 농업에 의존하고 있으며, 이상기후에 대응할 수 있는 인프라도 부족하다. 개발도상국은 기후변화에 매우 민감하게 영향을 받을 것으로 예상된다.

둘째, 에너지의 고갈이다. 기후변화의 원인이 되는 탄소배출은 많은 부분이 석탄이나 석유와 같은 화석연료의 소비과정에서 나오게 된다. 그런데, 이러한 화석연료의 매장량이 한정되어 있어 미래의 경제발전의 장애요인이 될 수 있다. 세계 인구는 지속적으로 증가하고 있다. UN 보고서에 따르면 2007년 67억 명에서 2050년에는 92억 명으로 세계인구의 약 37% 증가할 것으로 예상된다. 누구나 풍요롭게 살고 싶어하기 때문에 에너지 소비는 늘어날 것이 분명하다. 번창했던 고대 문명들은 모두 숲에서 제공하는 바이오매스(biomass) 에너지를 소비했다. 집을 짓는 데 필요한 벽돌, 농기구와 무기를 만드는 데 필요한 철, 요리와 난방에 필요한 나무 등이 모두 바이오매스 에너지에 기초한 것이다. 그러나 이들 문명은 에너지를 모두 고갈시키고 난 후 몰락의 길을 걸었다. 에너지는 경제 성장을 위한 제약조건이 되는 것이다. 현지에서 조달할 수 있는 에너지 자원을 기반으로 성장을 하고, 에너지 자원이 고갈되면 쇠퇴하는 것이 일종의 경제주기인 것이다. 현대 문명은 석탄, 석유, 천연가스 등 화석연료에 의존하는 바가 크다. 열량이 높고 운반이 쉬운 화석연료를 사용하면서 인류는 산업혁명을 이루어 왔다.

그러나 화석연료의 공급은 무한한 것이 아니다. 지속적으로 유혈암(oil shale)과 같은 새로운 종류의 화석연료를 발견한다 하더라도 화석연료는 결국 고갈될 수 있다. 에너지 수요는 계속 증가하는데 화석연료의 공급은 제한되어 있다고 할 수 있다. 현재 세계 에너지 시장은 변화를 겪고 있다. 1980년대에는 중국이 석유와 석탄의 순수출국이었다. 심지어는 에너지 자원들이 중국의 대표적인 대일(對日) 수출품목이었다. 그러나 이제 중국은 석유 등 대량의 화석연료들을 수입하고 있다. 2009년에는 수입량이 국내의 생산량을 초과했다. 물론, 인도네시아와 말레이시아 등의 나라는 아직 에너지 수출국들이다. 그러나 이들 국가의 자원도 고갈되면서 자체적인 에너지 효율 개선과 바이오매스, 원자력 등 대체 에너지 개발을 위한 노력이 이루어지고 있다. 이는 미래에 닥칠 에너지 부족을 보여주는 사례로 이런 관점에서는 세계경제가 무한히 성장할 수는 없다는 것을 보여준다.

셋째, 최근에 경기침체가 세계적으로 계속되고 있으며, 녹색산업은 새로운 성장동력으로의 가능성을 보여준다. 2008년 서브프라임 모기지 대출의 붕괴로 발발한 국제 금융위기는 아직 계속되고 있다. 세계경제는 금융위기 이후 많은 영향을 받았으며, 세계경제는 2008년에 마이너스 성장을 기록하기도 하였다. 게다가 2010년 경기 회복의 기미가 보일 때 발생한 그리스發 재정위기는 유럽은 물론 세계적으로 경제에 악영향

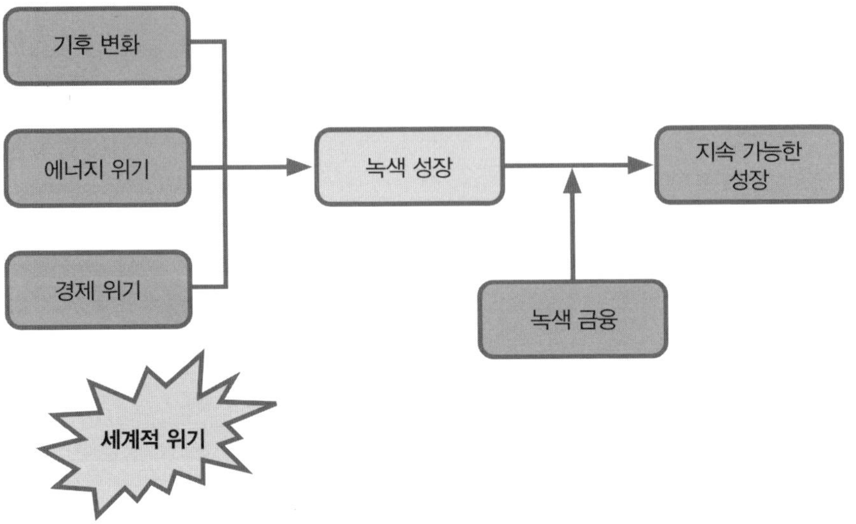

그림 1　녹색성장의 필요성

을 미치고 있다. 전문가들이 예상하는 것 만큼 빠르지는 않더라도 경제위기는 언젠가는 끝날 것이다. 일종의 경기주기라는 개념에서 이해할 수도 있을 것이다. 그러나 세계경제는 이 밖에도 수많은 위협에 직면하고 있다. 대부분의 문제는 구조적인 문제로 이해할 수 있으므로 세계경제의 패러다임 변화를 야기할 수도 있다

녹색성장이란 결국 저탄소 성장이라고도 할 수 있는데, 경제발전을 지속하면서 탄소감축을 이뤄내자는 것이다. 표3은 세계에서 탄소배출이 가장 많은 10개국을 나타내고 있다. 미국과 중국이 최대 탄소 배출국이며, EU가 3번째가 된다. 탄소 최대 배출국인 미국과 중국이 현재 진행중인 기후변화 협상에 다분히 수동적인 모습을 보여주고 있다는 것이 문제라고 할 수 있다. 녹색성장에 의한 기후변화에 대한 대응은 지금까지는 미국보다는 유럽에서 더 활발한 모습을 보여주었으나, 최근 유럽의 경제위기가 여기에 어떻게 영향을 미칠지는 두고 보아야 한다. 한국도 최대배출국에 포함이 되며, 7번째 정도의 위치를 갖고 있다. 우리 나라가 비록 개도국으로 인정되어 쿄토의정서에서 의무감축국은 아니었으나, 우리의 탄소배출 현황을 감안하면, 저탄소 경제를 이루는 데 더욱 적극적으로 임해야 함을 알 수 있다.

표 3 세계 10대 탄소 배출국 (단위 : 천 톤)

1	중국	6,538,367	22.3 (%)
2	미국	5,830,381	19.9 (%)
3	EU	4,177,817	14.0 (%)
4	인도	1,612,362	5.5 (%)
5	러시아	1,537,357	5.2 (%)
6	일본	1,254,543	4.3 (%)
7	독일	787,936	2.7 (%)
8	캐나다	557,340	1.9 (%)
9	영국	539,617	1.8 (%)
10	한국	503,321	1.7 (%)
11	이란	495,987	1.6 (%)

3. 녹색성장의 성격

각국 정부는 녹색성장 정책을 추진하는 데에 있어서 다음과 같은 사항을 고려하여야 한다.

첫째, 녹색 경기부양책(Green Stimulus)으로의 의미가 있다. 금융위기의 영향으로 세계경제는 불황으로 접어들었다. 많은 기업들은 수요 감소에 대응해서 생산량을 줄이면서 일자리를 잃는 사람들도 늘어났다. 각국 정부는 실업과 수요 감소에 대처하기 위해 여러 가지 정책을 펼쳤다. 대표적으로 미국은 2009년에 7,870억 달러에 달하는 경제부양안을 통과시켰다. 그 중 700억 달러는 환경과 에너지 관련 투자에 할당되었다. 스마트 그리드, 재생 에너지 등 기후변화에 대처하기 위한 기술개발에 대한 계획도 포함되었다. 환경과 에너지에 투자함으로써 단기적으로는 경기불황을 타개하고 중장기적으로는 경제성장을 목표로 실행한 것이다. 이는 녹색 경기부양책(Green Stimulus)의 대표적인 예로 많은 국가에서 도입하고 있다.

둘째, 녹색성장의 핵심은 기술개발에 있다. 세계경제는 대량의 에너지 소비를 기반으로 돌아가고 있다. 예를 들어, 전기 공급이 이루어지기 때문에 가전제품을 사용하고 집을 깨끗하고 편안하게 유지할 수 있다. 또한, 세계화로 인해 수많은 사람들이 화석연료를 기반으로 움직이는 교통편을 이용해서 이동한다.

아무도 편안한 삶을 포기하고 싶어하지 않으며, 그 어떤 나라도 경제규모를 줄이려고 하지 않는다. 따라서 에너지 효율을 향상시킴으로써 에너지를 절약하고, 화석연료가 아닌 청정 에너지를 사용해서 이산화탄소 배출을 줄여야 한다. 기술의 진보는 이를 가능하게 한다. 따라서 기술의 개발은 녹색성장을 이루는 데 필요한 중요한 요소이다.

이미 개발된 기술만으로 온실가스를 감축시킬 수 있는 여지가 많다. 그러나 2050년까지 온실가스를 50% 감축하려는 목표에 도달하기 위해서는 첨단의 기술이 필요하다. 개발된 기술을 전파하는 것과 새로운 첨단기술을 개발하는 것 모두 필요하다.

셋째, 녹색성장은 민간부문에 의하여 주도되어야 한다. 에너지를 가장 많이 소비하는 이들은 기업과 가계 등 민간부문이다. 특히, 전력회사 등 에너지와 관련된 기업들은 아직 정부의 규제를 받지만 대부분 민간기업이 운영하거나 민영화가 진행되고 있다. 따라서, 이산화탄소 배출을 줄이기 위한 투자도 민간부문에서 주도해야 한다. 녹색성장에 필요한 기술은 민간부문에서 보유하고 있으며, 기술의 이전 역시 기업간 거래의 형태로 이루어져야 한다. 녹색성장을 위한 민간부문의 역할은 매우 중요하다.

공공부문의 역할은 변화하고 있다. 정부는 기업이 잘 운영될 수 있도록 규제와 인센티브 시스템을 정착시키는 역할을 해야 한다. 즉, 게임의 룰을 정하는 역할에 충실해야 한다.

넷째, 시장기반의 매커니즘이 적극 활용되어야 한다. 경제가 구조적인 변화를 겪으면서 민간부문의 역할은 그 언제보다도 커졌다. 이산화탄소 배출량을 대폭 줄이기 위해서는 시장기반 메커니즘을 적극적으로 활용해야 한다.

탄소배출권 거래는 이산화탄소 배출을 감축할 인센티브뿐만 아니라 관련 투자 자금을 마련한다는 점에서 기후변화에 대응하는 좋은 제도이다. 탄소배출권 거래 시스템 하에서 기업은 탄소배출량 한도를 규제 받거나 일정수준의 에너지 효율성을 달성해야 한다. 탄소배출량이 한도를 초과한 기업은 탄소배출권을 매입해야 하는 구조이다. 기업은 투자계획과 탄소배출권의 가격에 따라 탄소배출권을 사는 입장이 될 수도 있고, 탄소배출권을 파는 입장이 될 수도 있다.

탄소배출권 거래는 이산화탄소 배출을 줄이려는 기업에게 인센티브를 부여한다. 기존의 환경규제는 정부주도의 과세정책과 지원금 제도로 이루어졌다. 그러나 탄소배출권 거래가 활성화되면 시장이 정부의 기능을 대신하게 된다.

정책적으로 이는 매우 혁신적인 제도이다. 탄소배출권 거래 제도의 경제적인 장점은 다음과 같다. 세계적으로나 국가적으로 이산화탄소 배출을 줄이는 데 비용이 가장 적게 드는 방법이다. 그리고, 초기 도입비용을 제외하고 나면 정부에서 부담하는 비용이 없다. 탄소배출권 거래 제도의 경제적인 단점은 다음과 같다. 제도를 정착시키는 데 드는 초기 도입비용과 유지비용이 매우 크다는 것과 동일 산업군 내에는 여러 기업이 경쟁관계에 있기 때문에 배출권 한도 및 에너지 효율성 목표치는 동일하게 적용되어야 한다.

기업이 이산화탄소 배출량을 감축하기 위한 투자를 할 때에는 기술개발에 시간이 많이 소요된다는 것을 고려해야 한다. 예를 들어, 전력회사에서 이산화탄소 배출량을 감축하는 데 필요한 기술을 개발하는 데에는 10~15년 정도 걸릴 것으로 보고 있다. 정부는 이와 같은 요소를 고려해서 장기적인 탄소배출 한도 및 탄소배출권 거래 제도를 계획해야 한다.

다섯째, 녹색성장 정책의 실행과정에서 여러 이해관계자에 대하여 공정한 기회와 규제가 이루어져야 한다. 이산화탄소 배출을 규제하기 위해 다양한 수단이 도입될 것이다. 과거와 달리 이산화탄소 배출은 기업에게 비용 부담을 안겨주게 된다. 기업들이 걱정하는 가장 큰 문제는 비용을 공정하게 분담하게 되느냐는 것이다. 특히, 개발도상국의 기업들이 비용 분담을 하지 않을 수도 있기 때문이다. 교토 협약에 따르면, 선진국에서만 배출 규제를 도입하고, 선진국 기업들만 이산화탄소 배출에 대한 비용을 부담한다.

철강, 시멘트, 알루미늄 제조업체들은 이산화탄소 배출량이 많은 에너지 집약 산업에 속한다. 이들 산업의 총 생산량 중 국제무역시장에서 거래되는 비중은 각각 32%, 6%, 75% 수준이다. 철강 제품은 총 생산량의 절반 이상이 개발도상국에서 생산된다. 기업들이 탄소배출 규제를 받게 되면 생산공장에서 관련 비용이 발생하게 되는데 지역 경쟁업체들보다 가격경쟁력이 떨어질 것을 우려하고 있다. 공정한 경쟁이 이루어질 수 있도록 하는 하나의 대안으로 이산화탄소 배출 규제를 받지 않는 국가에서 원료를 도입할 때 일종의 국경조정관세(border adjustment)를 부과할 수 있다. 그러나 이는 국제무역에 악영향을 미칠 수 있다. 녹색성장을 위해서는 모든 기업이 공정하게 경쟁할 수 있는 환경을 조성해야 하며, 국제무역을 촉진하는 방향으로 진행되어야 한다.

공정경쟁과 관련된 또 하나의 이슈는 정부보조금이다. 저탄소 기술개발을 위한 정부보조금은 이미 여러 국가에서 도입하였다. 기후변화에 대한 대응책으로 투자와 기술개발을 장려하는 것은 당연히 필요하다. 그러나 이 때 발생할 수 있는 국제무역 관련 갈등을 고려해야 한다.

여섯째, 결과적으로 청정에너지가 개발되는 것을 가속화시키고, 그에 대한 접근성을 강화하여야 한다. 에너지 효율성을 증진시키고, 생활방식과 사업모델을 변화시켜서 에너지 소비를 줄이고 녹색사회(Green Society)로 나아가야 한다. 그러나 현재 많은 사람들은 청정 에너지를 활용할 수 있는 여건이 안 된다. 특히, 도시에서 멀리 떨어진 곳에서는 청정 에너지에 대한 접근성이 매우 떨어진다. 에너지를 절약하기 위해서는 에너지 효율을 높이는 동시에 전기 공급이 효율적이고 효과적으로 이루어질 수 있도록 투자를 해야 한다. 한 가지 대안으로 각 지역기반의 재생 에너지를 공급하는 것이다. 독립형 전력(off-grid power) 생산 등을 고려해 볼 수 있다.

4. 녹색성장 관련 국제 논의

녹색성장 관련 국제적 논의는 다양한 국제기구들을 중심으로 국제사회가 기후변화에 공동으로 대응하기 위한 과정에서 시작되었다고 볼 수 있다.

1987년 제네바에서 열린 제1차 세계기상회의에서 결정된 바에 따라, 1988년 세계정상 기상기구(WMO: World Meteorological Organization)와 유엔 환경계획(UNEP: United Nations Environment Programme)이 공동으로 정부간 기후변화 패널(IPCC: Inter-Governmental Panel on Climate Change)을 설립하였다. IPCC는 세계의 유수한 전문 과학자들과 평가자, 권위자들로 구성되어 기후변화에 관련된 과학적 · 기술적 사실에 대한 평가를 제공하고 있다.

1990년 IPCC가 발간한 첫 번째 보고서를 토대로, 1992년 브라질의 리우데자네이루에서 UN의 기후변화 협약(UNFCCC: United Nations Framework Convention on Climate Change)이 체결되었다. UNFCCC는 지구의 온난화를 규제 · 방지하기 위한 국제협약으로서, 인류활동에 의한 인위적 요소들이 기후시스템에 부정적 영향을 미치지 않도록 대기 중 온실가스의 농도를 안정화시키는 것을 목표로 설정하였다. 그리고

UNFCCC에 가입한 국가를 당사국(party)이라 하고, 당사국들이 매년 협약의 이행방법 등 주요 사안들에 대하여 결정하는 자리를 당사국총회(COPs: Conference of the Parties)라고 한다. 즉 COP는 UNFCCC 관련 최고 의사결정기구로서, 현재 기후변화 및 녹색성장에 관련된 국제 논의가 진행되는 장이라고 할 수 있다.

1995년 IPCC가 두 번째로 발간한 보고서는 과학적으로 기후변화를 기정사실화하였으며, 이를 토대로 기후변화 및 녹색성장 관련 국제 논의에서 큰 흐름을 구성하는 교토의정서(Kyoto Protocol)가 채택되었다. 제3차 당사국총회(COP3)의 성과물인 교토의정서는, 부속서I 국가(Annex I)들의 온실가스 배출량 감축 의무화, 공동이행 제도(JI: Joint Implementation), 청정개발체제(CDM: Clean Development Mechanism), 배출권 거래제(ET: Emission Trading) 등을 주요 내용으로 한다. 특히 온실가스를 효과적이고 경제적으로 줄이기 위해 도입된 공동이행제도(JI), 청정개발체제(CDM), 배출권거래제도(ET) 등은 '교토메커니즘(Kyoto Mechanism)'으로 불린다. 또한 이들 수단들은 시장원리에 입각하여 온실가스 감축을 도모한다는 점에서 유연성체제(flexible mechanism)라고 불리기도 한다. 즉, 선진국들이 온실가스 감축의무를 자국 내에서만 모두 이행하기에는 한계가 있다는 점을 인정하고 감축분의 이전 등이 가능하도록 이 메커니즘(JI, CDM, ET)을 도입한 것이다.

한편, 2007년 인도네시아 발리(Bali)에서 개최된 제13차 당사국총회(COP13)는 2009년까지 구속협약 마무리하는 것을 목표로 2년간의 준비과정에 관한 발리 로드맵(Bali Roadmap)을 채택하였다. 발리 로드맵은 2012년까지 효력을 갖는 교토의정서 이후에 새로운 협약을 도출하기 위한 포스트-2012 협상지침이었다. 그런데 교토의정서의 의무이행에 참여하지 않은 미국이 발리 로드맵과 별도의 협의체인 주요국회의(MEM; Major Economies Meeting on Energy Security and Climate Change)를 주도함에 따라, 두 협의체간 역할분담과 관계설정이 불명확하였다. 참고로 주요국회의는 전체 온실가스 배출의 80%를 차지하는 16개국[1)]이 참여하였다.

발리 로드맵과 같은 사전 준비에도 불구하고 2009년 덴마크 코펜하겐에서 개최된 제15차 당사국총회(COP15)는 별다른 협의를 도출하지 못하였다. 그 동안 기후협약

---

1) G8 + 5(중국, 인도, 브라질, 멕시코, 남아공) + 한국, 호주, 인도네시아

에 소극적인 자세를 견지하던 미국, 중국, 러시아 등 주요 온실가스 배출국들이 온실가스 감축 목표량을 국제사회에 제시하였고, 각국 정상들이 직접 당사국총회에 참여하는 등 적극적인 자세를 보였으나 당사국간 이견을 해소하는데 실패한 것이다. 온실가스 감축은 경제성장과 직결되는 만큼 선진국과 선진국, 선진국과 개도국의 입장 차이가 컸으며, 특히 온실가스 감축 규모, 감축 이행 모니터링 의무화, 개도국에 대한 선진국들의 지원금 규모 등에 대한 이견이 좁혀지지 못하였기 때문이다.

이에 반하여 2010년 멕시코 칸쿤에서 개최된 제16차 당사국총회(COP16)는 상당한 수준의 성과를 거두었다. 선진국과 개발도상국을 위한 저감목표와 저감 메커니즘에 대하여 일반적인 수준의 합의가 도출된 것이다. 구체적인 예로서, CDM을 포함한 저감프로젝트의 관리, 조림사업, 탄소저장, 핵에너지를 이용한 저감방법론 등에 대해 구체적인 합의가 이루어진 점, UN프레임웍에 기반한 탄소시장을 2012년 이후에도 지속시키기로 한 점, 삼림파괴문제에 관한 REDD(Reducing Emissions from Deforestation and Forest Degradation)에 관한 합의가 도출된 점, 그리고 탄소저장(Carbon Capture and Storage)이 CDM에 공식적으로 포함된 점 등을 들 수 있다. 또한 탄소저감 기술의 이전과 관련하여 향후 개도국과 선진국간의 기술이전을 위한 토대가 마련 된 점도 높이 평가된다. 탄소저감 활동의 MRV(measurement, reporting, verification) 절차에 관해 개도국들이 국제기준에 동의하고 2년에 한 차례 국제사회의 조언(Consultation)을 받을 것과 분석보고를 2년에 한번 실시 할 것에 합의한 것도 중요한 결과이다.

2011년 남아프리카공화국 더반에서 개최된 제17차 당사국총회(COP17)도 총 195개 UNFCCC 당사국들이 참석한 가운데 기후변화 협약에 관한 상당한 진전을 이루었다. COP17에서 선진국의 '교토의정서 연장'과 함께 2020년 이후부터 주요 개도국을 포함한 '모든 당사국이 온실가스 감축체계에 참여'하는 새로운 기후변화체계 설립에 합의한 '더반 플랫폼(Durban Platform)'이 채택되었다. 즉 교토의정서 제1차 의무감축 공약기간이 2012년 말 만료되는 것에 대응하여 주요 선진국들이 2차 공약기간 설정을 약속하였으며, 2020년 이후부터는 우리나라를 포함한 중국, 인도 등 주요 개도국이 모두 참여하는 단일 온실가스 감축체제 설립을 위한 협상을 개시하는 것에 합의한 것이다. 다만, 2020년까지는 선진국의 의무감축 및 개도국의 자발적 감축이라는 이원

- 1988년, 정부간 기후변화패널의 설립
  (IPCC : Inter-governmental Panel on Climate Change)
- 1990년, UN기후변화협약 체결, 리우
  (UNFCC : UN Framework Convention on Clomate Change)
- 1995년, 교토 의정서의 채택
- 2002년, 발리 로트맵 채택, 쿄토의정서 이후의 내용 논의
- 2011년, 더반에서 제17차 당사국 총회
  더반플랫폼 : 2020년 이후 모든 나라의 탄소감축 의무화

그림 2 **기후변화 협약의 전개**

적 체제가 유지될 예정이다. 또한 COP17에서는 녹색기후기금(Green Climate Fund) 설계위원회의 보고서가 채택되어 동 기금의 조속한 출범이 결정되었다. 우리나라는 녹색기후기금 사무국 유치를 공식 표명하였으며, 스위스에서 제1차 이사회 개최 이후 제2차 이사회가 한국에서 개최될 예정이어서, 향후 국제 기후변화재정 분야에서 우리나라의 위상이 지속적으로 제고될 것으로 기대된다.

이와 같이 지금까지의 국제 논의는 주로 기후변화 협약을 중심으로 이루어져 왔는데, 향후에는 보다 다양한 채널을 통해 녹색성장 관련 국제 논의가 전개될 것으로 예상된다. 2012년 경제협력개발기구(OECD), 세계은행(World Bank), 유엔(United Nations) 등은 주요20개국(G20) 회원국들이 자발적으로 제출한 보고서를 바탕으로 '녹색성장 구조개혁 방안' 보고서를 작성하여, 멕시코 로스까보스에서 개최된 G20 정상회의에 제출하였다. 동 보고서는 G20 국가들이 현재 이행 중이거나 이행 예정인 정책들을 평가하고, 개별 국가의 상황과 발전단계를 고려해 다양한 구조개혁 정책들을 녹색성장 관점에서 제시하고 있다. 구체적인 예로서, 화석연료보조금 축소, 오염배출권 거래제도 도입, 오염물질 감축목표 할당, 풍력 · 태양력 · 바이오연료 신재생에너지 및 탄소포집기술 등에 대한 연구개발(R&D) 투자 확대, 시장개방을 통한 녹색상품 · 서비스 · 기술 이전 활성화 등의 구조개혁 방안이 제시되었다.

과거 기후변화 협약이 UN을 중심으로 이루어져 온 것과 달리, 향후 녹색성장 관련 국제 논의는 UN 뿐만 아니라 G20 등과 같은 보다 다양한 채널들로 확산될 것으로 예상된다. 대부분의 선진국들은 그와 같은 녹색성장 논의 채널의 확산을 환영하고 있

으나, 브릭스(BRICs) 등 일부 신흥개도국은 UN과 별도 채널에서의 논의에 소극적인 입장을 보이고 있다. 특히 최빈 개도국의 경우 저비용 성장이 더 우선되기 때문에 녹색성장 전략을 시기상조라는 태도를 유지하고 있다. 따라서 녹색성장 관련 국제 논의가 활성화되려면, 개도국의 우려를 불식시키기 위해 G20에서의 녹색성장 추진 목표를 명확히 설정하고, 모든 회원국에 실질적으로 도움이 되는 방향으로 논의가 추진되어야 할 것으로 보인다.

5. 한국의 녹색성장 정책

한국은 대표적으로 녹색성장을 추진하는 국가이다. 한국은 경제성장과 환경보호를 동시에 고려하는 정책을 수립했다. 이명박 대통령이 재임하는 동안 가장 중점적으로 추진한 것이 녹색성장 정책이라고 할 수 있으며, 2008년 8월 녹색성장을 기본적인 국정이념으로 한다는 것을 발표하였다. 이후 한국은 국제사회에서 녹색성장에 관한 적극적인 의지를 표명하고, 활발한 참여를 하여 왔다.

이명박 정부는 녹색성장을 추진하는 데에 있어서 3대 추진전략과 10대 정책방향을 담은 "국가전략 및 5개년 계획(2009-2013)"을 발표하였다. 1대 추진전략은 기후변화 대응 및 에너지 자립이다. 화석연료를 대체할 새로운 에너지원을 개발하면 에너지 의존도를 낮추고 온실가스 배출도 줄일 수 있다. 이산화탄소 배출 절감을 위한 중장기 목표를 세우고 새로운 재생에너지의 사용을 늘려가는 등의 실천이 필요하다. 한국 정부는 감축 노력이 없을 경우의 배출량(business-as usual: BAU) 기준 30%를 줄일 계획으로 2020년까지 2005년 배출량보다 4% 줄이기로 했다. 기후변화에 대응하기 위해 기후 측정 및 예측 역량을 강화하고 안전한 수자원을 확보할 것이다. 2대 추진전략은 신성장동력 창출이다. 녹색기술의 개발, 녹색산업의 발전, 선진산업 구조로의 전환, 녹색경제를 위한 발판마련 등의 내용을 포함하고 있다. 특히, 환경부문 R&D에 대한 전략적 투자 증진, 녹색 중소기업의 활성화, 첨단융합산업 및 고부가서비스 산업 육성, 탄소배출권 거래시장 조성, 녹색금융의 지원, 환경친화적 활동에 대한 세제혜택 등에 힘쓰기로 했다. 3대 추진전략은 녹색성장을 통한 삶의 질 개선과 국가위상 강화이다. 이를 위해 국토와 강을 녹화하고 녹색교통 인프라를 건설해야 한다. 녹색교통수단

표 4 3대 추진전략과 10대 정책방향

기후변화 적응 및 에너지 자립	신 성장 동력 창출	삶의 질 개선과 국가위상 강화
1. 효율적 온실가스 감축	4. 녹색기술 개발 및 성장 동력화	8. 녹색국토, 교통의 조성
2. 탈석유, 에너지 자립 강화	5. 산업의 녹색화 및 녹색산업 육성	9. 생활의 녹색 혁명
3. 기후변화 적응역량 강화	6. 산업구조의 고도화	10. 세계적인 녹색성장 모범국가 구현
	7. 녹색경제 기반 조성	

자료: 대통령직속 녹색성장위원회

의 이용을 확대하고 친환경적인 생활습관을 알리기 위한 캠페인을 실시할 것이다. 더불어, 한국은 환경친화적인 발전을 하면서 개발도상국들의 기후변화 대응에 공헌하여 녹색성장의 모범사례로 거듭날 것이다.

여기서 명시한 목표가 모두 명확하고 바람직한 것이지만 녹색성장에 필요한 자금의 부족으로 정부의 노력만으로 성취하기 어렵다. 가장 효과적인 대안은 민간부문과 협력하는 것이다. 특히, 기업이 녹색산업에 투자하기 위해서는 자금 조달이 필요하기 때문에 민간 금융기관의 역할이 중요하다. 그러나 민간 금융기관은 녹색금융의 위험과 기대수익에 대한 불확실성으로 관련 산업에 진출하기를 꺼린다. 따라서 정부는 세제혜택 등을 제공해서 녹색금융 시장을 활성화 시키는 역할을 해야 한다. 정부가 녹색성장 정책을 강력하게 추진하겠다는 시그널을 보냄으로써 기업의 녹색산업 투자할 수 있도록 유도해야 한다.

6. 녹색산업

녹색성장 정책은 녹색산업을 육성하는 정책이라고도 할 수 있다. 대표적인 녹색 산업으로는 신 재생 에너지 분야, LED 조명, 녹색 수송, 청정 생산 기술이 있다. 신재생 에너지는 화석 연료의 문제점이 증가하면서, 탄소 없는 에너지의 개발에 노력을 기울인 결과, 햇빛, 바람, 물, 지열, 강수, 생물 유기체를 에너지 공급원으로 사용하는 것이다. 태양광 발전소의 경우 현재 온난화와 고유가 때문에 시장이 급성장하고 있는데, 2008년의 200억 달러에서, 2013년의 880억 달러, 2018년의 1,870억 달러로 확대될 것으로 보인다. 최근 여러 나라에서 이에 대한 투자가 증가하고 있다. 한국의 경우 태양전지에 있어서 원천 기술과 양산화 기술 개발에 대규모 투자를 하고 있는데, 그 생산액과 투자액을 2013년에 90억 달러와 63억 달러, 2018년에 370억 달러와 259억 달러로 성장시키고자 한다. 이로 인하여 일자리가 2013년에 1만 5,000명, 2018년에 3만 명이 늘어날 것으로 보인다.

꿈의 조명이라고 하는 고효율 발광 다이오드(LED: light emitting diode)는 환경 유해 물질을 함유하고 있지 않고 수명이 길다는 장점이 있다. 백열등이나 형광등에 비하여 90% 더 높은 열효율을 가지고 있다. 만일 LED 조명이 일반 광원의 50%를 대체하는 경우 세계 총 소비전력은 25%가 절약될 것이다. 한국의 경우 조명의 30%가 LED로 대체되는 경우 매년 100만 킬로 와트 급 원자력 발전소 2기가 생산하는 전력만큼을 절약할 수 있으며, 이는 이산화탄소 배출량 680만 톤을 감축하는 효과가 있다. 2015년에는 세계적으로 1,000억 달러 규모의 시장이 형성될 것으로 보인다.

녹색 수송은 기존 자동차에 비하여 연비가 높고 이산화탄소 배출량이 적은 미래형 자동차로서 하이브리드 차, 클린 디젤차, 수소 연료전지 차 등을 의미한다. 에너지 절약과 이산화탄소 감축을 위하여 수송 분야의 그린화는 반드시 필요하다. 하이브리드 차의 경우 2007년에 전세계적으로 이미 50만대 넘게 판매되었는데, 동급의 기존 자동차들에 비하여 20~60% 정도의 연비 개선이 가능하다.

이상의 녹색 산업이 성장하는 데에는 정부의 정책적 노력이 필요하다. 예컨대, 다음과 같은 정부의 정책적 지원이 이루어질 수 있다.

- 신재생 에너지 시장 창출 : 경제성 보전을 위한 발전차액 지원, 신재생에너지 공급 의무 할당 제도
- LED 응용 활성화 : 보급 확대를 위한 국내외 홍보 강화, LED 특화 클러스터 조성, LED 관련 건축, 설비 등 법, 제도 개선
- 녹색 수송의 산업화 촉진 : 그린카 부품 육성을 위한 네트워크 구축, 그린카 실증사업 기반 구축

실질적으로 과거에 아시아 국가에 의하여 이루어진 녹색 성장 관련 정책에는 다음과 같은 것들이 있다.

- 한국에서는 1995년에 volume-based Waste Free System이 도입되어 전국적으로 재생활동(recycling activity)을 촉진하였다. 결과적으로 per capita waste generation이 22% 줄었으며, 하루에 쓰레기 발생량이 1.33kg에서 1.04kg으로 줄었다.
- 태국에서는 Samut Prakam Cleaner Production for Industrial Efficiency(CPIE)에 의하여 자국의 423개 공장들에게 생산공정에 투입되는 에너지, 물 등의 자원을 절감하고, 발생하는 쓰레기를 줄일 수 있는 공정개선을 하도록 하였다. 이 프로그램은 2003년 4월에 끝났으며, 대성공을 거두었다.
- 정부의 정책은 사기업들로 하여금 친환경적인 구매활동을 하도록 강요할 수 있다. 일본에서는 이러한 정책의 결과, 캐논이 전 세계적으로 4,600개의 친환경적인 공급업자를 지정하고 그들과 거래를 하고 있으며, 아시아와 북미의 공장들도 이러한 그린 구매를 하고 있다. 이러한 사기업의 움직임은 많은 공급업자들에게 영향을 미칠 수 있다.

7. 녹색성장을 위한 기술

녹색성장을 이루어 가는 데에는 기술의 역할이 중요하다. 기존의 생산시스템과 경영시스템, 주택 및 건물, 그리고 운송수단들에게 배출되는 탄소를 감축하기 위하여 많은 혁신적인 기술들이 필요하다. 우리는 이 기술들이 어떤 형태와 의미를 갖는지를 이해하며, 기술의 개발과 보급을 위하여 어떠한 장치들이 준비되어야 하는지에 대하여 고민이 필요하다.

7.1. 기존기술의 효율적 이용

에너지 효율성은 국가별 · 산업별로 큰 차이를 보인다. 예를 들어, 석탄을 태우는 화력발전소의 에너지 효율성은 일본, 미국, 중국 각각 저위 발열량(LHV)로 계산했을 때 0.415, 0.361, 0.324이다. 중국은 에너지 효율성이 상대적으로 낮기 때문에 선진 기술을 도입할 경우 이산화탄소 배출을 상당히 줄일 여지가 크다는 것을 알 수 있다. 이 경

우 일본이나 미국의 에너지 효율 기술은 중국보다 앞서있을 것이다

온실가스를 감축시킬 수 있는 선진국의 기존 기술을 다른 개도국에 효과적으로 보급할 필요가 있다. 그러나 이 기술이 엄청난 첨단 기술일 필요는 없다. 첨단 기술은 안정성이 떨어지거나 가격이 너무 높다. 기존에 선진국에서 사용되는 기술들을 개도국에 도입했을 때 온실가스 감축 여지는 매우 크다. IEEJ(일본전기학회) 보고서에 따르면, 일본에서 3개 산업(철강, 시멘트, 종이펄프)과 3개 전자제품(냉장고, 에어컨, 조명)에 적용하고 있는 상용화된 선진 기술을 전세계에 도입하면 매년 15억 톤의 이산화탄소 배출을 줄일 수 있다. 이는 일년 동안 일본 전체에서 배출하는 이산화탄소 양보다도 큰 규모이다.

개도국에 탄소절감 기술을 도입할 때 환경적인 측면에서는 중요하겠으나 이를 도입하는 것이 경제적인지도 따져봐야 한다. 녹색성장을 위한 기술은 두 가지 조건을 만족시켜야 한다. 첫째, 전세계적으로 이산화탄소 배출을 감축시킬 능력이 커야 한다. 둘째, 경제적으로 합리적인 투자안이어야 한다. 이 두 가지 조건을 만족시키는 기술을 "상용가능한 최적가용기술(commercially viable BAT)"라고 부르기로 한다. 상용가능한 최적가능기술을 선정하여 많은 나라에 저렴하게 보급하는 것이 필요하다.

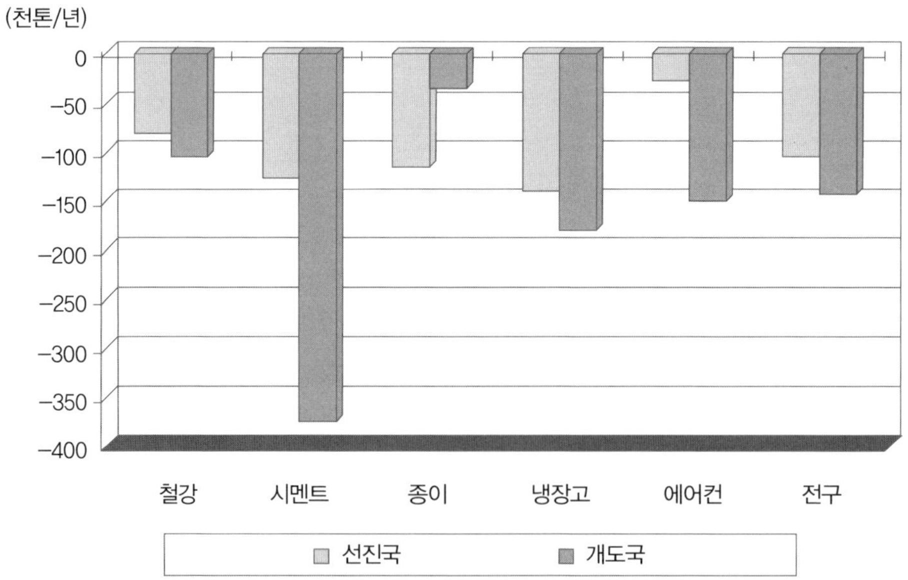

그림 3 기술별 CO_2 절감량

사례연구: 시멘트 산업의 폐열회수

시멘트 산업은 대표적인 에너지 집약 산업이다. 시멘트 산업에서 배출하는 이산화탄소는 전세계 배출량의 3%를 차지한다. 전세계 시멘트의 약 70%가 아시아에서 생산된다. 특히, 중국, 미국, 일본이 전체의 55%를 차지한다. 시멘트에 대한 수요는 경제성장과 더불어 지속적으로 늘어날 것으로 보인다.

시멘트 생산과정에서 가마에서 가열할 때 가장 많은 에너지가 소비된다. 이 때 발생하는 열을 전력생산에 사용하면 시멘트 공장에서 소비하는 에너지의 약 30%를 절약할 수 있다. 한 일본 기업의 자료에 따르면, 폐열회수 기술을 도입했을 때 2기의 5,000톤급 생산시설의 경우 매년 12만 톤의 이산화탄소 배출을 감축시킬 수 있다. 한 일본기업은 중국에 있는 100여 개 시멘트 공장에 이 기술을 보급함으로써 매년 약 9백만 톤의 이산화탄소 배출을 줄이고 있다. 이런 성과는 중-일 합작기업을 통해 이루어졌다.

IEEJ(일본전기학회) 보고서에 따르면, 전세계 시멘트 공장에 폐열회수 기술이 적용될 경우 매년 5억 톤의 이산화탄소 배출을 줄일 수 있다. 폐열회수 기술이 중국 공장에 많이 도입됐으나 다른 나라에는 아직 생소한 것이다. 시멘트 산업에서 에너지 효율을 늘리기 위한 투자는 에너지를 크게 절약할 수 있을 뿐만 아니라 좋은 사업기회이기도 하다. 본 사례는 기존 기술을 활용한 녹색성장의 대표적인 예이다.

사례연구: 지붕 태양광발전 지원 정책

일본은 국가적으로 지붕 태양광 발전을 장려하고 있고 주택에 이 설비를 설치하면 보조금을 지급한다. 그러나 보조금 정책이 2005년에 중단되었다가 2009년에서야 재도입되었다. 보조금 지급이 태양광 발전 설비 판매에 미치는 영향은 분명하게 나타난다.

보조금 지원을 중단하면서 일본은 지붕 태양광 발전 산업에서 선두 위치를 놓쳤다. 2005년에는 5개 일본 기업이 전세계 시장의 절반 이상을 점유했다. 그러나 이제 이 분야 10대 기업에 남아있는 일본 기업은 2개뿐이다. 오히려 중국기업 4개가 10대 기업으로 치고 올라왔다. 보조금 지원정책을 중단하면서 기업들도 투자를 계속하지 못해서 일어난 결과이다.

7.2. 신기술 개발

앞절에서 설명한 기존기술의 보급에 의한 탄소감축은 그 효과에 있어서 한계가 있다. 하지만, 이러한 기술을 신속하게 도입할 수 있다는 장점이 있다. 그러나 2050년까지 이산화탄소 배출량 50% 감축과 같은 야심 찬 목표를 달성하기에는 역부족이다. 이를 달성하기 위해서는 다양한 첨단 기술을 개발하고 적용해야 한다.

다음은 2020년 이후에 이산화탄소 배출량 감축에 크게 일조할 첨단기술 사례를 소개한다.

▌사례연구: 전기차

운송 분야에서 차지하는 에너지 소비량이 지속적으로 증가하고 있다. 특히, 개인소득의 증가에 따른 자가용 운행 증가가 큰 원인이다. 기술 발전에 따라 자동차 내연기관의 에너지 효율성도 개선되고 있다. 소비자들은 자동차 구매 시 에너지 효율성을 염두에 두며, 자동차 제조업체들도 경쟁력을 유지하기 위해 에너지 효율성을 높이기 위한 투자를 하고 있다. 정부차원에서도 규제강화, 인센티브 제공 등을 통해 에너지 효율성이 높은 차량을 개발하도록 독려하고 있다. 이 추세에 맞춰 하이브리드 차량이 주목을 받고 있다. 소비자들은 환경친화적인 측면에 끌리고 있으며 정부차원에서는 환경보호와 투자촉진을 위해 다양한 인센티브를 제공하고 있기 때문이다. 전기차는 차세대 기

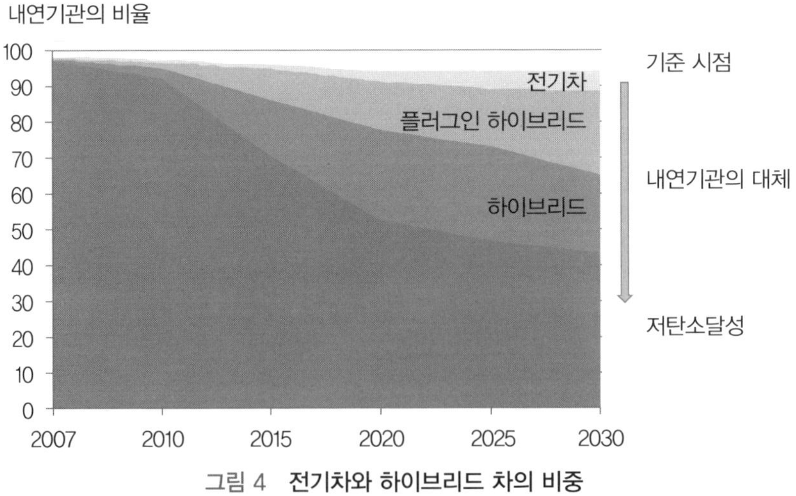

그림 4 **전기차와 하이브리드 차의 비중**

술로 주목 받고 있다. IEA 전망에 따르면 2030년까지 하이브리드 엔진이 인기를 누릴 것이며, Plug-in-Hybrid를 포함한 전기차는 신차 시장의 20%를 넘지 못할 것이다. 기술발전에 따라 내연기관 – 하이브리드 – Plug-in-Hybrid – 전기차 순으로 변화할 것으로 예상된다.

전기차의 가장 큰 기술적 문제점은 배터리이다. 고성능 배터리는 매우 비싸며, 한 번 충전으로 150~160 km 정도밖에 운행하지 못한다. 전기차 제조는 매우 간단해서 고성능 배터리만 상용화되면 차량 가격도 내려갈 것이다. 전기차는 내연기관을 이용한 자동차보다 내부가 단순하기 때문이다. 따라서 현재 자동차를 제조하지 않는 기업이 전기차 시장에 뛰어들 가능성도 있다. 전기차가 전면 도입되는 시기는 배터리 기술개발 속도에 달려있다.

다음 세 가지 요소를 주목할 필요가 있다.

첫째, 미국을 비롯한 선진국들의 전기차에 대한 R&D지원의 효율성이다. 고효율 배터리는 매우 중요한 기술이다. 미국 정부는 고성능 배터리의 연구개발에 많은 인센티브를 제공하고 있다. 미국에서 민관협력을 통해 배터리 개발에 많은 지원을 하고 있다.

둘째, 전기차는 이산화탄소를 배출하지 않는다. 그러나 전기를 소비하기 때문에 간접적으로 이산화탄소를 배출한다고 볼 수 있다. 전기차 이용을 통한 이산화탄소 감축은 발전소의 발전 효율성에 의해 결정된다.

셋째, 전기차 개발에 따라 자동차 산업에 구조적인 변화가 예상된다. 녹색성장은 다양한 사업기회를 동반한다. 녹색성장 기조 하에서 새로 떠오르는 기업이 있을 것이며 시대에 뒤떨어지는 기업도 생겨날 것이다.

사례연구: 탄소포집저장(CCS) 기술

탄소포집저장(CCS)은 장기적으로 이산화탄소 배출을 줄이기 위해 필수적인 기술이다. 에너지 효율을 개선하더라도 기술적인 한계로 이산화탄소 배출을 완전히 없앨 수는 없다. 이산화탄소 배출이 없는 재생에너지만 활용하는 데에도 한계가 있다. 예를 들어, 태양 에너지나 풍력 발전은 날씨에 영향을 받기 때문에 안정적인 전기 공급을 위해서는 화력 발전과 함께 사용해야 한다.

탄소포집저장(CCS)은 화석연료가 연소될 때 발생하는 이산화탄소를 지하에 저장해서 미래에 에너지원으로 남겨두는 것이다. 이 기술을 적용하면 이산화탄소 배출을 완전히 제거할 수 있다 (물론, 이 과정에 소요되는 엄청난 에너지도 고려해야 한다). 이는 온실가스 문제에 대한 완전한 해법이라고 볼 수 있다.

IEA는 탄소포집저장(CCS) 기술의 발전으로 2030년까지 이산화탄소 배출량을 1.41 조 톤 줄일 수 있다고 한다. 이는 이산화탄소 감축량의 10%에 해당한다. 즉, 탄소포집저장(CCS)으로 인한 감축효과가 핵발전으로 인한 감축효과와 유사하다.

탄소포집저장(CCS)은 (1) 포집, (2) 수송, (3) 주입과 저장 세 단계로 이루어진다. 이는 (1) 천연가스전 개발, (2) 발전소, 철강 · 시멘트 공장의 연소 후 포집, (3) 발전소의 연소 전 포집 등에 활용될 수 있다.

주입기술은 유전에서 석유를 추출할 때 사용하는 기술과 유사하다. 천연가스를 추출할 때 사용하는 기술도 마찬가지이다. 천연가스는 자연상태에서 약 1~10% 이산화탄소를 포함하고 있다. 그러나 이산화탄소는 경제적 가치가 없을뿐더러 가스관을 부식시킬 수 있기 때문에 미리 제거해주어야 한다. 하지만 아직까지는 추출한 이산화탄소를 공기 중으로 날려버리고 있다. 보다시피 탄소포집저장(CCS)에 필요한 기술이 다양한 분야에서 개발되고 있으나 상용화되기 위해서는 기술개발이 필요하다.

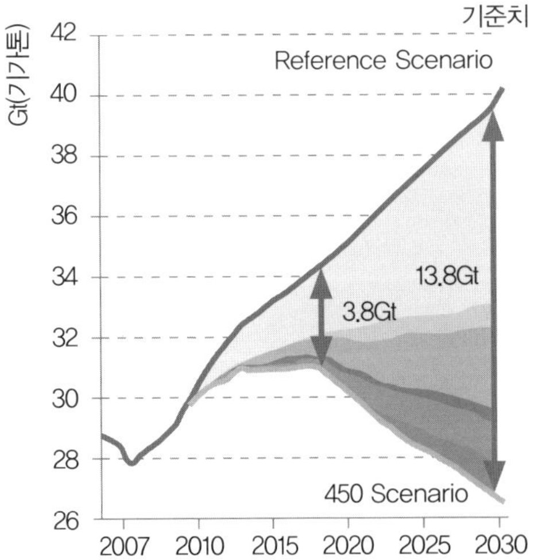

영역별 절감비율(%)

	2020	2020
에너지 효율	65	57
최종사용자	50	52
발전소	6	5
재생에너지	18	20
바이오 연료	1	3
핵 연료	13	10
CCS	3	10

그림 5 **탄소절감 계획**

출처: IEX WEO2009

석유추출에 도움이 된다는 것 이외에 탄소포집저장(CCS) 기술은 경제적인 이익이 거의 없다. 게다가 에너지가 많이 소비되기 때문에 에너지 효율은 오히려 떨어진다. 기업에게 비용부담만 늘어나는 것이다. 탄소포집저장(CCS) 기술이 상용화되기 위해서는 정부의 규제 또는 새로운 수익모델이 필요하다. 한 가지 가능성은 탄소배출권이다. 교토 협약에서 탄소포집저장(CCS)을 적용할 경우 탄소배출권을 주어야 한다는 주장이 나왔지만 아직까지 받아들여지지는 않았다.

탄소포집저장(CCS) 기술은 아직 초기단계에 있기 때문에 탄소배출권을 매우 많이 지급해야만 기술이 발전할 것이라는 주장도 있다. 그러나 탄소포집저장(CCS)에 따른 탄소배출권 지급이 있을 것으로 예상된다. 또한, 신설 화력발전소에 대해서 탄소포집저장(CCS) 기술을 적용하도록 무화할지에 대해서 논의가 이루어지고 있다.

2007년 홋카이도 G8 정상회담에서 탄소포집저장(CCS)이 매우 중요한 사안이며 IEA와 협력을 통해 20개의 탄소포집저장(CCS) 프로젝트를 지원하기로 했다. 2010년까지 20개 프로젝트를 선정하기로 했다. 호주 정부 주도로 세계 CCS 연구소(Global Carbon Capture Storage Initiative: GCCSI)가 설립되어 20개 프로젝트를 지원하기로 했다. GCCSI는 탄소포집저장(CCS)의 기술적인 측면과 경제적 측면을 모두 연구한다. 기술개발 프로젝트가 경제성을 가지기 위해 정부 지원이 얼마나 필요한지 판단하기 위한 모델을 개발하고 있다.

다음과 같은 사항에 주목해야 한다.

첫째, 탄소포집저장(CCS)은 이산화탄소 배출 감축에 필수적인 기술이다. 그러나 탄소포집저장(CCS) 기술개발에 많은 자원이 투입돼야 하는 만큼 탄소배출권을 많이 제공해야 한다는 주장이 있다. 전문가들은 탄소배출권이 톤당 60~80달러 수준에서 결정되면 탄소포집저장(CCS) 기술이 경제성이 있다고 한다.

둘째, 탄소포집저장(CCS)에 소비되는 에너지이다. 탄소포집저장(CCS)은 많은 에너지를 소모한다. 화력발전소의 경우 발전된 에너지의 30%를 탄소포집저장(CCS)에 소비해야 한다. 탄소포집저장(CCS)은 이산화탄소 배출을 완전히 제거할 수 있는 기술이지만 동시에 에너지 효율성이 매우 낮은 기술이다.

7.3. 기술 전파의 문제점

상용가능한 최적가용기술(commercially viable BAT)은 이산화탄소 배출을 대폭 줄일 가능성이 있다. 또한 상용가능한 최적가용기술(commercially viable BAT)을 적용할 경우 어느 정도 경제성도 확보하면서 기술적 위험도 줄일 수 있다. 그러나 현존기술을 완전히 활용하고 있지 못하다. 다음과 같은 문제점을 해결하면 이산화탄소 배출량을 추가적으로 줄일 여지가 남아있다.

▌높은 초기비용

선진 기술을 전세계적으로 보급하는 데 가장 큰 장벽 중 하나는 높은 초기비용이다. 투자 원금을 회수하는 데 오랜 시간이 걸리기 때문에 이런 프로젝트는 외부 자금을 조달해야 한다. 이는 생산시설을 보유한 기업에게 큰 위험이다. 회수기간이 5년 이상으로 장기인 투자안에 대해서 개발도상국의 경우 높은 자본비용이 요구된다. 상용가능한 최적가용기술(commercially viable BAT)이 도입되기 위해 중요한 조건은 낮은 자금조달 비용이다.

▌기술의 신뢰성

새로운 기술을 도입하면 위험이 따르기 마련이다. 투자자들은 이런 기술위험을 최소화하기 위해서 이미 검증된 기술을 찾는 등 보수적인 접근을 하기 마련이다. 기술에 대한 보증을 통해 투자자들의 우려를 줄일 수는 있겠으나 이런 보증을 시설을 운영하는 장기간 동안 확보하기는 힘들다.

▌정보의 차이

많은 기술은 기업 내부에서 활용할 목적으로 개발되며 상용화할 목적이 없다. 특히, 작은 기업의 경우 제품과 설비를 개발하더라도 마케팅 능력이 떨어질 수 있다. 이런 이유로 기술이 필요한 곳에 사용되지 못하는 경우도 많다. 기술의 전파를 위해 기업간 교류를 활성화할 필요가 있다.

▌지적재산권

기술 소유자의 허락 없이 제3자에게 기술을 양도하는 등 지적재산권을 지키지 않는 문제도 심각하다. 계약 및 법률로 기술을 보호하더라도 기술이 불법적으로 사용될 가능성이 있다. 많은 글로벌 기업들이 지적재산권 등 법적 보호를 강화시켜달라는 요구를 하고 있다.

7.4. 대안

▌신제품에 대한 시장 보증

신기술은 시장에 처음공개되었을 때 높은 가격에 거래되지만 점차 기술의 진보에 따라 가격이 내려간다. 기술의 성능과 신뢰성도 시간에 따라 좋아지기 마련이다. 또한 가격이 내려감과 동시에 매출이 증가하는 모습을 볼 수 있다. 그러나 어느 것이 원인이고 결과인지 쉽게 판단하기 어렵다. 일종의 "닭이 먼저냐 계란이 먼저냐?"의 문제이다.

예를 들어, LED는 에너지 효율이 매우 높은 기술이지만 가격이 비싸다. 다음 그림은 일본 시장에서 가정용 LED 전등의 판매량을 나타낸다. LED 가격이 8,000엔에서 3,000엔 수준으로 급락하면서 매출이 늘어나는 것을 볼 수 있다. 이 때는 한 기업이 LED 전등 시장이 커질 것이라는 확신을 가지고 가격을 내렸기 때문에 전반적인 가격 하락이 이루어졌다. 이 사례는 신제품이 잠재력이 있을 때 기업은 투자를 하고 생산량을 늘려 가격 하락을 이끈다는 것을 보여준다.

기술과 제품의 전파를 촉진시키는 방안으로는 판매 초기에 일정 판매량을 보장해주는 방법이 있다. 기업 입장에서는 시장점유율을 높이기 위해서 충분한 투자를 통해 많은 제품을 낮은 가격에 공급하려고 할 것이다. 잠재적인 수요자들이 초기 매출을 보장해줌으로써 아래 그래프에 나타난 거소가 같이 수요곡선을 좌측으로 이동시킬 수 있다.

▌상용가능한 최적가용기술(commercially viable BAT) 목록 작성

신기술을 소개하는 핸드북이 여럿 있다. 아시아-태평양 파트너십(Asian Pacific Partnership: APP)에서도 발간한 책이 있고, 세계지속가능발전 기업협의회(World Business Council for Sustainable Development: WBCSD)에서도 핸드북을 냈다. 이는 기업간 정보 공유에 매우 유용하다. 그러나 프로젝트에 따라 필요한 기술이 다르며 프로젝트 진행에 따라 계속 변화가 있을 것이라는 사실에 주목해야 한다. 또 하나의 문제점은 기술이 금융기관의 기준에 부합해야 한다는 점이다. 금융기관에서는 이미 검증된 기술 즉, 상용가능한 최적가용기술(commercially viable BAT)을 선호한다.

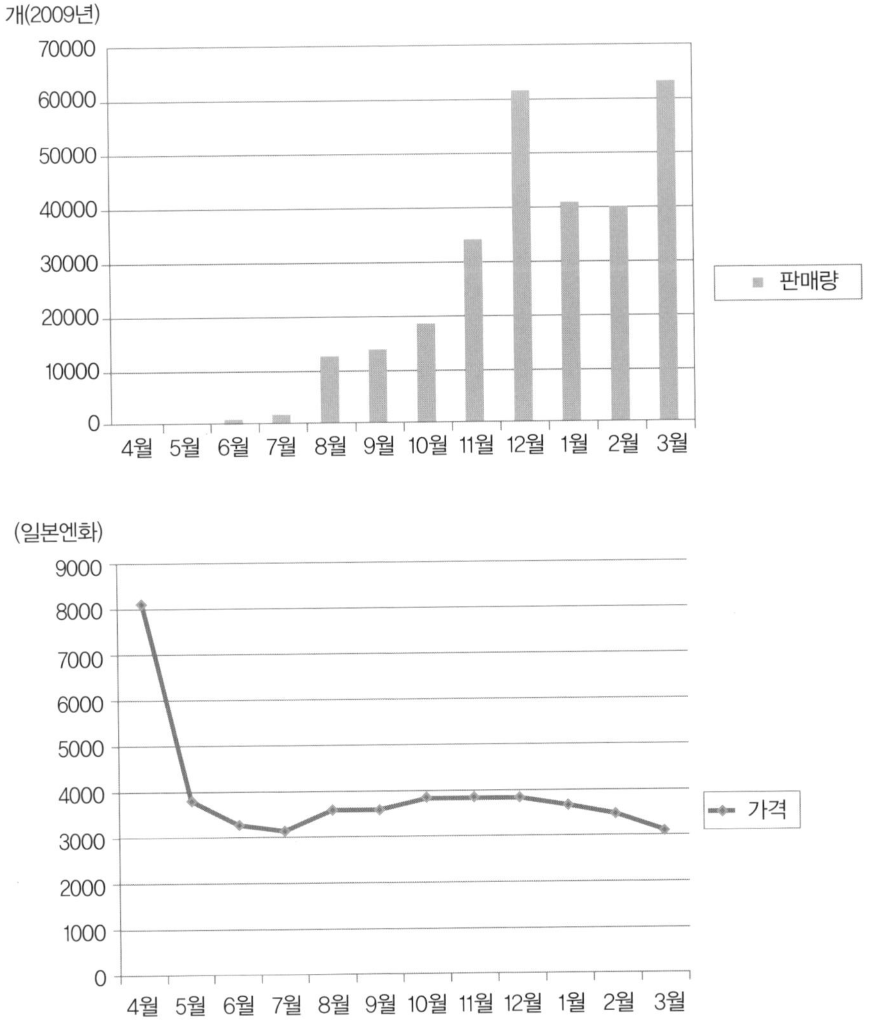

그림 6 **LED 조명의 판매량과 가격**

출처: GFK Marketing Japan

▌직접투자

기업은 R&D에 투자한 비용을 회수해야 한다. R&D 비용을 회수하지 못할 투자안은 유지할 수 없다. 기업은 개발한 기술을 파는 것이 투자비용을 회수하는 가장 빠른 방법일 것이다. 그러나 기술을 매각할 때는 여러 위험이 따른다. 기술을 불법적으로 제3자에게 되팔 가능성이 있고, 판매 대금을 회수하지 못할 위험도 있다. 또한, 높은 가격

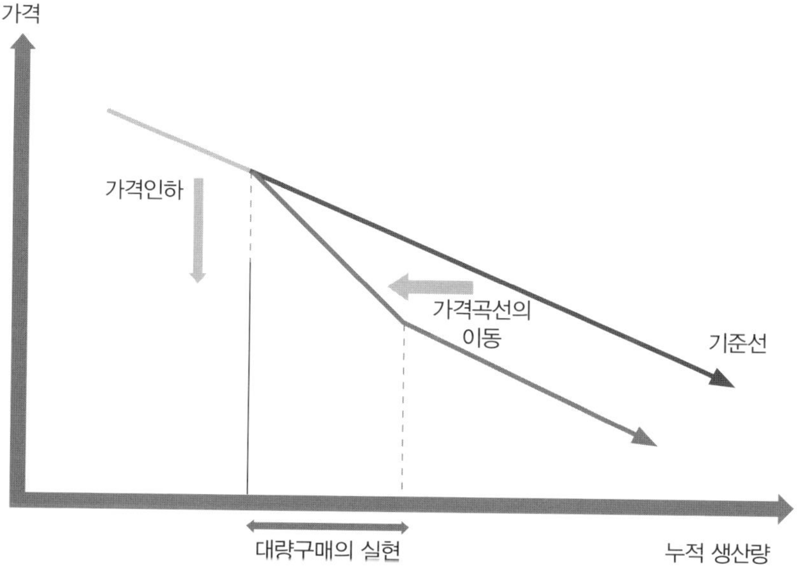

그림 7 **대량구매의 효과**

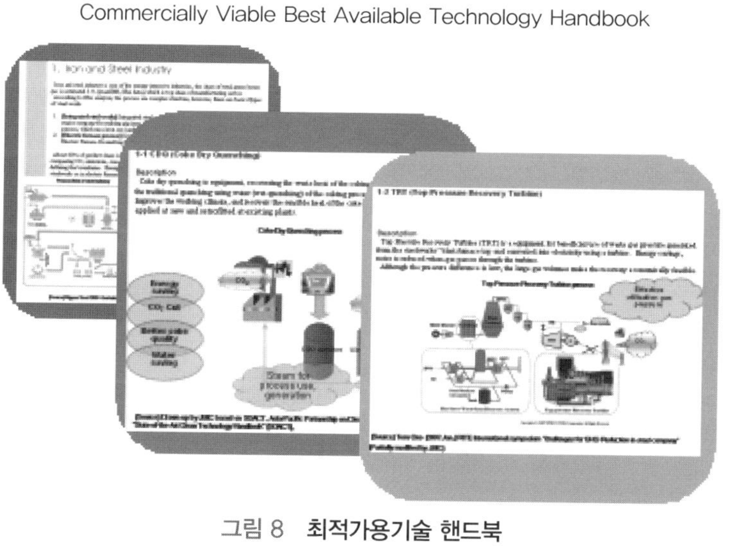

그림 8 **최적가용기술 핸드북**

을 받지 못할 가능성도 있다.

기술을 이전하는 가장 적합한 방법은 직접 투자를 하는 것이다. 특히, 지역 파트너와 함께 조인트벤처를 구성하는 방법을 주로 사용한다. 앞서 소개한 것처럼 중국에서

100여 개가 넘는 시멘트 공장이 일본기업과 조인트벤처를 통해 폐열회수 기술을 도입했다. 이 중 80개가 조인트벤처 설립 후 3년 이내에 완공되었다. 일본기업의 경우 기술을 조인트벤처 기업과 공유하면서 설비를 판매한다. 이를 통해 에너지 효율성이 증대된다.

또 한가지 흥미로운 방법은 상하이에 위치한 지적재산권 거래소와 같은 시장을 조성하는 것이다. 기업들은 표준화된 계약서를 통해 표준화된 서류로 설명한 기술을 거래한다. 거래소에 등록한 기업들에게 기업의 기술을 경매한다. 이런 방법의 장점은 기술의 기밀을 보장할 뿐만 아니라 기술이 필요한 수요자를 쉽게 찾을 수 있다는 점이다. 또한, 경매 절차를 통해 적절한 가격에 기술을 판매할 수 있다.

4.5. 기술의 선순환구조

2050년까지 이산화탄소 배출을 50% 줄이자는 과감한 목표를 달성하려면 현존하는 기술에만 의존해서는 안되며 새로운 첨단기술을 지속적으로 개발해야 한다. 연구개발 – 상용화 – 기술전파 – 기술판매를 통한 추가 연구개발비 조달이라는 선순환구조를 시작해야 한다.

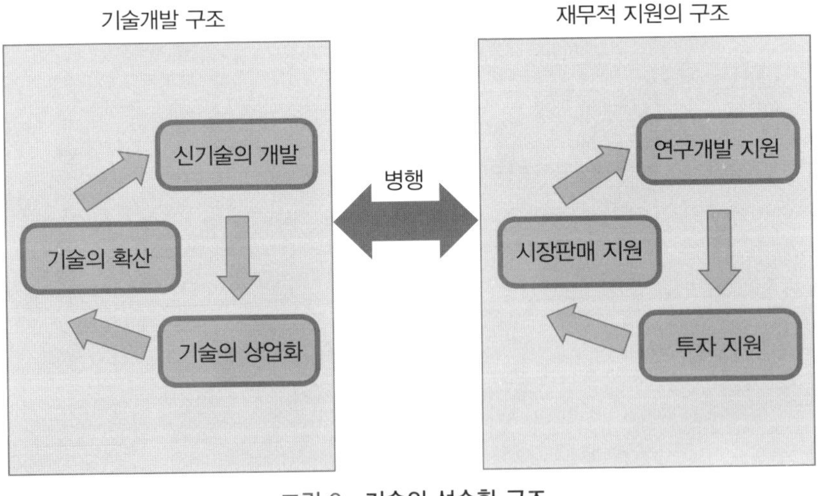

그림 9 **기술의 선순환 구조**

R&D 투자는 큰 위험이 따르며 투자금을 회수하기 위해서는 오랜 시간이 걸린다. 따라서 기술의 선순환구조를 만들기 위해서는 여러가지 지원이 필요하다.

- 보조금, 세제 혜택 등 경제적 인센티브
- 지적재산권 보호를 위한 법적인 장치
- 기업들간 기술에 대한 정보 교류
- 국가적인 장기 전략 수립 (시장에 정부의 적극적인 의도를 알림)

모든 노력이 지속적으로 일어나기 위해서는 수익성이 보장되어야 한다. 그렇기 때문에 시장 메커니즘을 도입한 R&D 투자 지원 방안이 필요하다.

CHAPTER

02 녹색금융

1. 녹색금융의 개념

정부가 녹색성장을 추구하는 데에는 적어도 네 가지가 필요한 것으로 보인다. 전략과 정책, 법적 체계, 조직, 그리고 자금이다. 녹색성장이란 무엇이며, 어떠한 계획을 추진해 갈 것인가에 대한 전략과 정책이 있어야 하고, 여러 가지 사항을 추진하는 데에 있어서 법적 근거가 있어야 한다. 그리고, 중심적으로 이끌고 나가는 조직과 사람들이 있어야 한다. 한국의 경우, 녹색성장위원회가 이러한 역할을 수행한다고 할 수 있다. 마지막으로 무슨 일이든지, 특히 국가적인 차원에서 수행하는 경우, 많은 자금이 소요된다. 녹색성장을 위한 자금의 충당의 면에서 여러 가지 고려와 노력을 하는 것이 녹색금융이라고 할 수 있다.

녹색 금융은 녹색 성장을 지원하기 위한 금융적인 지원을 의미하며, 이에서 한 발 나아가 신금융상품 개발, 리스크 관리기법 개선 등으로 금융산업의 발전까지 동시에 추구하는 것을 의미한다. 환경 개선 및 녹색 성장을 달성하기 위해서는 기업의 역할이 가장 중요하지만, 금융부문에서의 기업에 대한 금융 프로그램에 따라서 기업의 이러한 역할을 촉진시키고, 확대시키는 영향을 미칠 수 있다. 또한, 금융 회사들은 녹색 금

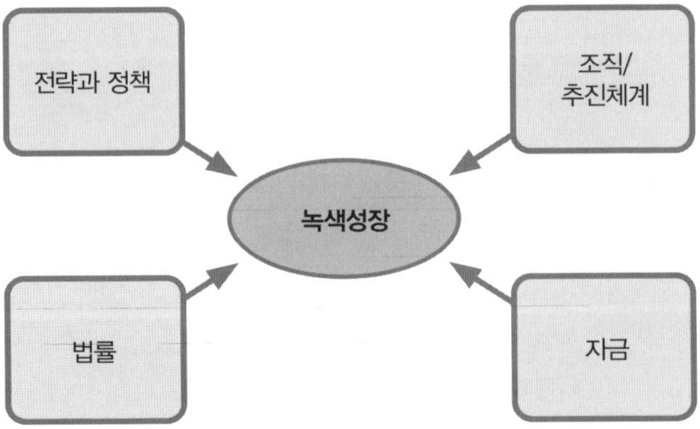

그림 1 **녹색성장의 필요여건**

융 상품 및 서비스 개발을 통해 금융 소비자들의 환경 개선에 대한 인식을 제고함으로써 녹색 금융과 녹색 성장을 더욱 활성화시킬 수 있다. 일반 소비자들의 환경 및 기후 문제에 대한 인식은 녹색 금융에서의 원활한 자금 조달을 위해서도 중요한 것이다.

한국의 '저탄소 녹색 성장 기본법'에 따르면 정부는 저탄소 녹색 성장을 촉진하기 위하여 다음과 금융 관련 정책을 준비해야 함을 제시하고 있다. 아래의 내용을 바탕으로 녹색 금융이라고 할 때 포함되는 내용이 어떠한 것인가를 이해할 수 있다.

- 녹색 경제 및 녹색 산업의 지원을 위한 재원의 조성 및 자금의 지원
- 저탄소 녹색 성장을 지원하는 새로운 금융 상품의 개발
- 저탄소 녹색성장을 위한 기반 시설 구축 사업에 대한 민간 투자 활성화
- 기업의 녹색경영 정보에 대한 공시제도 등의 강화 및 녹색경영기업에 대한 금융지원 확대
- 탄소시장(온실가스를 배출할 수 있는 권리 또는 온실가스의 감축, 흡수 실적 등을 거래하는 시장)의 개설 및 거래 활성화

녹색 금융의 내용은 크게 탄소금융(탄소 배출권 시장)과 녹색산업 금융지원으로 나누어 볼 수 있다. 먼저, 배출권 거래 시장은 세계적으로 급팽창 할 것으로 전망한다. 2006년에 나온 영국의 stern 보고서에 따르면 2050년의 세계 배출권 시장의 규모는 500조원 정도로 예상되었다. 2007년 세계 배출권 시장의 총 거래 금액은 640억 달러

가 되었다. 미국은 할당에 의한 배출권 시장 조기 개설을 추진하고 있으며, 일본은 도쿄 증권거래소가 주도하여 배출권 거래소 도입을 검토하고 있다. 세계 은행은 미국의 배출권 시장의 규모를 1,000억~3,000억 달러 정도로 추산하였다. 배출권 시장은 향후 녹색 금융 시장 발전에 큰 기폭제가 될 수 있는데, 배출권 획득을 위한 펀드 조성 및 project financing 사업이 생기며, 배출권 확보 및 가격 헷징을 위한 파생 녹색 금융 시장이 창출될 수 있고, 배출권 거래 관련 등록소, 컨설팅, 정보판매 및 분석회사 등이 활성화될 수 있다.

둘째로, 녹생성장을 촉진하기 위한 금융 지원은 다음과 같은 것이 있을 수 있다.

- 금융 기관은 기업에 대하여 친환경 경영과 사회책임 투자(social responsibility investment)를 유도할 수 있다.
- 은행은 투자 및 대출 심사시 환경오염 물질 및 온실 가스의 배출, 에너지 이용 효율 등을 반영할 수 있다.
- 자본시장의 경우 녹색 성장 펀드를 조성하고, 연기금등이 녹색 펀드에 가입하는 경우 인센티브를 부여할 수 있다. 녹색산업 주가지수 및 녹색 경영실적 지수를 개발할 수 있다.
- 녹색 산업 수출 기업에 대하여 여신을 확대하고 금리를 우대해 줄 수 있다. 또한, 탄소 배출권 시장 진출을 위한 탄소 펀드를 설립할 수 있다.
- 녹색 금융에 대한 일반인의 인식을 개선하거나 관련 전문인력을 양성하도록 하는 전반적인 녹색 금융 인프라 조성에 노력하여야 한다.

2. 녹색금융의 국제적 현황

금융과 환경은 서로 상충되는 개념처럼 보인다. 하지만 사회와 경제가 발전하면서 두 개의 개념은 상호관련성을 갖게 된다. 이런 경향은 외부와 내부적인 압력에 의해 나타나게 된다. 즉, 녹색금융의 필요성이 부각된 이유를 기업의 사회적 책임에 대한 외부의 압력과 신용위험의 제거라는 내부 압력이 있다.

외부압력 – 기업의 사회적 책임

환경에 대한 책임은 중요한 기업의 사회적 책임 중 하나로 인식되고 있다. CSR 시스템 관점하에서 기업의 이해관계자들의 중요성이 부각된다. 좋은 기업은 경제적 활동뿐 아니라 직원, 지역사회, 투자자 등에 대해 책임을 다하는 기업이다. CSR은 기업의 사회적, 환경적 활동을 의미한다. 환경은 이해관계자들이 가장 주목하고 있는 사회적 책임 영역이다. 직원들은 환경에 대해 무관심한 금융기관 보다는 친환경적인 금융기관에서 일하는 것을 선호한다. 소비자들은 사회적 지출을 가치 있는 것으로 여기기 때문에 사회적인 책임을 다하는 기업의 제품에 대해서는 원래보다 높은 가격을 지불하고자 한다. 마찬가지로, 사회적 책임을 지향하는 투자자들은 더 낮은 수익률을 감수하고 친환경 금융기관에 투자하고자 한다. 일반 대중도 기업의 친환경성에 대해 관심을 갖고 있기 때문에 시민사회의 존재는 기업의 친환경성을 감시하는 중요한 역할을 수행한다.

기존 실증연구들은 이런 경향을 증명하고 있다. UNEP의 2007년 보고서는 기업의 환경, 사회, 기업지배구조(ESG) 책임성과 재무적 성과와의 관계에 대한 20개 논문을 검토하였다. 친환경성이 주가와 수익률로 측정한 재무적 성과에 다양한 이유로 영향을 미친다는 것이 밝혀졌다 또한, 시민사회가 지역사회와 환경을 파괴했다는 이유로 거대 은행들을 향해 시민운동을 벌인 여러 사례를 제시한 연구들도 있다. 이를 통해 대체로 사회적 책임을 중시하는 이해관계자들의 성향과 그로 인한 금융권에 대한 영향을 엿볼 수 있다.

내부적인 압력 – 신용위험

외부적인 압력이 존재하는 상황에서 환경문제는 신용위험에 직접적으로 영향을 미치기도 한다. 환경 오염은 담보물의 가치를 하락시키기도 한다. 또한 환경 위험은 프로젝트의 실패 위험을 증가 시기키도 한다. 환경에 대한 책임을 다하지 못하고 있는 차용자의 지불능력에 대한 기대가 낮아진다. 은행 역시 이런 지불능력 위험에 직면하게 된다. 법에 의해 은행은 차용 기업의 경영에 참여하였거나 자산을 압류 했을 경우 환경파괴 복구 비용을 지불해야 할 책임을 지는 사례도 있었다. 차용자가 환경파괴 복구 비용까지 지불하도록 법적 판결이 내려질 경우 부채상환 가능성이 더욱 낮아질 것이다. 기존

연구에 의하면 은행이 실제로 환경 복구 비용을 부담하고 있는 것으로 밝혀졌다. 1990년에 미국 은행 협회(American Bankers Association) 가 2000개 은행을 대상으로 설문한 결과에 의하면 220개 은행이 환경복구 비용을 부담한 것으로 밝혀졌다.

2.1. 녹색금융의 발전

녹색금융이라는 개념은 은행에 대한 내부와 외부의 압력에 의해서 생겨났다. 1974년에 전 세계에서 최초로 서독에서 녹색은행이 탄생하였다. 1991년에는 폴란드에서 환경보호 프로젝트를 육성하기 위해 녹색은행이 설립되었다. 1990년대에 들어서야 금융산업에 환경의 개념이 도입되어 녹색금융이 발생했다. 녹색금융의 연구목표는 환경관련 리스크를 평가하고, 녹색금융상품을 개발하는 것이었다. 녹색금융에서는 각국 정부, 국제기구, 금융기관, NGO 모두 중요한 역할을 한다.

1991년에 Deutsche Bank, HSBC Holdings, Natwest, Royal Bank of Canada, Westpac 등 금융기관이 힘을 모아 UNEP-FI(United Nations Environment Programme Finance Initiative)를 만들었다. UNEP와 함께 금융기관들이 환경문제를 해결하는 방안을 고민하기 시작한 것이다. 1992년 5월, 리오 지구정상회의를 계기로 뉴욕에서 "환경과 지속 가능한 발전을 위한 금융기관 선언"을 발표하면서 UNEP-FI의 전신인 Banking Institute가 설립되었다. 이후 UNEP는 환경을 고려한 경제성장을 주장하여 왔다. 이 선언은 적극적인 지지를 받았으며, 녹색금융의 발전 역사에 중요한 사건이었다.

2003년 6월 IFC(International Finance Corporation)는 세계 은행간 적도원칙을 적용하기 시작했다. 이는 전세계적으로 적용된 녹색금융 관련 규칙으로는 가장 영향을 많이 발휘했다. 적도원칙은 IFC와 World Bank의 주도하에 정해졌다. 이는 은행이 프로젝트 파이낸스의 환경적, 사회적 리스크를 평가하고 관리하는 방안을 다루고 있다. 전세계적으로 동일한 기준에 따라 프로젝트 대출이 이루어지는 것이다.

녹색금융에 대해서는 수년간의 이론적 발전이 이루어졌으며, 다음과 같은 주제에 대한 연구가 수행되었다.

- 환경적 리스크와 기회
- 환경관련 자산의 가치평가

• 환경관련 리스크관리
• 녹색금융상품의 개발
• 전세계 각국에 녹색금융을 도입하기 위한 방안

실무적으로 녹색금융을 실행하기 위해서는 정부의 역할이 중요하다. 영국의 Finance Innovation Central, 미국의 수출입은행(US Ex-Im Bank) 등은 환경 리스크 평가기준을 수립했다. 아시아개발은행(ADB)는 은행 전략 차원에서 천연자원과 생태계 보존을 중시하고 있다.

녹색금융의 발전에 따라 금융기관의 태도도 점차 변해왔다. 이를 4단계로 구분해 볼 수 있다. 1단계는 방어(defensive) 단계이다. 환경 리스크를 고려하는 것은 이득이 없고 비용만 발생했기 때문에 은행들은 방어적인 태도를 취했다. 금융기관 발달이 뒤떨어진 국가는 여전히 1단계에 머무르고 있다. 2단계는 예방(preventive) 단계이다. 환경관련 비용이 기존에는 외부효과가 컸으나 점차 내부화되었다. 은행 역시 운영 리스크를 줄이기 위해 환경 문제를 고려할 수밖에 없다. 이 단계에서는 환경문제를 예방하려는 전략이 가장 선호된다. 개발도상국들은 현재 2단계를 겪고 있는 국가들이 대다수이다. 3단계는 공세(offensive) 단계이다. 금융기관들은 환경보호 산업으로부터 사

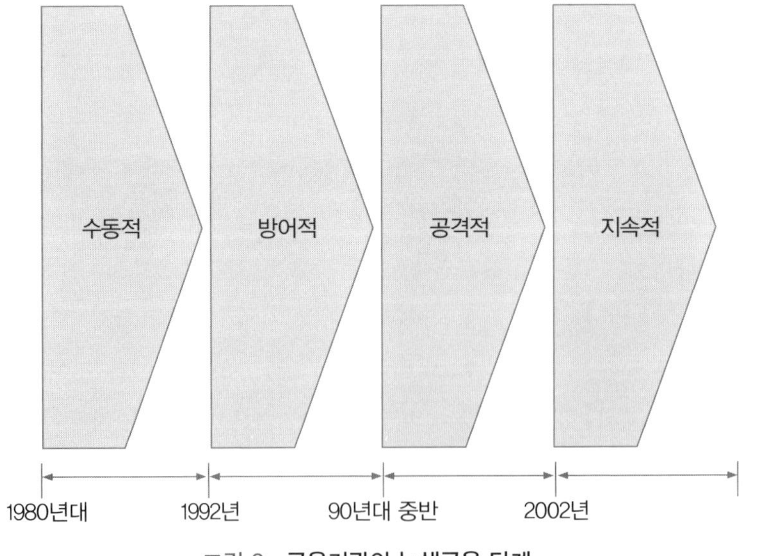

그림 2 **금융기관의 녹색금융 단계**

업기회를 찾아내면서 친환경적 활동을 자발적으로 하기 시작했다. 몇몇 선진국들은 3단계에 진입해 있다. 4단계는 지속가능(sustainable) 단계이다. 4단계에서는 모든 금융기관이 사회적 책임을 가지고 완전한 선순환 구조를 형성한 것이다.

2.2. 대표적인 국제협약

금융기관의 사회적 책임과 환경적 책임과 관련된 국제협약으로, UN Global Compact, UNEP-FI, 탄소정보공개 프로젝트(Carbon Disclosure Project), GRI(Global Reporting Initiative), UN 책임투자원칙, 기후원칙 등이 있다. 이중 UNEP-FI와 적도원칙이 가장 영향력이 크다.

UNEP-FI

UNEP-FI는 UNEP와 민간 금융기관간 글로벌 파트너십이다. UNEP-FI 선언에 자발적으로 서명하면 회원단체로 인정된다. UNEP-FI 선언은 지역적, 국가적, 국제적 환경규제에 순응하는 운영방식을 도입하고, 국내외 사업 운영시 환경 리스크를 항상 고려하며, 고객들에게 보다 높은 환경 기준을 준수하도록 요구하는 등 지속가능한 개발을 위해 금융기관이 실천할 수 있는 내용을 서술하고 있다. 선언문은 일방적으로 정해져 있으며, 회원단체에게 법적 구속력을 갖지 못한다. 그러나 선언을 지키지 않을 경우 평판이 나빠질 수 있다. 회원단체들은 매년 간단한 보고서를 통해 한 해 동안 실천한 환경보호활동을 보고한다.

지역적 협력, 포괄적인 프로그램, 연구 및 교육훈련 프로그램 등을 통해 UNEP-FI는 금융기관이 관여하는 모든 업무에서 환경적으로 지속가능한 운영이 이루어지도록 노력한다. 200개가 넘는 은행, 보험사, 펀드운용사들이 UNEP와 함께하고 있다. 이들은 재무적 성과에 더불어 환경적, 사회적 고려를 하며, 환경적으로 지속가능한 재무적 성과를 추구한다. 남미, 유럽, 호주, 일본, 한국 등이 UNEP-FI 회원단체를 가장 많이 보유하고 있다.

적도원칙

적도원칙은 환경적 책임을 강화하는 전세계적으로 가장 영향력이 큰 국제협약이다. 적도원칙은 2003년 6월 5일, 워싱턴 D.C.에서 처음 발표되었다. 적도원칙은 주요 금융기관들이 IFC, World Bank의 지침에 따라 프로젝트 파이낸스와 관련된 환경적, 사회적 리스크를 평가하는 기준을 설정한 것이다. 적도원칙에는 IFC의 분류 체계에 따라 프로젝트의 환경적, 사회적 리스크를 높음, 중간, 낮음 등의 단계로 이해하기 쉽게 표현하도록 하는 것도 포함된다. 프로젝트 파이낸스 대출자들은 프로젝트의 사회적, 환경적 영향평가, 프로젝트 실행계획, World Bank와 IFC의 산업별 EHS(환경,보건, 안전) 가이드라인과IFC Performance Standards 준수 여부(혹은 준수하지 못한 이유에 대한 합리적인 설명)를 설명해야 한다. 리스크가 중간 또는 높음 단계로 평가되면 추가적인 부채계약을 해야 한다. 즉, 사회적, 환경적 기준을 준수하지 않을 경우, 적도원칙에 참여한 금융기관들이 협력하여 대출자가 기준을 준수하도록 도와주고, 실패할 경우 부채계약에 따라 금융기관의 처분을 받아야 한다. 적도원칙은 1,000만 달러 이상 규모의 프로젝트에 모두 적용된다.

2010년 6월까지 27개국 68개 금융기관이 적도원칙에 참여했다. 이들 금융기관의 대출규모는 전세계의 85%를 차지한다. 적도원칙은 캐나다와 유럽의 금융기관이 가장 많이 참여하고 있다.

2.3. 녹색금융의 추진

자발적 협약의 역할

자발적 협약의 효과에 대해 알아보기 위해 자발적 협약에 참여하는 금융기관과 비회원 금융기관간에 차이가 있는지 연구해 볼 수 있다. 영국의 36개 UNEP-FI 회원 금융기관에 대한 실증적 연구에 따르면, 회원 금융기관의 74%가 공식적인 대출심사 기준에 환경적 요소를 포함시켰고, 비회원 금융기관의 51%만이 이를 포함시켰다. 그러나 이 차이는 통계적으로 유의한 수준이 아니다. 연구자들은 8개 유럽 국가의 50개 금융기관에 대한 설문조사도 진행했다. 여기서 금융기관들이 환경 리스크를 제대로 평가하고 있지 않다는 것을 밝혔다. 약 2/3가 환경 리스크에 따른 부도위험을 고려하지 않고 있었다. 또한, UNEP-FI 참여 금융기관과 비회원 금융기관간 차이가 명백하게 있음을 보여주었다. UNEP-FI 참여 금융기관은 환경 리스크를 보다 구체적으로 평가하고 있었다.

몇몇 연구들은 적도원칙을 도입한 금융기관과 그렇지 않은 금융기관의 성과를 비교했다. 적도원칙을 도입한 금융기관의 사회적, 윤리적, 환경적 정책이 그렇지 않은 금융기관과 확연히 다르다는 것을 확인했다. 또한, 적도원칙을 도입한 금융기관이 규모가 상대적으로 크다는 것을 보여주었다. 연구자들은 적도원칙에 참여함으로써 금융기관이 사회적 책임을 다하고 있음을 외부에 알리려고 한다고 주장한다. 본래 기업의 사회적 책임에 관심이 많은 금융기관이 적도원칙에 참여함으로써 호의적인 평가를 받으려고 한다는 것이다. 또한, 적도원칙을 도입한 금융기관이 대출 심사과정에서도 환경 리스크를 고려할 확률이 높다는 것을 보여주었다.

실증연구에서 자발적 협약을 통해 환경적, 사회적 성과를 거두고 있음을 보여주지만 자발적 협약이 항상 효과적인 것은 아니다. 적도원칙의 경우, 참여 금융기관들을 평가하고 감독하는 시스템이 갖추어져 있지 않다. 따라서, 회원으로 참여함으로써 사회적 책임을 다하고 있는 것처럼 보이더라도 실제 운영 현황을 확인해 볼 수 없다. 이는 역선택의 문제를 야기할 수 있다. 즉, 실행 노력은 하지 않으면서 평판만 좋게 만들려는 금융기관이 참여할 수 있다는 것이다.

적도원칙에 대한 시민사회의 의견을 수렴하고 있는 Banktrack에서 가장 우려하는 문제도 이것이다. 적도원칙이 수립된 이후 Banktrack 회원들은 연2회 모임을 통해 참여 금융기관들이 환경 리스크관리, 정부와의 협력, 정보 공시, 고객에 대한 책임 등을 잘 수행하고 있는지 토론한다. Banktrack에 따르면 적도원칙을 도입한 금융기관이더라도 "적도원칙을 실행하고 따른다는 투명하고 신뢰성 있는 증거가 있어야 한다." 이와 같은 정보가 공시되지 않으면 "적도원칙이 은행, 고객, 지역사회를 위해 어떤 역할을 하는지 확인할 수 없다."고 한다.

요약하자면, 국제 협약은 은행의 환경적 성과에 영향을 준다. 그러나 이들 협약만으로는 충분하지 않다. 첫째, 협약을 실천하도록 만드는 강한 인센티브와 감독이 요구된다. 둘째, 적도원칙과 같은 협약의 경우 참여 금융기관들이 약속한 환경보호 활동을 하고 있는지 확인할 시스템이 갖추어져 있지 않다. 셋째, 요구되는 환경 정책을 각 금융기관이 개별적으로 도입하기로 선언하는 것이지만 이 모든 것을 동시에 실천할 수 없다는 것을 명확히 해야 한다.

▌규제의 역할

내외부적 압력에 의해 금융기관들은 환경 리스크관리를 보다 효과적으로 수행하도록 만드는 규제가 늘어나고 있다는 것을 인식하고 있다. 금융기관은 자율규제와 정부규제 두 가지 중에 선택해야 한다.

환경에 대한 일반의 의식이 잘 갖추어져 있다면 은행은 자율규제를 선택할 수 있다. 자율규제 하에서 은행들은 주로 국제 협약에 자발적으로 참여한다. 이를 통해 이해관계자들에게 사회적 책임을 다하고 있음을 알릴 수 있고, UNEP 등 해당기관으로부터 기술적 지원을 받을 수도 있다. 환경관련 자발적 협약은 일종의 클럽재(club goods)라고 볼 수 있다. 즉, 평판효과와 배제성과 같은 특성을 띤다.

반대로 이해관계자들이 대출 과정에 직접 영향을 미치는 것은 비용이 많이 든다. 정부는 금융기관이 특정 환경정책을 실시하도록 강제할 수 있다. 이 두 가지 방법이 전세계적으로 주목 받고 있다.

UNEP-FI, 적도원칙 등의 국제 협약에 참여한 금융기관과 그렇지 않은 금융기관을 비교분석한 결과, 대부분의 참여 금융기관이 서유럽과 북미지역에 위치하고 있다는 것을 알 수 있다. 또한, 다른 지역에 위치한 금융기관 중에는 서유럽 또는 북미의 금융기관과 밀접한 관계를 가진 경우에 협약에 참여하는 경향이 있다. 68개 적도원칙 도입 금융기관 중에 53%가 유럽, 25% 북미에 위치하고 있으며, 남아시아 및 동남아시아에는 하나도 없다. 이는 UNEP-FI도 비슷한 실정이다.

이와 같은 분포는 지역적 특성에 따라 자발적 협약에 참여할 인센티브가 다를 수 있다는 것을 보여준다. 나아가, 서유럽과 북미지역의 높은 참여비중과 기타 지역의 낮은 참여비중이 나타나는 근본적인 원인은 자발적 협약에 대해 전세계적인 의견 공유가 이루어지지 않았음을 나타내기도 한다.

APEC 내에서 국제 협약에 가입한 금융기관은 미국, 캐나다, 호주, 일본, 한국 등에 주로 위치하고 있다. 다른 국가에서는 국제 협약 참여율이 저조하다. 국제 협약에 참여하는 가장 큰 이유는 금융기관이 평판을 관리하고자 하는 것이다. 사회적, 환경적 책임이 금융기관의 평판에 큰 영향을 미치지 않는 지역에서는 자발적 협약에 참여할 유인이 적다. 따라서 APEC내 대다수 국가들에서 환경보호에 대한 의식이 높지 않다는 것이다. 이처럼 자발적 시장 메커니즘에 의존하는 것만으로는 충분하지 않다.

APEC, 특히 개발도상국에는 정책적 규제가 요구된다. 개발도상국은 선진국과 다른 규제환경이 필요하다. 개발도상국은 사법 시스템이 약하고, 계약이 잘 지켜지지 않는 등 선진국이 겪지 않는 여러 가지 문제점이 있다.

개발도상국 정부는 금융기관이 사회적, 환경적 리스크를 고려하도록 권고하고 인센티브를 제공할 수 있다. 많은 아시아 국가들이 지난 10년간 환경 규제를 개선했다. 강한 규제와 집행의 부재로 환경성과가 잘 나타나지 않는다. 결과적으로, 많은 아시아 금융기관들은 환경적 규제수준이 낮다고 인식한다.

아시아-태평양 지역에서 지속가능한 금융은 민영화, 통합 등 시장 메커니즘과 아시아-태평양 지역의 수출이 전세계 가치사슬에 가지는 영향력 등으로 주도될 가능성이 높다. 해외 금융기관의 영업활동에 대한 진입장벽이 낮아지면서 경쟁이 치열해지고 있다. 해외 금융기관이 국내 금융기관의 지분을 소유하기도 하고 국내 금융기관과 직접 경쟁하기도 한다. 해외 금융기관의 녹색금융 도입이 각국 금융기관의 지속가능한 대출 정책에 영향을 미칠 수 있다.

3. 녹색금융의 주요원칙

아래의 내용은 녹색성장을 위한 녹색금융을 추진하는 데에 고려하여야 하는 주요 원칙들에 대해 소개한다.

3.1. 민간자금의 동원

녹색성장을 위한 자금시장의 수요는 매우 크다. 코펜하겐 합의문에는 선진국들이 2012년까지 300억 달러, 2020년까지 1,000억 달러를 투자해서 개발도상국의 기후변화 대응에 투자하기로 했다. IEA에따르면 2050년까지 이산화탄소 배출 50% 감축하려면 2020년까지 4,000억 달러의 추가 투자가 필요하다. 이 중 2,000억 달러는 개발도상국에서 확보하고 남은 2,000억 달러는 선진국에서 조달할 것으로 기대된다.

공적개발원조(ODA) 및 각종 국제기구에 공헌하는 자금이 중요한 자금원천이 된다. 연간 평균 금액은 1,000억~1,200억 원이다. OECD 국가들은 GDP의 0.7%를 공

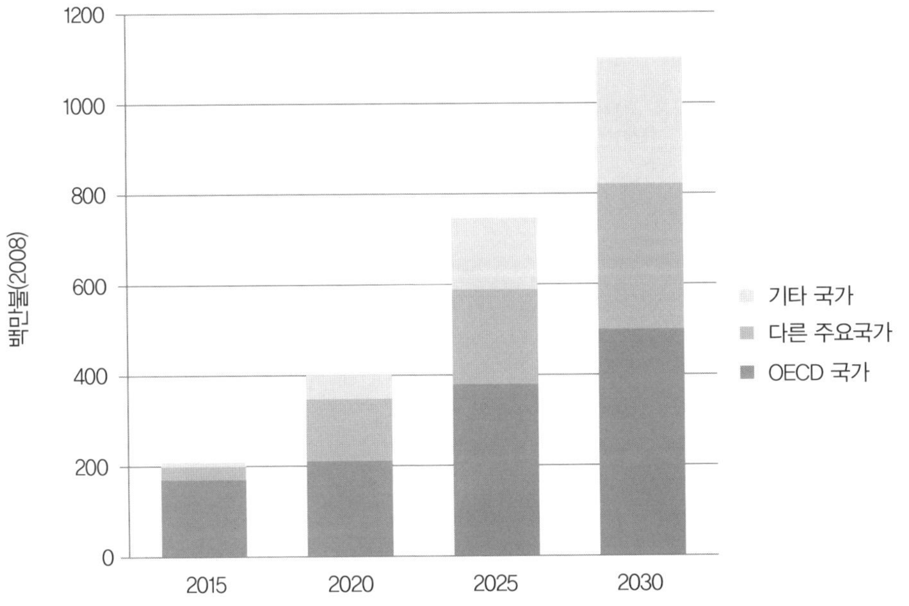

그림 3 **주요 지역의 투자수요**

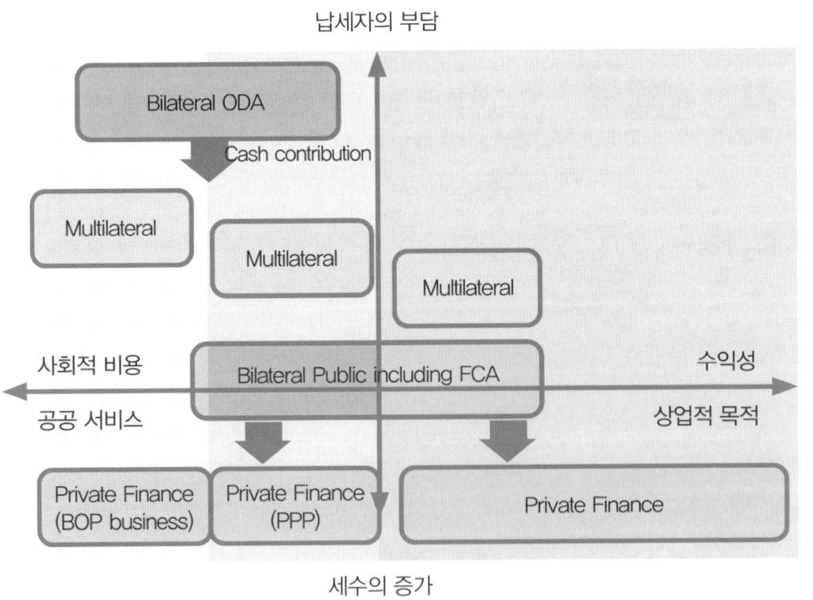

그림 4 **금융의 종류**

적개발원조(ODA)로 지원하기로 약속했으나 이를 이행하고 있는 국가는 별로 없다. 대다수의 국가들은 예산 제약을 받고 있으나 기존의 공적개발원조(ODA)에 충당하던 것 이상으로 기후변화에 대해 추가적인 예산을 배정하기 힘들다. 따라서 민간 자금이 더 중요하게 부각되고 있다. 코펜하겐 합의문은 국가차원의 자금조달과 더불어 민간 금융에 초점을 맞추고 있다.

3.2. 금융의 효율성과 기술기반 성장을 위한 지원

녹색성장을 위해 필요한 자금은 매우 큰 규모이다. 따라서 민간 자금을 투자해야 한다. 금융기관들은 녹색성장을 위해 우선적으로 투자하는 정책을 만들어야 한다. 물론 투자의 우선순위를 정한다는 것은 매우 민감한 문제이다.

공해 방지를 위한 투자의 경우, 금융기관들은 지속가능한 개발을 위한 환경보호 가이드라인을 따른다. 환경보호 가이드라인은 금융기관이 투자한 프로젝트가 환경을 파괴하지 않도록 작성된 지침서이다. 각국 수출입은행 등 금융기관들은 자체적으로

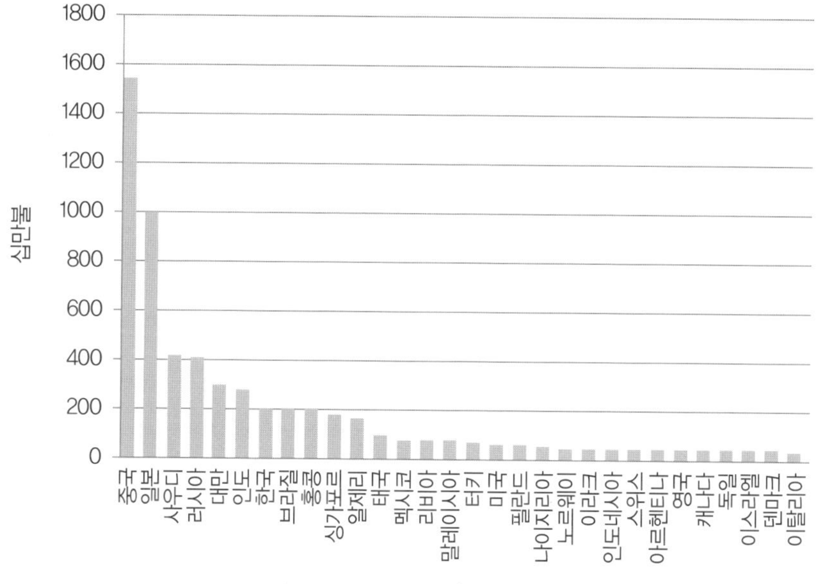

그림 5 **각국의 외환보유고**

환경보호 가이드라인을 도입했다. 60개가 넘는 민간 금융기관들도 적도 원칙(equator principles)을 도입했다. 녹색성장을 위해서도 이와 같은 가이드라인을 도입할 필요가 있다. 온실가스 배출 감축에 대한 투자성과를 평가하는 방법, 도입할 만한 기술의 목록 등을 가이드라인으로 제시할 수 있겠다.

모범사례: 일본국제협력은행

- **측정 · 보고 · 검증 (Measurement, Reporting, Verification: MRV)**

  CDM (청정개발체제, Clean Development Mechanism)은 이미 156종류 2,200개 프로젝트에 승인됐다. 그러나 CDM은 생각보다 매우 복잡하며 시간이 많이 소요된다. 또한, CDM이 적용되는 범위는 매우 좁다.

  이를 보완하고자 일본국제협력은행은 자체적인 MRV 규정인 J-MRV를 개발했다. "Green"이라고 명명된 규정으로 환경금융 분야에 적용된다. 일본국제협력은행은 MRV가 근본적으로 투자를 활성화시키기 위한 수단이므로 투자자들이 모두 공유하는 방법을 따라야 한다고 믿는다. 일본국제협력은행은 규정이 단순하고, 실용적이며, 국제적으로 받아들여질 수 있도록 작성했다.

- **기술 목록**

  선진 기술이 활발하게 거래되기 위해서는 기술에 대한 검증과 가격의 적정성에 대한 평가가 필요하다. 일본국제협력은행은 상용가능한 최적가용기술 (commercially viable BAT)을 핸드북으로 발간해서 다른 금융기관에 배포할 계획이다. 이 책은 각 기술을 2~3장에 걸쳐 설명하고 있으며, 기술을 도입했을 때 예상되는 배출 감축 수준과 실제 투자 사례를 담고 있다.

3.3 아시아 투자를 위한 아시아 자금

중국 및 ASEAN 국가 등 APEC에 속한 아시아 국가들은 녹색성장을 위한 자금 수요가 많다. 동시에 녹색성장에 투자할 자금도 충분히 보유하고 있다. 높은 경제성장률과 높은 저축률의 결과 전세계에서 외환보유고가 많은 10개 국가 중에 7개가 아시아에 위치하고 있다. 아시아 투자를 위한 아시아 자금의 조달은 매우 실현 가능한 구호이다.

금융시장에서도 녹색금융에 관심이 많다.

정치적 지원

대다수의 국가가 에너지 확보 및 환경보호를 위한 중장기 계획을 정책적으로 지원하고 있다. 녹색성장을 위한 정부차원의 지원도 많이 이루어지고 있다. 녹색성장에 대한 투자위험은 과거 어느 때보다도 낮은 수준이다.

투자 포트폴리오 다변화

연기금 등 주요 기관투자자들은 서브프라임 관련 자산에 투자했다가 금융위기로 큰 손실을 입었다. 금융위기 이후 많은 금융기관의 투자 자금이 수익률이 높은 곳보다는 적정한 위험과 적정한 수익률을 보장하는 자산으로 옮겨가고 있다. 단기적으로 봤을 때 녹색성장 프로젝트의 수익률이 아주 높은 것은 아니지만 장기적으로는 수익성이 높다.

사회적 책임

기관투자자들은 기업의 사회적 책임(CSR)을 다하는 기업에 투자하도록 요구하고 있다. 녹색성장 사업은 이 기준에 잘 부합한다.

3.4 금융기관간 제휴

녹색금융의 중요한 역할 중 하나는 대규모 투자금을 조달하는 것이다. 대규모 자금을 조달하기 위해서 금융기관들은 녹색금융에 보다 적극적으로 접근해야 하며, 금융기관 간에 협력이 필요하다.

먼저, 녹색금융에 대한 관심이 필요하다. 그 후에는 정보와 전문지식을 공유해야 한다. 마지막으로 투자를 실행해야 한다. 이미 녹색성장을 위한 많은 지식이 축적되어 있다. 기술 목록을 담은 핸드북과 J-MRV 가이드라인이 모두 좋은 참고자료가 된다. 이와 같은 지식은 금융기관간에 공유되어야 한다. 이것이 bottom-up방식이다.

Top-down 방식 역시 고려해야 한다. CEO를 비롯한 고위경영진이 관심을 가지는 것이 가장 효과적이다. 녹색금융에 대한 경영진의 관심은 시장에 큰 영향을 미친다. Bottom-up방식과 top-down방식이 함께 이루어져야 효과적이다.

3.5. 민-관 금융 파트너십

녹색성장은 민간부문에서 주도적으로 이끌어갈 것이다. 정부가 담당해야 할 역할은 투자환경을 조성하고 국가차원의 중장기 계획을 세우는 것이다. 정부에서 중장기 계획을 세워서 발표하는 것은 기업들이 투자전략을 세우는 데 매우 중요한 정보가 된다. 투자가 이루어지기 위해서는 외부 자금조달이 중요한데, 금융기관이 그 다리 역할을 해야 한다. 정부, 기업, 금융 모두 다른 역할이 있으나 이 모두를 통합시킬 필요가 있다.

민간부문에서는 투자위험 대비 일정한 수익이 있어야 투자한다. 다시 말해, 과도하게 위험이 높은 투자안은 수익성이 떨어지고 투자가 이루어지기 힘들다. 따라서 녹색성장에 필요한 자금을 조달할 때 정부가 적절한 보조역할을 해야 충분한 투자가 이루어질 것이다. 다음은 몇 가지 대안을 제시했다.

- 공공금융기관을 통한 위험 최소화 (보험, 보증 등)
- 개발도상국 내에서 민–관 또는 국내–국제 금융기관의 공동투자
- 투자안을 트랜치(tranche)로 나누어서 민간투자는 중기, 정부투자는 장기로 이루어지도록 구성
- 정부와 공공금융기관간의 금융정책 논의를 통해 투자환경 개선

4. 녹색금융의 구성

정부가 녹색성장을 추구하기 위하여 가질 수 있는 정책적 수단을 크게 세 가지가 있다. 우선, 녹색성장에 필요한 자금을 공급하기 위하여 정부가 세제혜택, 지원금 등을 활용하는 재정정책에 의존할 수 있다. 예컨대, 전기차나 하이브리드 차의 개발과 구매에 대하여 정부에서 지원금과 인센티브를 줌으로 해서 이러한 활동을 촉진시킬 수 있다. 자전거의 활용을 늘이기 위하여 자전거 전용도로를 만드는 데에 공공자금을 투자하고, 자전거 이용자에게 여러 가지 혜택을 줄 수 있다. 또한, 정부소유의 공공금융기

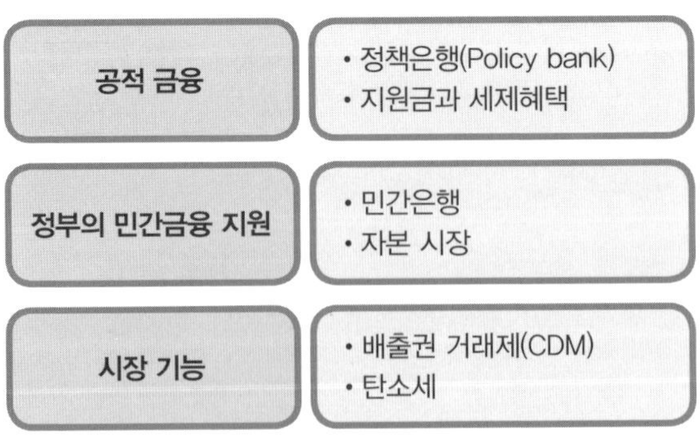

그림 6 녹색금융의 체계

관이 녹색산업과 기업들에게 정책금융을 제공할 수 있다. 미국에서는 녹색대출을 전담하는 정부투자 기관으로서 녹색은행을 계획중에 있으며, 우리나라에서 정책금융공사가 이러한 역할을 수행한다.

둘째, 녹색금융에서 고려되어야 하는 중요한 면이 공공과 민간의 협력(public private partnership)에 의하여 이루어져야 한다는 것이다. 전세계적으로 녹색성장을 위하여 필요한 자금이 매우 크며, 이를 위에서 제시한 공적금융에만 의지하는 것은 한계가 있다. 공적 자금에 의해서만은 거대한 녹색성장의 자금 수요를 모두 충당하지 못할 것이며, 민간자금의 참여를 유도할 필요가 있다. 우선 대표적으로 은행과 자본시장의 자금의 흐름을 녹색산업으로 유인하기 위하여 여러 종류의 정책을 시행할 수 있다. 은행들이 녹색산업에 융자를 하는 경우 일반적인 이자율보다 저리에 이루어질 수 있도록 세제혜택을 줄 수 있고, 자본시장에서도 환경적인 경영, 저탄소 경영 등이 잘 이루어지는 기업이 좋은 평가를 받고, 투자자들의 관심을 받을 수 있는 제도의 정비가 필요하다. 우리나라에서 시행된 녹색인증제의 경우, 은행의 대출을 녹색기술과 녹색기업에 저리에 제공되도록 하고자 하는 시도이다. 또한, 녹색투자에 있어서 불확실성들을 보호하기 위한 녹색 보험도 발달하도록 정책적 지원을 하여야 한다.

셋째, 녹색성장을 촉진하기 위한 가장 혁신적인 제도로서 시장매커니즘을 도입하는 것이다. 배출권 거래제와 탄소세가 여기에 해당한다. 이 두 제도에서 탄소 배출의 효율적 관리여부는 바로 원가의 증가 또는 감소로 연결되게 된다. 녹색금융의 세 가지 부분 중 이 시장기반의 제도들은 가장 혁신적이며, 아직 지구상의 어느 나라도 충분한 경험을 갖고 있지 않다. 유럽에서 가장 먼저 시행하고 있으나, 이 제도들의 성과와 효율성에 대하여 판단을 하기에는 아직 더 많은 시간을 기다려야 할 것으로 보인다. 많은 나라들이 탄소배출권 거래제를 도입하기 위하여 논의 중이다. 우리나라에서도 2015년에 이 제도를 도입하기로 결정하였으며, 그 주무부서는 환경부로 되었다. 배출권 거래제가 도입되면, 탄소배출을 많이 하는 경우 추가적인 원가부담을 갖게 되며, 탄소배출을 줄이는 경우, 오히려 배출권 수입이 생길 수 있게 된다.

이상과 같은 논거를 바탕으로 본서의 녹색금융 체계는 다음과 같이 구성된다.

- 녹색성장을 위한 재정정책

- 민간부문의 참여를 위한 정책 : 은행의 녹색부문 참여, 자본시장에 의한 투자, 녹색보험의 설계
- 시장기반의 제도 : 배출권 거래제, 탄소세

5. 녹색금융과 사회책임투자

사회책임투자(SRI: Social Responsible Investment)는 출현 배경 및 성장 과정 면에서 녹색금융과 밀접한 관련성을 가져 왔으며, 현재 녹색금융의 주요 부문 중 하나로 자리매김하고 있다. SRI와 녹색금융의 관련성을 좀 더 자세히 살펴보면 다음과 같다.

5.1. 기업의 사회적 책임

SRI는 기업의 사회적 책임(CSR: Corporate Social Responsibility)을 잘 수행하는 기업을 선별하여 투자하자는 것이다. CSR은 기업 경영에 있어 사회 및 환경 문제를 균형 있게 고려한 기업의 경영상 책무를 의미하며, 경영자가 주주에 대한 경제적 책임뿐만 아니라 사회적 책임도 진다는 점을 강조한다.

CSR 개념이 처음 등장한 것은 벌써 몇십 년 전으로 그 동안 사회 경제 상황에 따라 다양한 측면이 강조되어 왔으며, 아직까지 국제적으로 통일된 명확한 정의가 존재하지 않는다. 예를 들어, 초기에는 CSR이 기업의 자선행위로 간주되어 즉각적인 기업의 수익과 직접적으로 관련되지 않고 공익적 측면이 강조되었으나, 1950~60년대 미국의 시민운동, 환경운동, 소비운동 등 새로운 행동주의 운동과 1960년~70년대 초반의 베트남전을 거치면서 보다 포괄적인 개념으로 진화하였다. 이는 다양한 행동주의 그룹과 언론이 기업에 압력을 행사하는 환경에 대응하여 기업은 상품, 정책 등을 변화시켜 대응하고 적응하려는 노력의 결과였다고 할 수 있다.

최근에는 국제표준화기구에서 CSR에 대한 표준화(ISO26000) 작업이 진행되고 있는 가운데, 지속가능발전(Sustainable Development: SD)의 관점에서 CSR이 논의되고 있다. 기업의 활동은 사회발전에 크게 기여할 수 있는 한편, 사회발전은 다시 기업이 추진하는 사업을 성공으로 이끌게 하는 능력에 영향을 미칠 수 있다는 점이 주목

을 받고 있다. 즉 장기적으로 사회적 · 경제적 목적이 내재적으로 상충하는 것이 아니라 종합적으로 연결되어 있다는 것이 CSR의 기본적 인식이라고 할 수 있다.

5.2. 사회책임투자

SRI는 투자자 혹은 투자자를 대리하는 수탁자의 관점에서 CSR을 잘 수행하는 기업에 투자하는 기법이다. 즉 투자에 따른 재무성과를 평가함에 있어, 기업의 재무성과 자체만을 기준으로 삼는 것이 아니라 기업의 이해관계자인 주주, 소비자, 종업원, 지역사회와 환경 등 관련 사항을 함께 고려하여 투자대상을 선별(screening)하는 투자원칙이 SRI이다.

물론 SRI 개념도 사회 경제적 환경의 변화에 따라 다양한 양상을 보이며 진화해 왔다. 초기에는 SRI가 종교계를 중심으로 군수물자, 담배, 주류 등 반사회적, 윤리 및 환경에 반하는 기업에 투자하지 않는 데서 출발한 사회운동의 일환으로 시작되었다. 즉 무기, 주류, 유해물 제조 등 사회적 책임을 위반하는 기업을 투자 대상에서 배제하는 투자방식인 선별적 배제(negative screening)가 SRI의 중심을 이루었다.

1990년대에는 사회, 윤리, 환경(Social, Ethical, Environment)을 기준으로 하는 투자로서의 SRI가 강조되었다. 이러한 상황에서는 지속가능한 경영에 충실한 기업을 선별하여 투자하는 방식인 선별적 편입(positive screening)을 활용하는 SRI가 부상하였다. 이는 재무성과 자체만을 평가하는 것이 아니라 기업의 이해관계자인 주주, 소비자, 종업원, 지역사회와 환경 등 관련 사항을 평가하여 선별적으로 투자하는 SRI 기법이, 선별적으로 배제하는 방식에서 출발하여 선별적으로 편입하는 방식으로 보다 다양화 된 것이라고 할 수 있다.

2002년 엔론, 월드콤 등의 회계 부정 사건이 발생한 것을 계기로 윤리적 요인(Ethical)보다 건전한 지배구조(Governance)가 보다 강조되는 SRI가 부각되었다. 즉 기업의 지속가능경영이 의문시 되는 경우 투자자가 기업의 사회적 책임과 환경 문제에 대해 주주로서 의결권, 주주제안권 등을 행사하는 보다 적극적 관점에서의 주주행동주의(shareholder advocacy)가 많은 관심을 받았다. 주주행동주의는 지속 가능경영을 하는 기업을 선별하여 투자하는 것에 그치지 않고 주주가 기업의 지속가능경영을 유도하는 역할을 수행하려는 것인 만큼, 가장 적극적인 형태의 SRI라고 할 수 있다.

또한 SRI는 소수인종과 저소득층 등 주류 금융의 혜택에서 소외된 사람에게 혜택을 주기 위한 지역공동체 투자(community investment)도 포괄한다. 지역사회투자는 주로 지역사회개발금융기관의 지원 및 투자를 통해 이루어진다.

최근 SRI는 기업의 재무적 수익 이외에 장기적인 관점에서 기업의 장기 존속 가능성에 영향을 미치는 ESG(Environment, Social & Governance) 요소를 함께 고려하여 투자하는 기법으로 그 개념이 보다 정교해지고 있다. 예를 들어, UN은 ESG 측면을 고려한 투자를 SRI로 간주하면서, 기존 "사회에 대한 책임"에서 "투자자에 대한 책임"으로 그 중심을 옮기고 있다. 이는 지속가능한 기업에 투자하여 더 많은 수익을 창출하는 이익극대화를 위한 투자 패러다임에 주목하면서 수탁자의 책무를 강조하는 것이다. 이 같은 의도에서 최근 UN을 중심으로 SRI에서 S(Social)를 제외하고 책임투자(Responsible Investment: RI)로 표기하고 있는 추세이다.

요컨대, SRI는 투자결정시 기업의 재무적 수익 이외에 ESG(환경, 사회적 책임, 지배구조) 요소를 함께 고려하여 장기적인 관점에서 투자하는 방식이다. 따라서 환경개선을 중요하게 고려하는 SRI가 녹색금융의 한 분야로 간주될 수 있다.

5.3. 해외 SRI 시장

1990년대 이후 연기금을 비롯한 기관투자자의 참여가 본격화 되면서 SRI가 급속히 성장하고 있다. 2008년 9월 기준으로 전 세계 SRI의 규모는 약 5조 유로 달러 수준이었다. 지역별 구성을 보면 유럽이 약 53%, 미국이 39%, 나머지 국가가 약 8%로서 대부분의 SRI가 미국과 유럽을 중심으로 이루어짐을 알 수 있다.

▌유럽 시장

2007년 말을 기준으로 할 때, 협의의 SRI(Core SRI)—담배, 무기 등 부정적 기준에 해당되는 기업을 제외하고, 환경/윤리 등 사회책임 분야에 부합하고 선도하는 기업을 포함하는 SRI—규모는 5,117억 유로였다. 그리고 광의의 SRI(Broad SRI)—Core SRI에 더하여 OECD, UN 등 국제적 기준에 부합하는 기업과, 부정적 기준 어느 한 가지만 제외한 펀드를 모두 포함하는 SRI—규모는 2조 유로를 상회하였다. SRI시장의 5

년(2002~2007년)간 연평균성장률은 약 42%로서, 같은 기간 MSCI(Morgan Stanley Capital International) Europe을 대상으로 하는 투자 규모의 성장률 7.8%를 크게 상회하였다.

표 1 유럽 국가별 SRI시장 규모 (단위: 유로)

구분	영국	벨기에	프랑스	독일	이탈리아	네덜란드	스페인	스위스
Core SRI	674억	234억	285억	457억	32억	694억	13억	568억
Broad SRI	8,908억	2,604억	701억	688억	2,400억	3,660억	295억	1,343억

미국 시장

미국의 SRI 규모는 2007년 말 기준으로 2조 7천억 달러였다. 이는 1995년도의 6천4백억 달러 대비 약 4.2배 성장한 것이며, 전체 미국시장 투자규모 25.1조 달러 대비 11%에 해당하는 수준이다.

표 2 미국 사회책임투자 관련 펀드 현황 (단위: 십억 달러)

구 분	1995	1997	1999	2001	2003	2005	2007	2010
펀드수	55	144	168	181	200	201	260	493
자산규모	12	96	154	136	151	179	202	569

자료: SIF(2011)

SRI시장을 부문별로 세분화해 보면, Social Screening(74.6%), Shareholder Advocacy(24.5%), Community Investing(1%)으로 구성되어 있다. 한편, 집합투자기구(뮤추얼펀드, ETF, 폐쇄형 펀드 등)의 SRI 펀드 규모는 2005년 1,790억 달러에서 2007년 약 2천억 달러로 13% 증가하였다.

▌여타 지역

호주의 SRI 규모는 2005년 135억 호주달러에서 2007년 722억 호주달러로 성장하였으며, 캐나다 SRI시장은 2002년 514억 캐나다달러에서 2007년 5,036억 캐나다달러 규모로 약 10배 성장하였다. 또한 일본은 1999년 SRI가 도입된 이후 SRI 규모가 지속적으로 증가하여, 2005년 약 1,400억 엔에서 2007년 8,400억 엔으로 증가하였다.

▌국내 현황

국내에서도 녹색성장 및 녹색금융에 대한 관심이 높아지면서 ESG(Environment, Social and Governance) 관련 SRI펀드가 출시되었으며, 2009년 1분기 기준 동 펀드 규모는 약 7,600억 원 수준이었다. 그 구성을 보면 국내투자대상(16개)이 3,730억 원이고, 해외투자대상(16개)은 3,828억원이었다. 그리고 2009년 1분기 기준 국민연금은 6,600억원을 SRI 방식으로 운용하고 있으며, 출시되어 운용되고 있는 6개 녹색펀드 설정 금액은 크지 않은 상태였다.

CHAPTER

03 은행을 통한 녹색금융

금융의 가장 처음은 은행에 의한 자금 조달이라고 할 수 있다. 녹색금융 정책은 우선 은행의 대출 등 자금의 제공이 녹색부문에 대하여 우호적으로 이루어질 수 있도록 정책적 접근을 하여야 한다. 우선 은행권에 존재하는 녹색금융 상품들을 알아보고자 한다.

1. 은행권의 녹색금융상품

소매금융 부문과 관련된 녹색금융상품은 녹색주택모기지, 자동차담보대출, 녹색예금 등 매우 다양하다. 기업금융 및 투자금융과 관련된 녹색금융상품으로도 프로젝트 파이낸스, 부분신용보증, 채권 등이 있다. 민간 금융기관은 자금조달을 중개하거나 또는 직접대출을 통해 녹색금융을 제공할 수 있다. 시장에서 요구하는 녹색금융 자금을 민간 금융기관에서 모두 조달할 수 있으면 가장 이상적이다. 그러나 녹색산업의 불확실성 때문에 민간 금융기관의 자발적인 참여만으로 모든 수요를 충족시킬 수는 없을 것이다. 몇몇 금융기관은 저리 대출상품 등 녹색금융상품을 이미 출시했다. 그러나 이런 상품은 수익을 올리기 위한 것이라기보다 브랜드 가치 등 마케팅을 강화하고자 하는 목적이 더 크다.

녹색금융과 관련된 모기지 상품은 시장 이자율보다 낮은 수준으로 대출을 제공한다. 대출을 받기 위해서 에너지 효율이 높은 주택을 구입하거나, 환경친화적인 설비 개량 등에 투자해야 한다. 일반주택에 재생에너지 전력시스템을 설치하는 데 필요한 자금을 대출해주기도 한다.

환경친화적인 상업용 건물은 에너지 효율이 높기 때문에 공해를 줄이는 데 공헌한다. 이런 특징 때문에 관리비가 적게 들고, 효율이 높으며, 건물의 수명이 길기 때문에 시장에서 높은 평가를 받는다. 캐나다의 한 녹색금융상품은 에너지 효율이 높은 건축을 통해 절약한 관리비용을 이용해 대출을 상환할 수 있도록 하고 있다.

녹색금융과 관련된 자동차담보대출 상품 중에도 시장 이자율보다 낮은 수준으로 제공되는 것들이 있다. 물론, 자동차의 에너지 효율이 높거나 이산화탄소 배출이 적정 수준 이하여야 한다는 조건이 따른다.

녹색 신용카드는 NGO와 연관되어 있다. 사용금액, 이체금액, 신용카드 대출금액 등의 일정비율을 NGO에 기부하는 것이다. 이산화탄소 배출 상쇄 프로그램(offset program)과 관련된 신용카드를 발급하는 경우도 있다.

녹색 예금계좌는 고객의 평균잔고에 비례해서 매년 환경보호단체에 기부금을 낸다. 지역 내 에너지 효율이 높은 기업에 대출하도록 정해진 녹색 예금계좌도 있다.

기업금융 및 투자금융은 대기업, 정부, 기타 공공기관 등의 복잡한 금융 수요를 만족시킨다. 프로젝트 파이낸스는 대형 인프라 투자에 필요한 자기자본과 타인자본을 조달하는 것이다. 프로젝트 파이낸스 대출은 인프라 구축 이후에 창출되는 현금으로 상환한다. 일반적으로 30~40%는 자기자본으로, 60~70%는 타인자본으로 투자한다. 많은 은행들이 대규모 재생에너지 투자를 위한 프로젝트 파이낸스 부서를 운영한다. 대다수의 은행이 하나 이상의 재생에너지에 특화하고 있다.

금융기관은 녹색산업 프로젝트에 투자한 채권에 대해서 부분신용보증을 제공하기도 한다. 이는 프로젝트 위험을 분산시키는 방법이다. 정부에서 신용보증을 제공하면 민간 참여를 촉진시킬 수 있다. 자산유동화증권(ABS)를 발행해서 녹색산업 프로젝트에 투자할 수도 있다. 금융기관에서 자산유동화증권에 대한 적절한 보증을 통해 위험을 분산시킬 수 있도록 해준다. 자산유동화증권은 위험을 보증인에게 전가하기 때문에 투자자들에게도 매력적이다.

표 1 소매금융상품

상품 및 서비스	핵심상품 및 결과 (예상)	판매은행	지역
주택 모기지	정부주도의 그린모기지 상품으로 환경보호 규정을 충족하는 주택모기지에 대해서 이자율 1% 할인	네덜란드 은행	유럽
	매년 무료로 주택 에너지 사용등급 측정. 앞으로 포트폴리오에 새로운 사항을 추가할 예정.	CFS	영국
	영국 내 최대 규모의 모기지 제공 은행들이 그린 모기지 계획을 발표함	Abbey, HBOS, Halifax 등	영국
	Generation GreenTM Home Loan. 신규 및 기존 주택에 모두 적용되기 때문에 기존 모기지 대출자들도 할인혜택을 받을 수 있음. 정부 규정을 충족해야함.	Bendigo Bank	호주
	주택소유자에게 재생에너지를 사용하도록 인센티브를 제공함. 주책의 물리적인 측면보다 고객의 환경친화적인 행동에 초점을 맞춤	N/A	N/A
	My Community MortgageTM 와 Smart Commute Initiative Mortgage 상품 제공. 에너지 효율이 높은 주택을 구입하고 대중교통을 사용하도록 유도함. 다양한 옵션과 유동적인 대출조건이 특징.	Fannie Mae (Citigroup)	미국
	에너지 효율이 높은 주택 구입 및 에너지 효율 개선을 위한 리노베이션 시 CMHC Mortgage Loan Insurance 보험료 10% 환불 혜택 및 상환기간 최대 35년으로 연장 (은행에 따라 다를 수 있음). 보험료 환불은 일시불로 지급됨.	CMHC (CIBC, BMO)	캐나다
상업용 모기지	새 콘도 건설을 위한 그린 모기지. 부동산 개발자 가 에너지 효율이 낮은 콘도에서 발생할 운영비만큼을 모기지 상환에 보조함. 건물이 기존 디자인보다 25% 이상의 에너지 절약이 있다는 것을 증명해야 함.	TAF/Tridel	캐나다
	LEED의 보증을 받은 신규 건물 구입 및 기존 건물 모기지 차환. 부동산 개발자들은 낮은 운영비와 높은 에너지 효율 덕분에 프리미엄을 지불하지 않아도됨.	Wells Fargo	미국
	상업용 건물 및 다세대 주택에 환경친화적인 건축을 적용할 경우 0.125% 이자율 할인 제공	NRB	미국
주택담보대출	주택용 태양전지 구입을 위한 대출. 상환기간은 25년이며 동기간 제품보증을 제공함	NRB	미국
	Environmental Home Equity Program. Visa Access Credit 을 사용하는 고객에 한해 은행이 친환경 NGO에 기부함	Bank of America	미국
	Sharp 전자와 마케팅 제휴를 통해 주택용 태양전지를 쉽게 구입하고 구매비용을 대출할 수 있도록 함. 일반 대출 또는 저축한 돈을 사용하지 않고 주택담보대출을 활용할 수 있도록 함.	Citigroup	미국

표 1 소매금융상품(계속)

상품 및 서비스	핵심상품 및 결과 (예상)	판매은행	지역
자동차 담보대출	하이브리드 자동차용 상품에 대한 Clean Air Auto Loan 제공. 최근에는 배기가스 배출이 낮은 모든 차량을 대상으로 서비스 확대.	Vancity	캐나다
	goGreen Auto Loan은 성공적인 녹색금융 상품으로 전세계의 주목을 받음. 개설이래 은행의 자동차 담보대출이 45% 증가함.	mecu	호주
Fleet Loan	Small Business Administration Express Loan은 인가절차가 신속하고, 무담보이며, 만기가 유연함. 주로 연료 효율을 개선하려는 트럭수송업체에게 제공됨. SmartWay Upgrade 설비를 장착하여 연비를 15% 향상시킴.	Bank of America	미국
신용카드	Affinity Cards. 은행이 환경 NGO와 파트너를 맺어서 NGO의 로고와 이름을 사용하는 대가로 로열티를 지급함. 연이율 15~22%로 연회비는 별도.	다양함	다양함
	Climate Credit Card. 신용카드로 구매한 상품의 에너지 효율에 따라 정해진 금액을 WWF에 기부함.	Rabobank	유럽
	GreenCard Visa는 세계최초로 이산화탄소 배출을 줄이기 위한 신용카드를 선보임. 독일과 스칸디나비아 반도에 발매 예정. 2007년 이후 미국에 해당상품을 선보이려고 준비중.	Tendris Holding B.V.	유럽
	BarclayBreathe Card는 환경친화적인 상품과 서비스를 구매했을 때 각종 할인과 낮은 대출이자율을 제공함. 카드 수수료 수익의 50%를 기후변화 대응 프로젝트에 투자함.	Barclays	영국
	기존 신용카드 이용자들이 Visa WorldPoint를 온실가스 감축에 투자하는 기관에 기부하거나 환경친화적인 상품 구매에 사용할 수 있도록 함.	Bank of America	미국
	개인 및 법인 고객의 사용금액의 1.25%를 "Customers Who Care (의식 있는 소비자 모임)" 캠페인에 기부함.	CFS	영국
예금	Landcare Term Deposit. 호주 최초의 환경친화 예금 상품. 사용금액만큼 동일한 금액을 지속가능 농업에 지원	Westpac	호주
	EcoDeposits 지역 에너지 효율 개선 및 환경보호 사업에만 대출할 수 있도록 규정된 예금으로 100% 예금보호. EcoCashTM Checking Account는 매달 무료로 5장의 수표를 지급하되 사용시 장당 3달러의 수수료를 받음. 이 수수료의 일부는 The Climate Trust에 기부함.	Shorebank Pacific	미국
항공	은행에 예금하지 않아도 항공여행과 관련된 이산화탄소 배출을 상쇄하는 방법으로 Climate Care와 파트너십을 통해 제공함.	Barclays, HSBC	유럽

자료: UNEP Finance Initiative, "Green Financial Products and Services: Current Trends and Future Opportunities in North America", 2007

탄소금융상품도 은행에서 제공한다. 은행들은 기업고객의 필요에 대비하기 위해서 또는 트레이딩 목적으로 탄소배출권을 보유한다. 또한, 탄소배출권 거래를 통한 수수료 수입, 탄소배출권 관련 파생상품 서비스 제공을 통한 마진수익 등을 얻는다. 선도, 스왑, 옵션, allowance lending 등을 이용한 리스크 관리도 제공한다. 탄소배출권을 확보하기 위해 CDM/JI 프로젝트에도 투자한다. 프로젝트 초기에는 자기자본을 투자하고, 프로젝트가 진행되면 프로젝트 파이낸스를 제공한다. 탄소배출권 투자자들이 리스크를 관리할 수 있도록 파생상품을 이용한 헷지 상품도 제공한다.

표 2 기업금융 및 투자금융상품

상품 및 서비스	핵심상품 및 결과 (예상)	판매은행	지역
프로젝트 파이낸스	대규모 재생에너지 프로젝트 파이낸싱만 담당하는 특화된 서비스 부서를 운영. 일부 은행은 하나 (또는 다수)의 재생에너지 기술에 집중해서 이 기술의 도입을 지원하는 정부와 협력하고 있음.	BNP Paribas(풍력), Rabobank, Barclays, Fortis, Standard Chartered Bank, West LB (바이오 연료, 풍력)	전세계
	2006년 풍력발전에 투자하기 위해 15억 달러 조달하여 6,500만 달러는 직접투자함. 2003년 재생에너지에 직접투자를 시작한 이후 현재 26개 풍력발전소 등 10억 달러 규모의 포트폴리오 보유. 바이오매스, 지열, 태양 발전에 적극적으로 투자.	JP Morgan	미국
	포트폴리오 파이낸싱 기법을 이요. 풍력 에너지 프로젝트를 담은 포트폴리오 파이낸싱과 풍력 발전소 건설에 따른 위험을 결합.	Dexia (풍력)	미국
	폐기물을 이용한 발전소 건설을 위해 25년 만기 대출을 주간함. 지역 정부와 기업에서 폐기물을 조달하기로 계약함.	Bank of Ireland	유럽
부분신용보증	환경 프로젝트에 자금을 조달하기 위해 지방정부가 발행한 채권을 제공.	IFC	전세계
증권화	환경 프로젝트를 위한 위험분담 계약. IFC가 위험수준이 높은 메자닌 트랜치(mezzanine tranche)에 대한 보증을 제공함. 고객이 은행에게 위험을 전가할 수 있도록 구조화.	IFC	전세계

표 2 기업금융 및 투자금융상품(계속)

상품 및 서비스	핵심상품 및 결과 (예상)	판매은행	지역
증권화 (계속)	Eco-securitization. 자연자원을 지속가능하게 유지하는 프로젝트에 필요한 자금을 조달하기 위해 ABS(자산유동화증권) 방법을 적용함.	IFC와 DFID	전세계
	Green Mortgage-Backed Securities. 에너지 효율이 높은 건물에 대한 모기지를 묶어서 증권화함. 에너지 관련 관리비가 절약되기 때문에 더 높은 신용등급을 받을 수 있을 것으로 예상됨.	예정	미국
채권	Forest Bond. 파나마의 대규모 산림화를 지원하기 위해 고안됨. 재보험회사에서 25년 만기 채권을 인수하고 파나마 운하 투자자 및 이용자들이 채권에 투자함.	다양함	남미
	Cat Bond. 자연재해의 위험에 대비할 수 있음. 투자자 위험을 분산시키면서 높은 수익률을 기대할 수 있음.	BNP Paribas, Goldman Sachs, Lehman Brothers	전세계
Technology Leasing	낮은 가격에 환경친화적 기술을 제공함.	Deutsche Bank, ABN AMRO, ING Group	유럽
사모펀드	Alternative Investments Sustainable Development Investment Program. 풍력, 태양발전, 바이오연료에 사모펀드 형태로 투자함.	Citigroup	미국
	산림 및 생태보호를 위한 사모펀드. 낮은 이자율로 비영리기관에 투자함. 비영리기관은 토지와 산림을 매입해서 지속가능한 개발이 이루어지도록 관리함.	Bank of America	미국
인덱스	바이오연료, 수자원 등에 투자하는 환경 관련 인덱스 펀드 제공.	ABN AMRO, JPMorgan	유럽, 미국
탄소금융 및 탄소배출권 거래	은행은 CDM과 JI 프로젝트로부터 탄소배출권을 얻기 위한 주식 및 대출 투자상품을 제공. 대부분 고객의 탄소배출권 수요, 자체적인 트레이딩 수요, 탄소배출권 담보 대출 상품 제공을 위해 탄소배출권 관련 사업을 운영.	Barclays Capital, HSBC, Fortis, ABN AMRO, BNP Paribas, JPMorgan, Goldman Sachs, Citigroup 등.	전세계 (유럽 중심)
Allowance Trading	탄소배출권 거래, 고정 및 변동금리 스왑, 각종 파생상품을 위한 시장조성 등.	다양함	유럽

자료: UNEP Finance Initiative, "Green Financial Products and Services: Current Trends and Future Opportunities in North America", 2007

2. 녹색금융을 위한 공공부문의 역할

이하에서는 녹색산업에 금융부문의 참여를 활성화시키기 위한 공공부문의 역할에 대해 논하고 있다. 일반적으로 녹색금융에서의 공공부문과 민간부문의 긴밀한 협조(Public Private Partnership)가 필요하다. 공공부문은 재무자원이 한정되어 있으므로 녹색산업에 필요한 모든 재정적 지원을 할 수 없고, 민간부문의 자원을 활용하여야 한다. 결국 공공부문의 역할은 녹색산업에 대한 직접 금융이라기 보다, 민간의 참여를 독려하고, 그 효과를 최대화시키는 데에 있다.

2.1. 네덜란드의 사례

네덜란드는 Green Funds Scheme이라는 특별한 대출 프로그램을 운영한다. 낮은 자본비용으로 녹색산업에 투자할 수 있도록 은행의 중개역할을 활용하는 정책이다. 이 프로그램은 녹색 프로젝트, 녹색 기관, 세제혜택 등 3부분으로 구성된다. 녹색은행이 되기 위해서는 정부의 승인을 받아야 하는데 대부분의 네덜란드 은행들이 녹색은행으로지정 받았다. 프로젝트 투자자가 녹색은행에 대출을 신청하면, 은행은 대출심사를 한다. 은행에서 대출을 승인한 후 정부에 녹색증서를 신청한다. 정부에서는 프로젝트의 적절성을 판단한다. 정부의 승인을 받으면 일반대출보다 낮은 금리에 대출을 받을 수 있다. 이는 세제혜택 덕분에 가능하다. 녹색은행은 낮은 금리에 채권을 발행하거나 예금상품을 제공함으로써 낮은 이자율로 녹색대출을 할 수 있다. 은행의 채권투자자나 예금자는 세제혜택 받음으로써 낮은 이자율에 대한 보상을 받는다. 개인투자자들은 투자원금의 1.2%를 자본이득세로 과세 받는다. 그러나 녹색투자는 인당 53,421유로까지 면세 받는다. 녹색투자자들은 소득세를 1.3% 덜 낸다. 따라서 총 세금 혜택은 2.5%이다. 녹색은행은 이렇게 조달한 자금의 70% 이상을 승인된 녹색 프로젝트에 투자해야 한다. 남은 30%는 낮은 이자율에 조달해서 보통 금리로 대출할 수 있기 때문에 은행은 Green Funds Scheme에 참여할 인센티브가 충분하다. 이 프로그램은 세제혜택을 제공함으로써 녹색 프로젝트에 대한 투자를 증가시키는 것이다. 정부는 이 프로그램을 통해 민간 자금을 녹색 프로젝트로 유도한다. 세제혜택이 없다면 이 자금은 다른 곳에 투자되었을 것이다.

Green Funds Scheme은 은행의 중개역할을 잘 활용한 방법이다. 프로젝트 투자자들은 낮은 신용등급 때문에 자본시장에서 직접 자금을 조달하는 데 어려움을 겪을 수 있다. 적절한 담보가 없어서 대출을 못 받는 경우도 있다. 높은 자본조달비용 때문에 그린 프로젝트가 성사되지 못할 수 있다. 그러나 은행은 높은 신용등급과 예금보호 정책의 도움으로 낮은 금리에 자본을 조달할 수 있다. 녹색예금과 녹색채권 등에는 세제

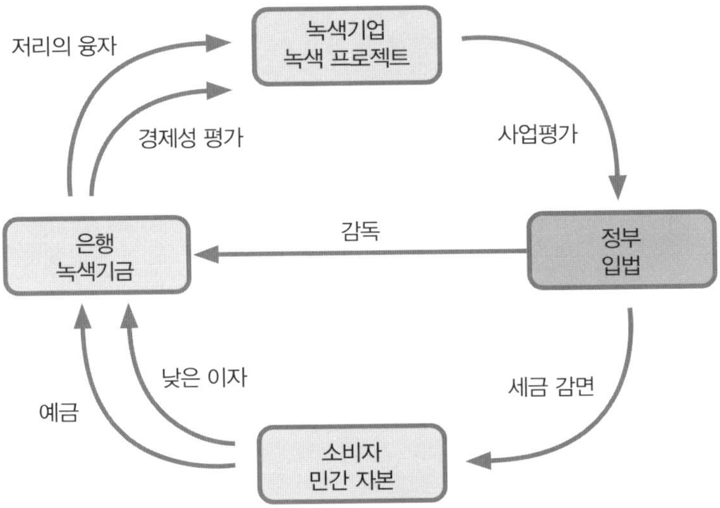

그림 1 **네덜란드의 Green Funds Scheme 구조**

표 3 녹색금융의 이자율 예시

	일반금융	녹색금융
예금자 총 이자율	5%	2.5%
은행 이자비용	5%	2.5%
세금	2.5%	2.5%
예금자 순 이자율	2.5%	2.5%
은행의 수익, 위험부담, 비용부담	1%	2.2%
프로젝트의 이자율 수준	6%	4.7%

혜택이 주어지기 때문에 더욱 비용을 낮출 수 있다. 따라서 이 프로그램을 통해 프로젝트 투자자는 최대한 낮은 비용으로 자금을 조달할 수 있다. 정부는 모든 프로젝트에 대한 지원을 할 수 없기 때문에 그린 프로젝트로 승인 받기 위해서는 여러 조건을 갖추어야 한다.

2.2. 한국의 사례

국가전략 및 5개년 계획 (2009~2013)

한국은 2009년 7월에 국가전략 및 5개년 계획(2009~2013)을 발표했다. 이 계획에는 민간 금융기관이 녹색금융에 참여하도록 유도하는 다양한 정부 정책을 포함되어 있다. 예를 들어, 녹색기술과 녹색산업에 대해서는 정부가 신용보증을 통해 위험을 분담하기로 했다. 한국에는 신용보증기금(KODIT)과 기술신용금고(KIBO) 두 개의 신용보증기관이 있다. 총 신용보증 금액은 2009년 2.5조원(20억 달러)에서 2013년 7조원(56억 달러) 규모로 증가할 예정이다. 한국 정부는 신용보증기금(KODIT)과 기술신용금고(KIBO)가 보증 수수료를 인하하고, 최대한 많은 비중을 보증해주며, 부분보증보다는 완전보증을 하도록 하고 있다.

한국 정부는 신용보증을 통한 직접적인 지원 이외에도 간접적인 지원방안도 마련했다. 시중은행이 신용보증기금(KODIT)과 기술신용금고(KIBO)에 자금을 지원하면 세제혜택을 준다. 이 자금은 녹색산업에 투자한다. 시중은행이 투자한 자금이기 때문에 공공기관인 보증기금보다 투자의사결정을 잘 내릴 수 있다는 장점이 있다. 추가적으로, 공공금융기관인 산업은행(KDB)과 중소기업은행(IBK)이 녹색기술과 녹색산업에 대한 대출규모를 늘리기로 했다. 대출규모는 2009년 1.8조원에서 2013년 3조원으로 증가할 것으로 예상된다. 산업은행(KDB)과 중소기업은행(IBK)은 모두 벤처캐피탈에 많은 투자를 하고 있다. 정부는 이들 은행이 현재의 벤처투자를 녹색산업으로 확대하도록 권장하고 있다.

녹색투자 활성화 정책

국가전략 및 5개년 계획(2009~2013)은 녹색금융을 위한 단기 및 중기 계획을 담고 있지만 녹색금융을 활성화 시키기 위한 구체적인 정책을 제시하고 있지 않다. 한국 정부는 녹색투자 활성화 정책을 2009년 7월에 발표했다. 이는 시중은행의 녹색금융 참여를 촉진시키는 방안을 담고 있다. 먼저 재생에너지 개발, 에너지 효율성 개선 등의 녹색기술 및 녹색 프로젝트를 정부가 승인한다. 정부는 녹색기술과 녹색 프로젝트를 다루는 기업을 심사해서 실제로 녹색기업인지 판단한다. 시중은행은 어느 기업이 진짜 녹색기업인지 판단하기 어렵기 때문에 정부의 승인은 좋은 판단기준이 된다. 추가적으로 한국 정부는 네덜란드의 Green Funds Scheme과 유사한 정책도 도입했다. 시중은행은 녹색 프로젝트에 대출할 자금을 확보하기 위해 세제혜택이 주어진 녹색채권을 발행할 수 있다. 녹색채권에 대한 투자는 인당 3,000만 원으로 제한되고, 녹색채권은 최소 3년 이상의 만기를 가져야 한다. 시중은행은 동일한 세제혜택이 주어진 예금상품을 제공할 수도 있는데, 면세 혜택은 인당 2,000만 원까지 가능하다.

한국 정부는 친환경 공장 및 설비에 대한 투자를 촉진하기 위해서 프로젝트 파이낸스를 활성화 시키는 프로그램도 수립했다. 이 프로그램을 통해 금융기관과 제조기업들은 친환경 생산시설 및 설비에만 투자하는 특수목적법인(SPC)에 자금을 투입한다. 금융기관과 제조기업은 투자수익을 배분한다. 특수목적법인(SPC)은 금융기관과 제조기업의 초기 투자금 이외에도 기타 금융기관으로부터 대출을 한다. 신용보증기금(KODIT)과 기술신용금고(KIBO)는 대출에 대한 보증을 서서 투자가 활성화될 수 있도록 돕는다.

신용보증기금(KODIT)은 자산유동화증권(ABS)의 선순위 트랜치(tranche)에 대한 신용보증을 제공한다. 신용보증기금(KODIT)은 신용보증을 제공할 때, 기초자산에 친환경투자 채권 및 녹색 프로젝트 파이낸스 대출 등이 포함되도록 요구한다. 2009년 기준으로 기초자산에 포함된 녹색투자 관련 채권은 5~9% 수준이었다. 정부는 이 비중을 2010년에 20%까지 끌어올릴 계획이다. 자산유동화증권(ABS)의 후순위 트랜치(tranche)는 신용등급이 낮기 때문에 투자자를 찾기가 쉽지 않다. 한국은 정크본드 시장이 발달하지 않았기 때문에 후순위 트랜치는 주로 녹색 채권의 발행기업이나 녹색 프로젝트의 발주자들이 떠안는다. 이런 과정을 통해 자산유동화증권(ABS)에 대한 신용등급을 향상시킬 수 있을 뿐만 아니라 채권자의 모럴 해저드도 방지할 수 있다. 은행은 증권화를 통해 투자 위험을 자본시장으로 분산시킬 수 있다는 장점이 있다. 이와 같은 프로그램이 없다면 녹색 프로젝트에 투자한 경험이 없는 은행이 선뜻 녹색금융에 뛰어들지 못할 것이다. 또한, 은행은 자산유동화증권(ABS)을 발행해서 조달한 자금으로 녹색산업에 재투자할 수 있다.

2.3. 미국의 녹색은행 설립계획

미국의 크리스 반 홀렌 하원의원은 2009년 녹색은행법을 제안했다. 녹색은행은 미 정부가 100% 소유한 독립적인 면세법인이다. 2009년 녹색은행법이 통과되면 미 재무부에서 발행한 녹색채권으로 조달한 100억 달러의 자금으로 녹색은행이 설립된다. 이 중 50억 달러는 항상 기업 또는 프로젝트에 투자하기로 한다. 채권의 원금과 이자는 미국 정부가 보증하며 이자수익은 녹색은행의 자본을 증가시키는 데 활용한다.

녹색은행의 설립 목적은 청정에너지 산업과 에너지 효율 개선과 관련된 투자를 촉진시키는 것이다. 2009년 녹색은행법의 주된 목적은 미국 내 재생에너지 산업으로 민간투자를 유도하는 것이다. 녹색은행은 대출, 대출보증, 증권화, 보험, 포트폴리오 보험 등 녹색산업에 대한 다양한 금융지원을 제공할 계획이다. 녹색은행은 다음 요건을 충족하는 프로젝트에 대해서도 금융지원을 한다. 첫째, 지원금이 프로젝트 규모의 80%를 넘지 않아야 하며 경제적으로 합당해야 한다. 둘째, 대출금에 대해서 프로젝트 수익금 또는 기타 자산으로 담보를 제공해야 한다. 셋째, 녹색은행의 CEO의 판단에 따라 (i) 녹색은행의 지원이 아니라면 자본시장에서 동일한 조건의 자금조달이 불가능해야 하고, (ii) 금융지원에 따라 프로젝트의 완공이 촉진되어야 하며, (iii) 프로젝트에 필요한 부품 또는 설비를 만드는 미국 내 제조기업의 수요 창출에 도움이 되어야 한다. 녹색은행은 대출, 대출보증, 보험, 포트폴리오 보험 등 제공하는 금융지원에 대해 적절한 수수료를 받아 이를 수행하는 데 필요한 비용을 충당한다.

녹색은행은 재생에너지 개발과 에너지 효율 개선 프로젝트에 민간자본을 끌어들이는 역할을 할 것이다. 민간기업과 효과적으로 협력하면, 녹색은행의 활동을 통해 재생에너지 사업에 필요한 신용시장을 조성하고, 관련 사업과 투자를 활성화 시킬 수 있다. 녹색은행의 설립은 재생에너지와 관련된 안정적인 일자리를 많이 창출해서 새로운 녹색경제로 이행하는 데 중요한 역할을 할 것으로 예상된다.

3. 정책 수립시 주요 사항

3.1. 정부의 역할: 기본적인 룰의 수립

정부에서 금융기관을 활용해서 녹색산업을 지원하려고 할 때는 반드시 금융기관이 투입할 수 있는 자원이 한정되어 있다는 사실을 고려해야 한다. 정부의 정책으로 금융기관의 자금이 녹색산업으로 편중되면 다른 산업에서 투자를 유치하기 힘들어진다. 따라서, 각국 정부는 신용보증 프로그램, 공공금융기관을 통한 저리 대출, 세제혜택 등을 이용한 녹색산업 지원이 충분히 가능하고 경제성이 있는지 따져봐야 한다. 녹색산업에 대한 금융지원을 정책적으로 추진하겠다고 결정했다면, 특정 녹색산업을 지정해서 전략적으로 지원하는 것이 효율적인 대안일 수 있다. 모든 녹색산업에 동일한 지원을 약속하면 각 산업에서 지원되는 금액이 필요한 금액에 못 미칠 것이다. 희소한 자원을 고려했을 때 "선택과 집중"하는 전략적 접근이 필요하다.

시장이 해결하지 못하는 문제를 풀기 위해 정부가 나서야 하는 경우도 있다. 그러나 반드시 주의해야 할 사항이 있다. 정부의 개입이 민간부문의 참여를 방해해서는 안 된다. 민간부문의 참여가 단기적으로만 제한된 상황이라면, 정부는 단기적으로만 개입해야 한다. 그 후에 시장이 작동하기 시작하면 정부는 조금씩 개입을 줄여야 한다. 민간 금융기관이 차지할 시장을 정부가 쥐고 있으면 민간 금융기관이 녹색산업에 대한 관심을 잃어버릴 수도 있기 때문이다. 따라서 정부는 신용보증, 공동투자, 위험 분산 등을 통해 민간 금융기관의 참여를 이끄는 역할을 해야 한다. 정부는 민간부문의 역할을 대신하려고 하기보다 보완하려는 태도를 견지해야 한다.

아직까지 녹색산업은 태동기에 있다. 그러나 몇몇 선진국에서는 녹색산업이 성장 가도를 달리고 있다. 민간금융기관의 녹색산업 참여가 가속화되면서 녹색버블이 생겨날 가능성도 있다. 이런 버블을 피하기 위해서 민간 금융기관의 참여가 확대됨에 따라 정부는 제 역할을 줄여가야 한다. 또한, 금융감독기관은 정부의 녹색 경기부양책으로부터 독립성을 유지해야 한다. 정부가 녹색산업을 지원하더라도 금융감독기관은 버블을 견제하는 역할을 해야 한다.

3.2. 다양한 금융지원

녹색산업의 발전을 위해 정부가 금융지원 정책을 펼칠 때에도 기술 발전단계에 따라 다른 방법을 사용해야 한다. 특정 녹색산업이 초기단계에 있다면 정부는 벤처캐피털이 해당분야로 투자를 늘리도록 인센티브를 제공해야 한다. 초기단계에 있는 산업은 리스크가 높으면서 기대수익률도 높다. 이와 같은 특성을 지닌 투자에 가장 적합한 민간 투자자는 벤처캐피털이다. 2005년에 한국 정부는 한국모태펀드(Korea Fund of Funds)를 설립했다. 이 펀드는 창업투자조합 및 중소기업투자사모조합(PEF)을 평가해서 다양한 펀드에 자원을 배분하는 역할을 한다. 이 때 공익에 더 적합한 펀드에 자금을 우선 배정한다. 한국 정부가 저탄소 녹색성장 전략을 견지하고 있기 때문에 한국모태펀드 역시 녹색산업에 초점을 맞춰서 투자결정을 내린다.

은행은 자기자본 투자보다는 대출을 통한 타인자본 투자를 한다. 녹색기업 또는 녹색 프로젝트가 높은 신용등급을 받지 못하거나 많은 담보를 제공하지 못하면 은행에서는 대출을 제공하지 않는다. 더구나 재생에너지 관련 인프라 구축 프로젝트 등 녹색 프로젝트는 단기간에 만기가 돌아오는 대출로는 실현할 수 없다. 시중은행이 이런 프로젝트에 선뜻 대출을 허가하지 않을 것은 자명한 일이다. 그러나 정부의 개입을 통해 녹색산업으로의 대출을 활성화시킬 수 있는 방안이 있다. 공공금융기관이 녹색기업 또는 녹색 프로젝트에 낮은 금리로 직접 대출을 해줄 수 있다. 이는 녹색산업에 투자를 증진시킬 수는 있으나 민간부문의 참여를 촉진시키지는 않는다. 민간부문의 참여가 없으면 정부의 개입에 계속 기댈 수 밖에 없고, 민간부문의 투자는 늘어나지 않을 것이다.

이와 달리, 정부가 민간부문의 위험을 분담하는 간접적인 접근법이 있다. 시중은행은 대출을 심사할 때 기업이 신용위험에 대처할 능력이 있는지 판단한다. 이 때, 기업이 중소기업이거나 신용을 쌓아온 경력이 없으면 수익성이 좋은 프로젝트가 있더라도 심사를 통과하기 어렵다. 공공금융기관은 이와 같은 상황에 처한 기업에 부분신용보증을 해줄 수 있다. 시중은행도 일정 부분 위험을 감수하기 때문에 완전보증에 따른 모럴 해저드를 우려하지 않아도 된다. 또 하나의 대안은 공공금융기관이 채권을 증권화할 때 위험한 트랜치(tranche)를 인수하는 것이다. 시중은행은 담보나 보증 없이

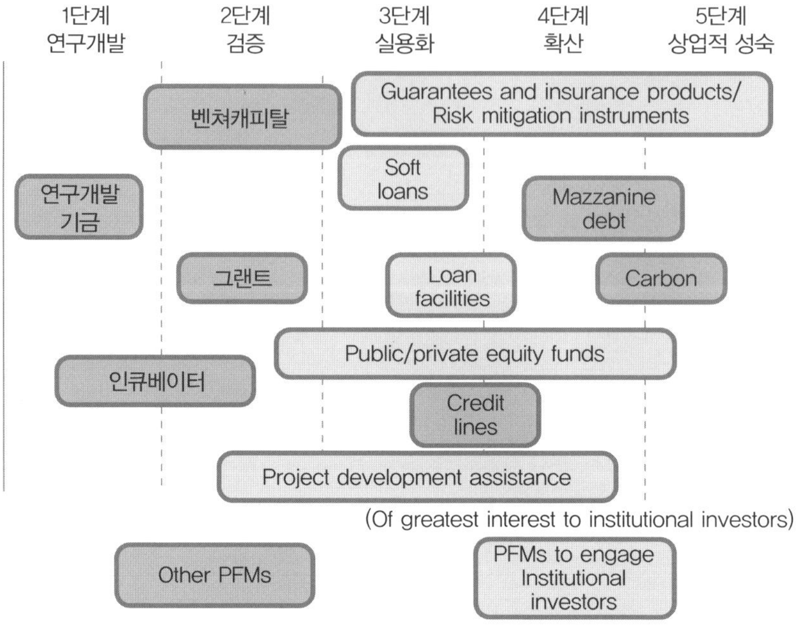

그림 2 **기술의 발전단계에 따른 금융지원 방안**
자료: UNEP, "Catalyzing low-carbon growth in developing economies", 2009

는 녹색산업에 대출을 해주지 않으려 한다. 그러나 녹색산업에 대출해준 채권을 증권화해서 자본시장에 매각하는 작업에는 관심이 있을 수 있다. 공공금융기관은 대출채권담보부증권(collateralized loan obligation: CLO)에 투자할 자금을 대출해주거나 선순위 트랜치(tranche)에 대해 보증을 제공해줌으로써 신용위험을 줄여줄 수 있다. 투자자들은 보다 낮은 신용위험을 감수하면서 높은 수익률을 기대할 수 있게 된다. 정부의 이와 같은 간접적인 금융지원 방안은 직접 대출을 해주는 것에 비해 몇 가지 장점이 있다. 첫째, 민간부문의 투자를 유도함으로써 보다 효율적으로 녹색산업에 자금을 조달할 수 있다. 둘째, 간접적인 방법을 사용했을 때 시중은행이 녹색산업에 보다 노출될 수 있다. 시중은행이 녹색산업 투자를 꺼리는 것은 정보의 부족 때문이기도 하다. 정부의 지원을 받아 녹색산업에 투자하면서 이에 대한 정보가 축적되면 시중은행도 독립적으로 녹색산업에 투자할 수 있을 것이다.

3.3. 리스크 감소를 통한 시중은행의 포트폴리오 확대

정부가 개입하기 전에 은행이 독립적으로 무엇을 할 수 있는지 파악해야 한다. 은행이 녹색금융의 기회를 꿰뚫고 적극적으로 투자할 수 있다면 정부의 개입은 시장을 교란시킬 뿐이다. 이런 경우라면 정부는 녹색금융에 개입해서는 안 된다. 그러나 정보의 부족, 녹색산업 관련 정책 위험, 시장 위험, 신용 위험 등의 이유로 은행이 투자를 하지 못하고 있다면 정부의 개입이 요구된다. 이와 같은 정보의 문제로 시장실패가 발생하는 경우 정부가 대응해야 한다. 시중은행은 자체적으로 특정 녹색산업에 대한 전문성을 갖추지 못하고 있다고 판단되면 투자를 꺼린다. 대출에 따른 위험을 측정할 수 없기 때문이다. 녹색산업이 초기단계에 있다면 자금수요에 비해 공급이 턱없이 부족할 것이다. 이 때, 공공금융기관이 위험을 헷지할 수 있는 금융상품을 제공함으로써 은행의 녹색산업 투자를 활성화 시킬 수 있다. 예를 들어, 시중은행이 해외 CDM 프로젝트에 투자를 하려고 할 때 국가 위험, 환율 위험, 다양한 위험을 평가하는 데 따르는 위험 등 많은 어려움이 있다. 정부는 공공금융기관을 통해 이와 같은 투자에 필요한 보험, 환율 헷지 상품 등을 제공할 수 있다.

녹색산업에 대한 정보를 제공함으로써 금융기관이 투자 위험을 보다 잘 판단할 수 있도록 도와줄 필요도 있다. 정부는 녹색산업에 대한 데이터베이스를 구축할 수 있다. 또한, 민간 금융기관과의 협력을 통해 녹색산업에 특화된 신용평가기관을 설립할 수도 있다. 정보의 격차를 줄여줌으로써 시중은행이 녹색산업 심사에 드는 비용과 신용위험을 감소시켜서 투자를 활성화 시킬 수 있다.

3.4. 시중은행의 참여 촉진

정부는 은행의 자금조달을 지원함으로써 녹색금융을 활성화 시킬 수도 있다. 네덜란드의 Green Funds Scheme의 사례처럼 시중은행이 발행하는 채권 또는 제공하는 예금상품에 대한 세제혜택을 줄 수 있다. 은행은 세제혜택에 따라 절약한 조달비용을 바탕으로 녹색산업에 저리의 대출을 할 수 있다. 세제혜택을 받은 자금의 70%만 녹색산업에 대출해주면 되기 때문에 남은 30%는 은행이 추가 이익을 창출하는 데 활용할 수 있다. 한국도 유사한 제도를 실시하고 있는데 세제혜택을 받은 자금의 60%만 녹색산업에 투자하면 된다. 시중은행은 세제혜택을 받아 조달한 자금을 일반기업에 시중금리로 대출함으로써 많은 차익을 낼 수 있다. 시중은행이 적극적으로 녹색산업에 투자할 인센티브가 주어지기 때문에 녹색산업을 활성화 시킬 수 있다. 또한, 어떤 기업 또는 프로젝트가 녹색산업으로 승인 받는지 정부가 판단을 하기 때문에 시중은행이 이를 판단해야 하는 문제도 회피할 수 있다.

3.5. 녹색금융에 특화된 공공금융기관 설립

미국에서 제안된 녹색은행과 같은 녹색산업에 특화된 공공금융기관을 설립하는 것도 민간자본의 녹색산업 투자를 활성화 시키는 방안이다. 녹색산업도 종류에 따라 여러 발전단계에 있다. 따라서 각 산업에 적합한 금융 지원을 제공해야 한다. 이를 위해서는 녹색산업에 대한 심도 깊은 이해가 요구된다. 효율적인 자원배분을 위해서는 녹색산업에 특화된 공공금융기관이 필요하다. 기존 공공금융기관은 녹색금융 활성화를 위한 지원 역할을 할 수 있다. 그러나 이들은 고유의 역할이 있기 때문에 녹색산업을 전문적으로 연구할 자원이 부족하다. 따라서 자원을 효율적으로 배분하는 역할을 하기에 적합하지 않다. 녹색산업에 대한 전문성을 키워야 어떤 프로젝트가 온실가스를 감축시키는 데 가장 저렴하고 신속한지 판단하고 우선적으로 투자를 유치할 수 있을 것이다.

또한, 신용보증이나 세제혜택과 같은 정부 정책은 한 번 수립한 이후에 변경하기가 까다롭다. 녹색산업 전문 공공금융기관이 있으면 다양한 금융지원을 유연하게 적용할 수 있다. 예를 들어, 민간 투자를 유치하기에 너무 작은 프로젝트에 대해서는 전문 공공금융기관에서 여러 프로젝트를 합쳐서 프로젝트 파이낸스가 가능한 규모로 키울 수 있다. 민간부문의 경우 한 번 관심을 가지기 시작한 분야에 대해서 많은 정보를 수집하기 때문에 민간부문 전문가의 도움을 받는 것도 고려할 수 있다. 공공금융기관은 대출보증, 증권화, 기타 금융지원을 제공할 때 민간부문과 밀접하게 협력해야 한다. 이를 통해 녹색금융에 대한 기준을 일관성 있게 유지하고, 각종 프로젝트의 에너지 효율성 개선 성과에 대한 정보 등을 기록하고 차후에 적용할 수 있다. 축적된 경험과 데이터를 바탕으로 시중은행에 자문 서비스를 제공할 수도 있다.

3.6. 녹색금융의 수요 측면 활성화

녹색성장의 성공을 위해서 저탄소 상품에 대한 소비자의 인식 전환이 요구된다. 일반 대중이 환경보호에 대한 경각심을 느끼고 기존 상품 대신 녹색상품을 사용하도록 유도해야 한다. 정부는 녹색상품 구매에 대해서 세제혜택을 제공하는 등의 인센티브를 제공할 수 있다. 녹색상품의 시장 규모가 커지면 녹색기업의 현금흐름도 점차 나아질 것이다. 녹색기업의 수익성이 개선되면 은행에서도 보다 적극적으로 대출을 해줄 것이다.

정부는 특정 녹색산업에 대해서 세제혜택이나 보조금을 지급하는 등 직접적인 지원을 할 수도 있다. 이와 같은 제도를 통해 녹색산업의 수익성을 개선시키고 금융시장으로부터 보다 많은 자금을 조달할 수 있도록 도울 수 있다. 그러나 정부가 직접 지원을 하는 경우, 기업 입장에서는 정부의 정책 리스크가 의사결정의 중요한 고려사항이 된다. 따라서 정책적 일관성을 유지할 필요가 있다. 미래에 정책이 바뀔 가능성이 있으면 녹색산업에 대출을 해준 금융기관들도 신용위험에 노출된다. 따라서 정부는 각 정책이 언제까지 유지될 것인지 명확하게 밝혀야 한다. 또 다른 방안으로 정부는 LED, 하이브리드 자동차 등 녹색상품을 직접 구매함으로써 수요를 창출할 수 있다. 이와 같은 정부의 개입은 녹색성장 전략에 대한 정부의 확고한 의지를 보여주는 역할을 하기도 한다.

대다수의 국가에서 환경규제가 강화되면서 은행은 환경 관련 위험도 인지해야 한다. 환경규제가 강화됨에 따라 주요 생산물을 판매할 수 없게 되는 기업도 있을 수 있다. 이런 기업에 대출을 해준 은행은 신용위험에 처하게 된다. 이와 같은 문제는 정보비대칭과 효과적인 환경위험 관리 시스템의 부재 때문에 발생한다. 따라서, 환경 요인 등 기업의 지속가능성과 관련된 정보가 공유되도록 해야 한다. 그러나 기업들이 이런 정보를 자발적으로 공시할 것으로 기대할 수는 없다. 그러나 증권거래소에서 상장기업에게 환경 위험과 관련된 정보를 공시하도록 요구할 수 있다. 대표적인 예로 탄소정보공개 프로젝트(Carbon Disclosure Project: CDP)가 있다. 추가적인 정보 공시로 정보비대칭을 줄임으로써 투자자들이 기업의 환경위험을 평가하고 환경친화적인 기업에 투자하도록 유도한다.

4. 은행의 환경위험관리

전 세계적으로 환경에 대한 관심이 고조되는 가운데 환경규제가 강화되면서, 환경오염에 따른 손실 발생 가능성이 높아져 기업을 비롯한 대부분의 경제주체가 환경위험(environmental risk)에 노출되어 있다. 환경규제가 강화될수록 환경오염을 직접적으로 유발할 수 있는 기업뿐만 아니라 기업에 자금을 제공하는 은행도 환경위험에 직면하게 된다. 예를 들어, 은행으로부터 대출을 받은 기업이 환경위험에 크게 노출되어 있는 경우 은행도 자금회수의 불확실성이 높아짐에 따라 환경위험에 노출되는 것이다. 따라서 은행을 비롯한 모든 금융회사는 대출 · 투자가 환경에 미치는 영향, 그로 인해 기업의 재무 상황에 미치는 영향 등을 분석하여 대출 · 투자 여부를 결정할 필요가 있다. 이하에서 은행을 비롯한 금융회사의 환경위험 관리에 대해 보다 자세히 살펴본다.

4.1. 환경위험과 은행

환경위험(environmental risk)은 경제주체들이 경제활동을 수행하는 과정에서 발생하는 여러 가지 환경문제가 경제주체의 장기적인 발전을 저해하는 요소로 작용할 수 있는 가능성을 의미한다. 환경위험은 기업을 포함한 대부분의 경제주체가 잠재적으로 노출되어 있는 위험이라고 볼 수 있으며, 특히 최근에는 환경위험이 기업경영에서 중요하게 관리되어야 할 위험의 한 요소로 부각되기 시작하였다. 이는 정부와 비정부단체(NGO)들이 기업에게 환경보전을 위한 노력을 기울일 것을 요구하고, 실제 환경오염을 유발하거나 환경사고를 발생시키는 경우, 기업에 대해 처리비용을 부담시키는 한편 상황에 따라서는 손해배상을 청구하는 사례가 증가하고 있기 때문이다.

모든 경제주체가 환경위험에 유사한 수준으로 노출되어 있는 것은 아니다. 환경위험이 특히 문제가 되는 분야는 대기오염, 토양오염, 수질오염, 해양오염 등으로, 해당 위험의 수준은 업종, 지역 등에 따라 다르게 나타난다. 예를 들어, 생산시설 위주의 산업은 사무실 위주의 산업보다 훨씬 큰 환경위험에 노출되어 있으며, 산업의 발전단계에 따라서도 환경위험 수준이 달라질 수 있다. 이러한 점에서 은행을 비롯한 금융회사가 직접적으로 환경위험에 노출되는 경우는 많지 않으며, 재적인 위험 수준도 다른 산업에 비해 크지 않다고 보는 것이 전통적인 인식이였다.

그런데 1990년대 이후 해외에서 환경책임(environmental liability)과 관련된 규제가 도입되면서 은행 및 금융회사가 직면하는 환경위험 수준이 보다 높아지게 되었다. 환경책임은 환경에 유해한 영향을 끼친 과거 및 현재의 행위로 인하여 초래되는 법적 구속력을 갖는 의무를 지칭한다. 보다 구체적으로 환경법 준수책임, 공법상 정화책임, 벌금, 민사적 배상책임, 징벌적 손해배상책임, 자연자원 배상책임 등이 이에 해당한다. 일반적으로 모든 환경위험이 곧바로 환경책임을 유발하지는 않는다는 점에서, 환경책임은 환경위험을 구성하는 한 요소이며 환경위험이 법적 의무로서 규정된 것이라 이해할 수 있다. 개념상으로는 환경책임이 환경위험보다 좁은 범위에 해당하지만, 규제대상인 기업 입장에서는 환경책임 최소화가 실제적인 경영목표에 포함되게 된 것이다. 즉 은행이 직접적으로 환경오염을 유발할 가능성은 낮지만, 환경책임을 부담하게 됨에 따라 환경위험이 은행의 실체적인 위험요소가 되었다고 볼 수 있다.

4.2. 주요 유형

금융회사가 직면하는 환경위험을 크게 평판위험(reputation risk), 간접위험(indirect risk), 직접위험(direct risk)으로 구분해 볼 수 있다.

우선 은행이 직면하는 환경위험 중 가장 보편적인 유형은 환경 요인을 고려하지 않고 자금을 공급함에 따라 발생하는 평판위험(reputation risk)의 일종이다. 다른 모든 금융회사에도 해당되지만 은행에게 있어서 좋은 평판은 중요한 무형자산이다. 환경보전에 대한 사회적 관심이 고조됨에 따라, 은행이 대출 여부를 결정하는 과정에서 차입자인 기업의 활동이 환경에 미치는 영향을 고려하라는 요구가 증가하고 있다. 이와 관련하여 직접적인 규제가 존재하지는 않더라도, 은행이 환경에 부정적 영향을 미치는 기업에 대해 자금을 제공하는 경우 NGO, 언론 등으로부터 비난을 받거나 환경이슈를 중요하게 여기는 고객의 이탈이 발생할 수 있다.

물론 평판위험을 관리하는 과정에서 은행의 단기적 수익성이 훼손될 가능성도 존재한다. 자금을 차입하려는 기업의 성장 가능성이 높음에도 불구하고 환경에 부정적인 영향을 미칠 것으로 우려되어, 대출을 거부해야 할 상황에 직면할 수 있기 때문이다. 보다 일반적으로 은행의 대출 대상 기업의 범위가 축소됨에 따라 은행의 외형 성장에 지장을 받을 수도 있다. 그러나 환경보전에 대한 사회적 인식이 성숙된 국가일수록, 친환경 이미지를 마케팅에 적극 활용함으로써 은행의 장기 성장성 및 수익성 제고를 도모할 수 있다.

다음으로 은행이 직면하는 보다 실제적인 환경위험의 유형은 환경 문제로 인한 차입기업의 수익성 악화 및 담보가치 하락에 따른 간접위험(indirect risk)이다. 자금을 차입한 기업이 환경 이슈로 인해 대출금을 상환하지 못할 가능성이 간접위험에 해당된다. 환경 관련 규제가 전반적으로 강화되고 환경에 대한 사회적 인식이 고조되는 상황에서, 기업은 관련 규제를 준수나 소비자의 요구에 대응하는 과정에서 적지 않은 비용을 부담한다. 만약 은행으로부터 자금을 차입한 기업이 환경규제를 준수하지 못하는 경우 벌금이나 배상책임을 부담하게 되는데, 이 경우 기업의 현금흐름이 크게 악화되면 대출금 상환이 어려워질 수 있다. 또한 환경문제로 인해 기업이 자금 차입 시 제공한 담보물의 시장가치가 장부상 가치보다 크게 낮아질 위험도 존재한다.

한편 은행이 직면하는 가장 위협적인 환경위험의 유형은 환경오염에 대해 은행이 직접적인 책임을 부담함으로써 발생하는 직접위험(direct risk)이다. 은행이 차입기업의 경영에 영향력(operational control)을 행사할 수 있는 상황에서 차입기업이 환경문제를 야기한 경우나, 은행이 오염된 토지처럼 환경위험에 노출된 차입자의 담보를 인수하는 경우에는, 은행이 해당 환경오염에 대해 직접적인 책임을 지게 될 수 있다. 일례로 미국의 CERCLA(Comprehensive Environmental Response, Compensation, and Liability Act)법은 환경오염에 대한 은행의 대부자 책임(lender liability)을 명시하고 있다. 동법에 따르면, 환경오염이 발생한 경우 정부가 환경오염을 유발한 기업에게 정화비용을 청구하는데, 만약 은행이 대출을 통해 해당 기업의 운영에 영향력을 미칠 수 있는 상황이라면, 은행에게 해당 환경오염의 책임을 물을 수 있도록 규정하고 있다. 이와 같이 환경오염 정화비용을 은행에 부과할 수 있게 됨에 따라, 은행이 여신심사 과정에서 환경위험을 적극적으로 관리할 유인이 커졌다.

유럽의 경우에도 금융회사의 반대로 법률 조문에는 대부자 책임이 명시되어 있지는 않으나, 판례에 의해 대부자 책임을 부담할 가능성이 열려있다. 이와 같은 규제로 인하여, 은행은 차입 기업이 대출금을 상환하지 못할 간접위험뿐만 아니라 환경 직접 환경오염 정화비용을 부담해야 하는 위험에 노출되어 있다.

4.3. 환경위험 관리방안

은행은 환경관련 이슈들을 단기적인 수익성 차원보다 중장기적인 고객확보, 브랜드 가치 제고를 위해 중장기적인 관점에서 접근할 필요가 있다. 이와 관련하여 은행이 환경위험 관리를 위해 내부기준 수립 시 참조할 수 있는 관리과정에 대해 개괄적으로 살펴본다. 환경위험 관리과정은 다음과 같이 다섯 단계로 구성되는 것으로 볼 수 있다.

첫째, 환경위험을 식별하는 단계(Environmental Screening)에서는, 특정 금융거래와 관련 있는 환경위험을 보다 심도 있게 조사할 필요가 있는지 여부를 판단한다. 이를 위해 은행은 특정 산업 또는 행위가 환경에 미치는 영향을 상 · 중 · 하로 구분하는 부문별 체크리스트를 보유하는 것이 일반적이다. 해당 체크리스트를 기준으로 자금을 공급하는 기업이나 프로젝트가 환경위험이 높은 영역에 속하는지 여부를 판단한다. 금융거래가 환경위험에 매우 크게 노출되어 있는 것으로 판단되는 경우 환경위험 식별 단계에서 해당 금융거래를 중단할 수도 있다.

둘째, 환경조사 단계(Environmental Investigation)에서는, 환경위험 식별 단계에서 부정적 평가를 받은 고객의 잠재적인 위험 및 책임을 구체적으로 조사한다. 예를 들어 기업이 토지오염 등의 요인으로 인해 부담하게 될지 모르는 책임을 식별하고 현재 기업을 운영하는 방식이 현존하는 환경규제에 부합하는지 여부를 확인한다. 또한 고객이 환경효율성(environmental efficiency)을 개선하고 환경규제의 향후 변화방향을 예측하여 내부정책, 절차, 기술 등을 개발하고 있는지 여부를 조사할 수도 있다.

환경조사는 고객정보공개, 시설물 조사, 추출 · 분석작업 등의 방식을 통해 이루어질 수 있다. 우선 고객정보공개는 현재의 정보로 답변할 수 있는 환경관련 설문지를 통해 은행이 고객으로부터 정보를 얻고 고객의 법 위반 등의 과거 기록을 조사하는 방식으로, 고객에 대한 신뢰도를 제고하는 목적으로 사용된다. 다음으로 시설물 조사는 고객의 영업활동에서 발생하는 환경 이슈를 직접 파악하기 위해 영업현장을 방문하여 조사하는 방식이다. 끝으로 추출 · 분석작업은 실제 오염물질 배출물을 추출하여 환경규제 기준에 부합하는지 여부를 확인하는 방식이다.

셋째, 환경위험 평가 단계(Environmental Business Risk Appraisal)에서는, 소비자의 선호도 변화, 환경규제의 변화 등에 따른 기업의 충격을 심사한다. 예를 들어, 기업이 생산하는 제품에 사용되는 원자재가 환경규제의 변화로 영향을 받을지 여부, 환경에 대한 소비자의 선호도 변화로 해당 기업의 시장경쟁력이 하락할 소지 등을 검토한다. 또한 환경에 대한 일반 대중의 인식변화로 환경을 오염시키는 기업 및 관련 금융회사의 평판을 훼손될 가능성도 확인한다.

넷째, 환경위험 전가 단계(Transferring Risk)에서는, 환경위험이 상당하다고 판단되는 경우 동 위험을 보험시장이나 파생상품을 활용하여 다른 경제주체에게 전가시킨다. 고객에게 잠재적인 환경책임 발생 시 손실을 보전받을 수 있는 보험상품에 가입하도록 요구하거나, 은행 자신의 포트폴리오에 내재된 환경위험을 전가시킬 수 있는 보험상품이나 파생상품에 가입하는 것이다.

마지막으로 환경위험 감시 단계(Monitoring Environmental Risk)에서는, 은행의 대출 · 투자 포트폴리오와 연관된 환경위험 관련 정보를 지속적으로 점검한다. 대출 · 투자기간 동안 사고 등으로 예상치 못한 환경위험이 발생하거나, 환경규제 변화에 고객이 적절히 대응하지 못하거나, 고객이 환경규제를 위반할 가능성이 있기 때문이다. 은행은 새로운 환경위험을 감지할 수 있는 감시시스템을 구축하고, 환경에 민감한 대출 · 투자에 대해 정기적 · 지속적으로 감시활동을 유지할 필요가 있다. 감시활동은 관련 설문지에 대한 답변 작성 요청, 공식적인 정보공개 요구, 현지조사 등을 포함한다.

4.4. 우리나라의 환경위험 관리

환경위험을 유발한 책임이 누구에게 귀속되느냐에 따라 환경위험을 관리해야 하는 경제주체가 결정된다는 점에서, 환경위험은 환경규제의 내용과 밀접하게 연관되어 있다. 우리나라는 아직 선진국에 비해 환경규제가 엄격하지 않아 은행의 환경위험 관리에 대한 인식이 높은 편이 아니다.

그러나 최근의 대내외 여건을 감안할 때 환경규제는 점차 강화될 것으로 예상된다. 환경규제가 강한 선진국에 대한 우리나라의 수출의존도가 높고, 교토의정서상 의무감축국들의 온실가스 배출 감축요구가 강해지고 있다. 또한 저탄소 녹색성장을 성공적으로 추진하기 위해 환경규제를 점진적으로 강화할 것으로 판단된다. 직접적인 규제 이외에도 비정부단체(NGO)들이 기업의 환경보전을 위한 노력을 강조하고 그와 관련된 활동을 감시하는 시장규율도 강화되고 있다. 아직 은행이 환경오염에 대한 책임을 직접 부담해야 하는 규제가 존재하지는 않지만, 자금을 제공한 공급받은 고객이 직면하는 환경위험에 직 · 간접적으로 노출되어 있다. 따라서 환경 요인으로 인한 고객의 수익성 악화는 자금회수에 영향을 미친다는 점을 인지하고, 은행이 고객의 환경위험을 신용위험의 일부로 간주하여 적극적으로 관리하려는 유인도 지속적으로 커질 것으로 보인다.

은행이 환경위험 관리를 강화하면 단기적으로 비용이 증가할 것으로 예상되지만, 해외 선진 금융회사들이 장기 수익성 차원에서 평판을 제고하고자 환경위험을 적극적으로 관리하고 있다는 점을 참조할 필요가 있겠다. 특히 지속성장 동력을 확보하기 위한 고객에 대한 신뢰도 제고, 브랜드 가치 제고 등이 강조되는 상황에서, 환경위험을 중장기적인 관점에서 보다 능동적으로 관리할 필요성이 제기되고 있다.

CHAPTER

04

자본시장을 통한 녹색산업의 지원

자본시장은 경제 전반에서 이용하는 모든 금융상품과 서비스를 아우르는 개념이다. 즉, 주식, 채권, 펀드, 원자재 및 관련 파생상품, 대출, 보험 등의 금융상품을 포함한다. 자본시장이 잘 기능하면 경제활동을 촉진시키고 사업의 효율적인 운영을 가능하게 한다.

일반적으로 자본시장의 기능은 다음과 같다.

- **자원 배분:** 자본의 수요자와 공급자를 이어주며 후생을 극대화하는 방향으로 자원을 효율적으로 배분한다.
- **가격 결정:** 자원을 효율적으로 배분할 수 있는 수준에서 투명하게 가격이 결정되며, 투자자들이 다양한 투자기회를 가질 수 있도록 한다.
- **리스크관리:** 금융 위험을 관리할 수 있도록 이익과 손실의 변동성을 줄일 수 있는 금융상품을 개발한다.
- **기업의 지배구조 개선:** 올바른 인센티브 제공을 통한 기업의 지배구조 개선을 유도한다.

환경 규제가 시작된 지 30년 정도 지났다. 환경 오염물질 배출에 대한 규제는 감독 기능의 부족과 강력한 법 집행의 부재로 실패했다. 규제가 약하기 때문에 기업들은 이와 관련된 비용이 생산가격에 크게 영향을 주지 않는 이상 환경문제를 크게 고려하지 않는다. 정부의 감독기능도 필요한 자원의 부족으로 제대로 시행되지 않았다. 따라서, 기존의 환경규제 방법이었던 벌금과 처벌은 환경오염을 막기에 충분하지 않았다. 특히 개발도상국에서 이런 문제는 더욱 심각하다.

지역사회와 자본시장은 기업이 환경을 보호하도록 적절한 인센티브를 제공할 수 있다. 자본시장은 우수한 환경적 성과에 대해서 호의적으로 반응하고 (기업가치의 증가), 소비자들의 관련 불만에 대해서 부정적으로 반응한다 (기업가치의 하락). 기업이 효율적으로 오염물질을 처리하는 지에 대한 정보는 기업의 장기적인 수익성에 대한 시그널이다. 환경적 성과가 높은 기업은 매출을 증대시키고 원가를 절감할 수 있기 때문이다. 환경당국은 기업들이 환경성과를 공시하도록 요구함으로써 환경오염을 규제하는 시장의 기능을 활성화시킬 수 있다. 또한, 소비자 등 기타 이해관계자들에게 환경관련 교육 프로그램을 제공할 수 있다. 예상치 못한 사건이나 새로운 정보는 자본시장에서 기업의 수익성을 재평가하는 기회가 된다. 시장가치의 변화는 어떤 사건 또는 정보의 결과로 미래 수익의 현재가치가 얼마나 변했는지 나타내는 기준이 된다.

잘 기능하는 금융시장과 자본시장은 환경오염 방지를 위한 자본조달이 이루어지기 위한 필수 요소이다. 환경오염 방지를 위한 자본조달을 통해 운전자본과 투자자본 두 가지를 모두 충당해야 한다. 환경오염 통제기술의 유지와 운용에 필요한 비용은 반복적으로 발생하는 비용이며 이는 대체로 영업수익으로부터 조달할 수 있다. 자본적 지출의 경우에는 내부적으로 축적한 현금 또는 외부 자금조달이 필요하다. 외부 자금조달은 보통주 발행, 우선주 발행, 채권 발행, 차입금 조달 등의 방법이 있다.

잘 기능하는 자본시장에서 투자자들은 다양한 금융상품에 대한 무한한 접근성을 가지고 있으며, 기업은 어떤 자본구조를 만들 것인지에 대한 선호에 따라서 조달방식을 선택한다.

그러나 자본시장이 제대로 기능하지 못하는 경우에는 투자되는 자금이 부족하고 자원 배분도 비효율적으로 이루어진다. 또한, 정부의 규제 때문에 은행 등의 금융기관이 부담하는 대출 비용이 증가할 수도 있다. 비공식적인 자금시장이 공식적인 자금시장의 역할을 보완하는 경우도 있다. 금융시장이 덜 발달한 국가에서는 다음과 같은 이유로 중소기업의 자금조달은 더욱 더 어려움이 많다.

- 일반적으로 내부적으로 축적한 현금이 부족하다.
- 기업 규모 때문에 자본시장에 접근하는 데 어려움이 있다.
- 거래비용이 차지하는 비중이 크다.
- 중소기업에 대한 투자의 위험과 비용이 높다. 일반적인 증권을 이용한 자금조달이 아니기 때문에 금융기관이 인지하는 위험이 높다.
- 중소기업은 자본조달을 하기 위한 절차 등에 대한 정보가 부족하다.

1. 녹색성장과 자본시장

자본시장의 최근의 흐름은 녹색산업에 대하여 우호적인 것으로 보인다. 친환경적인 기업, 저탄소경영을 하는 기업에 대하여 투자자들의 반응이 더 우호적이며, 자금조달에 더 유리한 것으로 보인다. 앞으로는 개별 기업들의 환경경영 시스템, 저탄소 경영의 현황이 자본시장에서 기업을 평가하는 데에 있어서 그 중요성이 점점 증가할 것으로 보인다.

1.1. 자본시장의 빠른 성장

세계거래소연맹(World Federation of Exchanges)의 자료에 따르면 2010년 3월 전세계 시장가치는 49.1조 달러로 2008년 7월 이후 20개월 만에 최고치를 기록했다. 자본시장의 크기는 GDP보다 빠른 속도로 성장했다. 이는 금융시장의 유동성이 높아지고 발전하고 있다는 것을 의미한다.

APEC 국가에서 자본시장은 (특히, 주식시장) 경제개발에 매우 중요한 역할을 했다. 중국과 인도 등 신흥개발국가의 총 시가총액은 일본, 캐나다 등 선진국의 총 시가총액과 비슷한 수준이다. 개발도상국과 선진국 모두 1990년대와 비교했을 때 상당히 빠른 속도로 자본시장이 성장하고 있다.

1.2. 글로벌 기업들의 청정기술에 대한 관심 증대

Ernst & Young에서 매년 발간하는 청정기술 보고서인 Cleantech Matters에 따르면

표 1 2009년 APEC 주요 거래소의 시가총액 및 거래규모 (단위: 10억 달러)

국가	거래소	시가총액	거래규모
미국	뉴욕증권거래소	11,838	17,521
미국	NASDAQ	3,239	13,608
일본	도쿄증권거래소	3,306	3,704
홍콩	홍콩증권거래소	2,305	1,416
중국	상하이증권거래소	2,705	5,056
인도	봄베이증권거래소	1,307	264
캐나다	토론토증권거래소	1,677	1,245
호주	호주증권거래소	1,225	799
인도	인도증권거래소	1,225	792
중국	선전증권거래소	868	2,772
한국	한국거래소	835	1,570
대만	대만증권거래소	658	905

자료: 세계거래소연맹

대형 글로벌 기업들이 청정기술 제품과 서비스에 대한 투자를 늘리면서 자원 효율성과 지속가능한 성장을 통한 경쟁력 확보에 나서고 있다. 투자목적은 원가절감, 새로운 매출 확보, 지속가능성 및 기후변화 대응이라고 할 수 있다.

1.3. 중국, 인도 등 아시아국가의 재생에너지 투자 증가

최근 5년간 재생에너지 관련 투자는 유럽에서부터 중국, 미국 등 국가로 옮겨가고 있다. OECD국가가 아닌 개발도상국에서 발생한 투자규모는 2007년 총투자의 23% (26조 달러)를 차지했다. 2003년 총투자의 13% (1.8조 달러)에 불과했던 것에 비하면 아주 많이 늘어난 것이다. 물론 투자의 대부분이 신흥개발국인 중국, 인도, 브라질에 집중되었다. 인도와 중국은 청정 에너지에 대한 관심이 특히 높다.

1.4. 공개시장을 통한 초기투자의 증가

청정에너지에 대한 투자(재생에너지 개발, 에너지 효율성 향상 기술을 포함하며 핵발전 및 대형 수력발전은 포함하지 않는 개념)는 최근에 크게 증가하였으며, 다양한 종류의 투자가 많은 지역에 이루어지고 있다. 이와 관련한 자본조달방법 역시 발달하고 있다. 새로운 기술에 대한 초기투자부터 이미 정착된 기업의 IPO까지 다양한 스펙트럼을 아우른다. New Energy Finance의 자료에 따르면 공개시장을 통한 투자도 많이 이루어지고 있으며 2007년에는 23.4조 달러가 조달되었다.

지난 수년 간 벤처 투자자들은 재생에너지의 향후 시장규모를 고려해서 폭발적인 관심을 보여왔다. New Energy Finance는 차세대 Cisco, Dell, Amazon, Google이 될 재생에너지 기업을 찾고 있는 벤처 및 사모펀드를 1,500개 이상 추적하고 있다. 풍력에너지는 가장 기술수준이 높은 재생에너지로 총투자의 1/3 이상을 차지한다. 이는 핵 에너지와 수력 발전을 모두 앞서는 비중이다. 태양에너지는 가장 빠른 발전을 보이고 있다. 태양에너지 이외에도 투자자들은 차세대 기술을 찾고 있다. 셀룰로오스 및 해조류 기반 바이오에너지, 에너지 저상기술, 니시털 에너지 관리기술 등이 띠오르고 있다. 2003~2005년에는 수소 및 연료전지에 투자하는 벤처캐피털이 많았다. 미국의

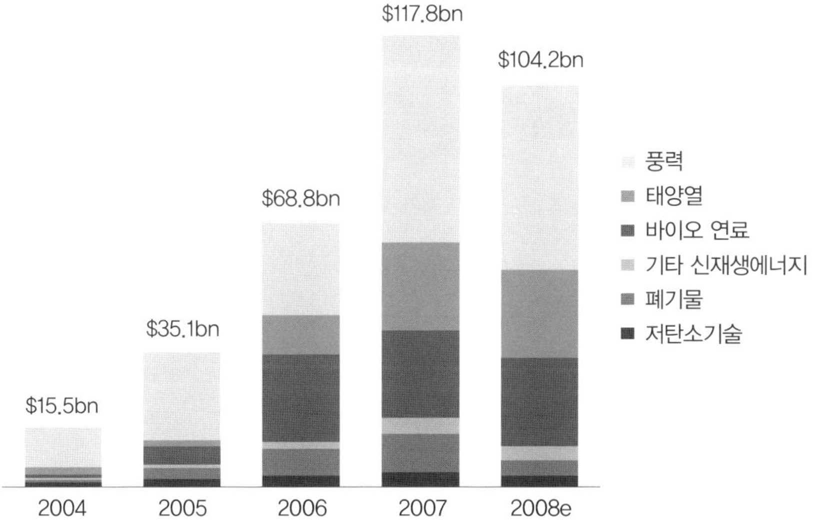

그림 2 **2004-2008년 재생에너지 종류별 투자규모 (단위: 10억 달러)**

자료 : New Energy Finance

참고 : New Energy Finance Industry Intelligence Database의 자료를 기초로 추정한 수치임. R&D와 소규모 프로젝트는 제외한 수치이기 때문에 다른 표에서 보여지는 총투자금액보다 작을 수 있음. 기타 재생에너지 (Other Renewables)는 지열발전 및 소형 수력발전을 포함함. 저탄소 기술(Low Carbon Technologies)은 에너지 효율성 제고 프로젝트, 연료전지, 전력 저장기술을 포함함.

표 2 2001~2009년 미국내 재생에너지 관련 벤처투자규모

년도	(A) 벤처의 총투자액 (10억불)	(B) 에너지관련 기술 투자액(백만불)	(B)/(A)
2001	$40.6	$351	0.9%
2002	$22.0	$271	1.2%
2003	$19.7	$424	2.2%
2004	$22.5	$650	2.9%
2005	$23.0	$797	3.5%
2006	$26.5	$1,308	4.9%
2007	$29.4	$2,867	9.8%
2008	$28.3	$3,213	11.4%
2009	$17.7	$2,216	12.5%

자료: Bloomberg New Energy Finance, 2010.

경우에는 에너지 기술에 대한 벤처캐피털 투자가 2001년부터 지속적으로 증가해서 2008년에 최대치를 기록했다.

2. 녹색 투자의 규모와 성과

녹색투자가 점점 증가하는 가운데 다음과 같은 특색이 있다.

2.1. 재생에너지 기후변화 대응 관련 주식펀드 호황

2004년까지 재생에너지 관련 주식펀드는 전세계에 10개 밖에 없었다. 2007년 말에는 유명 투자회사인 Deutsche Bank, ABN Amro, SBC, Barclays 등에서 운용하는 30개가 넘는 펀드가 제공되고 있었다. WilderHill New Engergy Global Innovation Index (NEX) 지수를 추종하는 ETF인 Power Shares Global Clean Energy Fund는 최근 투자자산이 2억 달러를 넘어섰다. 2008년 10월 현재 이와 같은 투자는 420억 달러를 넘어서 73억 달러 규모의 VC/PE 투자를 앞질렀다

2.2. 환경, 사회, 기업지배구조(ESG) 요소에 의한 투자의사결정

신흥시장주식(EME)에 투자하는 펀드매니저들에 대한 설문조사 결과에 따르면 환경, 사회, 기업지배구조(ESG) 요소를 투자의사결정에 고려한다고 한다. 이는 Global Investment Manager Database에 등록된 514명의 주식펀드 매니저에 대한 설문조사를 실시한 결과이다. 이들 중 177명이 신흥시장주식(EME) 펀드 매니저였다.

- 설문 대상자 중 34%가 투자의사결정에 환경, 사회, 기업지배구조(ESG) 요소를 반영하고 있다.
- 신흥시장주식(EME) 중 아주 일부분인 7%의 펀드만 사회적으로 책임있는 투자(SRI)라고 명시하고 있다. 그러나 약 절반의 펀드가 환경, 사회. 기업지배구조(ESG) 요소를 투자의사결정에 반영한다.
- 21%의 응답자들은 기업 경영진에게 기업지배구조의 문제를 제기한 적이 있으

표 3 아시아 국가의 사회적 책임투자(SRI) 펀드 수

	공모펀드	사모펀드	연금펀드	종교펀드	계
중국	3	0	0	0	3
홍콩	56	0	0	1	57
일본	70	1	0	0	71
한국	61	2	6	0	69
대만	17	0	0	0	17
싱가폴	26	1	0	10	37
말레이시아	0	0	0	147	147
인도네시아	1	1	0	1	3
인도	1	1	0	1	3
태국	2	0	0	1	3
뉴질랜드	1	0	0	0	1
베트남	2	0	0	0	2
종류별 합계	240	6	6	161	413
SRI 펀드 합계					413
아시아 헤지펀드					7

며, 18%의 응답자들은 기업 경영진에게 환경, 사회, 기업지배구조(ESG) 문제를 모두 제기한 적이 있다.

2.3. 사회적, 환경적 위험의 고려

환경친화적 투자는 정부정책에 부합하며 지속적으로 성장할 가능성이 높다. 이와 같은 투자는 경제구조의 재편을 촉진시키고, 환경 관련 정보의 확산을 불러올 것이다. US Social Investment Forum에 따르면 현재 미국에서 전문적으로 운용하는 투자자산 중 약 11%가 사회적 책임투자(SRI)와 연관되어 있다. 170여 개 연기금 등 투자자들은 UN 책임투자원칙에 서명하였으며, 현재 18조 달러가 넘는 투자자산을 운용하고 있다. 이와 같은 지속가능한 투자의 발전은 브라질, 인도, 중국 등 신흥시장에서 빠르게 이루어지고 있다. 기후변화에 대응하기 위한 정치적 경제적 움직임과 더불어 저탄소 사회를 구축하기 위한 시장인센티브의 강화에 따른 결과이다. 노동기준, 인권, 인적자원 개발, 빈곤 감축 등도 중요한 이슈로 떠오르고 있다.

2.4. 기업들의 환경, 사회, 기업지배구조(ESG) 사안 관리

EIRIS(Experts in Responsible Investment Solutions, 2009)는 FTSE All World Developed Index 지수에 포함된 모든 기업의 환경, 사회, 기업지배구조(ESG) 관련 리스크관리 현황을 분석했다. 2005~2008년 사이 기업들의 환경, 사회, 기업지배구조(ESG) 관련 리스크관리는 향상되었다(EIRIS ESG 평균점수는 7.4% 상승했고, ESG와 관련된 노력이 전혀 없다고 평가된 기업이 10% 미만이었음).

- 2008년에는 25%의 기업이 적절한 리스크관리(양호 또는 우수 등급)를 하고 있다고 평가 받았다.
- 일본 기업이 가장 높은 성과를 나타냈다. 일본 기업들이 가장 높은 개선(19% 상승)을 보였으며 호주와 뉴질랜드는 거의 변화를 보이지 않았다(0.4% 상승).
- 2008년에 금융산업이 가장 낮은 성과를 보였다(24.2%의 금융 기업이 관련 리스크관리가 전혀 이루어지지 않았다. 이는 다른 산업에 비해 2배 이상 높은 수치이다).

- 기업들은 환경, 사회, 기업지배구조(ESG) 관련 리스크 파악은 잘하고 있으나 이를 관리하는 데 어려움을 겪고 있다.

2.5. 녹색기업의 주식수익률: 중국의 사례

2003~2008년 상하이증권거래소와 선전증권거래소의 연간 통감에 따르면 상장기업의 숫자는 매해 증가했다. 총 시가총액은 2003년 1.27 조 위엔에서 2007년 5.73조 위엔으로 증가했으나 2008년에는 금융위기의 영향으로 다시 하락했다.

Ifeng.com과 GuoTai JunAn Database의 구분법에 따른 "Energy Saving"기업과 "New Energy(E&N)"기업의 수는 지속적으로 증가하고 있으며, 시장전체의 성장속도와 비슷하다. 평균 PER은 일반주식보다 1.5~3배 높은 수준이다. 2009년 재생에너지 관련 주식의 수익률은 시장평균을 상회한다.

3. 녹색기업의 상장의 효율성

3.1. 미국의 사례

다층적 자본시장 구조

미국에서 주식이 거래되는 주된 시장은 뉴욕증권거래소(NYSE), 미국증권 거래소(AMEX), NASDAQ 거래소이다. 일반적으로 NYSE와 AMEX에서 거래되는 기업을 상장기업이라고 한다.

미국에서는 작지만 혁신적인 기업들이 자본을 조달하기가 용이하다. 첫째, NASDAQ시장이 있고, 둘째, OTCBB와 PinkSheet가 있다. OTCBB와 PinkSheets는 제4시장이라고 부르기도 한다.

OTCBB는 장외주식을 거래할 수 있도록 실시간 호가, 최신 거래가격 및 거래량 정보를 공개하는 규제된 장외시장이다. 장외주식이란 NYSE, AMEX, NASDAQ 시장에 상장되지 않은 모든 주식을 의미한다. 장외주식 거래는 Pink Quote, OTCBB 등 장외시장에서 시장조성자(market maker)의 주도로 이루어진다. OTCBB에서 거래되는 주식은 미국 증권거래위원회(SEC)의 공시규정을 따라야 하지만 PinkSheets 주식은 공시의무가 없다. Pink OTC Markets의 자체 공시규정을 충족한 주식의 경우 별도로 OTCQX 주식이라고 한다.

장외시장에서 거래되는 기업은 주로 다음 두 가지 경우에 해당된다. 첫째, 거래소에 상장할 만한 자본이나 인력이 없는 작은 기업이다. 둘째, 미국 투자자들로부터 추가적으로 자본을 조달하려는 해외기업이다.

아시아의 경우 NASDAQ의 성공사례를 본 따서 싱가폴은 SESDAQ, 일본은 JASDAQ, 대만은 TAISDAQ, 한국은 KOSDAQ 시장을 만들었다. 1980년대부터 1990년대 초반까지 각 국가들은 제2시장을 조성한 것이다. 1999년 말레이시아는 MESDAQ, 홍콩은 GEM을 제2시장으로 조성했다. 장외시장 역시 주식시장 발달에 큰 공헌을 했다.

기업공개 (IPO) vs. 우회상장

IPO는 중대형 규모의 기업에 적합하다. IPO의 목적은 주주의 수가 늘어남에 따라 법적인 의무에 의한 것일 수도 있고, 투자에 필요한 자금조달일 수도 있다. IPO를 통해 신주를 발행하면, 운전자본 및 타 기업 인수 등에 필요한 자금을 조달할 수 있다. 그러나 IPO는 시간과 비용이 많이 들 수 있다. Westminster Travel은 상장을 통해 710만 달러를 조달했는데 이 중 170만 달러가 상장에 따른 비용을 충당하는 데 사용되었다. 이는 전체 조달금액의 24%에 해당한다. Japan Foods Holding은 자그마치 조달금액의 48.1%를 상장비용으로 지불했다. 최근 들어, 금융위기의 영향도 더해져서 IPO를 통해 자본시장에 접근하려는 기업이 1990년대에 비해서 현저하게 줄었다. 중소기업은 우회상장을 하는 것이 IPO에 따른 홍보비용, 증권사 수수료를 피할 수 있는 좋은 방법이다. 우회상장을 할 경우에는 신주 발행을 최소화할 수 있다. 미국에서 주로 쇄락해가는 상장회사를 이용해 비상장기업이 상장하는 것을 우회상장이라고 한다.

그러나 2009년 이후 미국 자본시장에서 IPO가 증가했다. 특히, 녹색기업의 상장이 주목을 끌고 있다. 2010년에 전세계 녹색기업들은 96억 달러의 자금을 조달할 것으로 예상된다. 이는 2009년 녹색산업 IPO 규모의 3배가 넘는다. JP Morgan은 이와 같은 녹색기업의 상장이 향후 수년간 트랜드가 될 것으로 내다봤다. 앞으로 에너지 및 천연자원 기업들이 투자를 늘리면서 더 많이 상장할 것으로 보인다. 또한, 풍력 밀 태양력

표 4 IPO 비용

회사 이름	(A) 기금 모금 추정액 (백만불)	(B) 상장비용 추정액 (백만불)	(B)/(A)
JLJ Hodings	4.32	1.52	35.2%
Heatec Jietong	5.09	1.44	28.3%
Teho Int'l	2.8	1.1	39.3%
Japan Foods Holding	2.7(actual)	1.3(actual)	48.1%(actual)
Westminster Travel	7.1	1.7	23.9%

자료: Bloomberg New Energy Finance, 2010.

발전 기업들은 규모의 경제를 위해 기업이 통합되는 사례도 늘어날 것이다.

미국에서는 1990년 청정대기법(Clean Air Act) 이후 화력발전소들의 이산화황 배출권 거래가 이루어지고 있다. 배출권은 구매목적에 따라 두 가지 방법으로 회계처리한다. 온실가스 배출이 규정치보다 많아서 배출권을 구매한 경우에는 재고자산으로, 차익거래 목적으로 구매한 경우에는 기타투자자산으로 재무제표에 인식한다. 따라서,

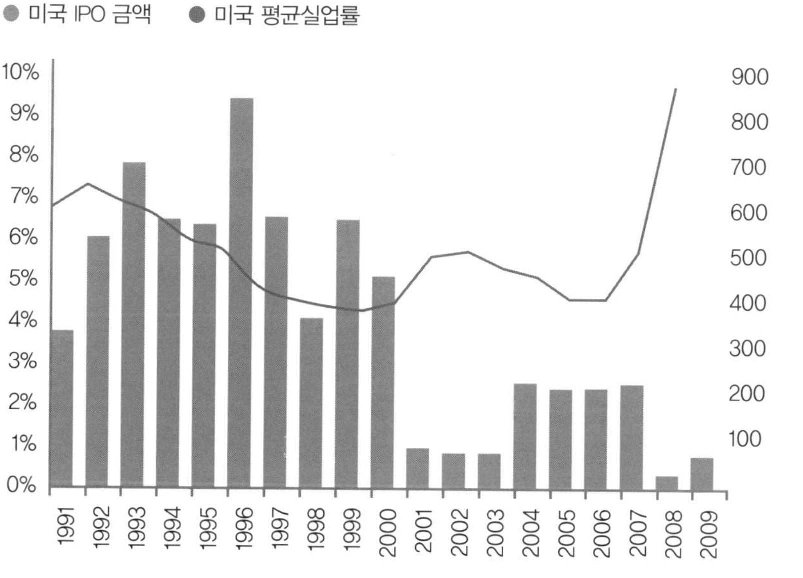

그림 3 1991–2009년 미국의 IPO 활동

배출권 구매 목적이 재무제표에 투명하게 반영되고 투자자들에게 정확한 정보를 전달할 수 있다.

3.2. 개발도상국으로서 중국의 사례

▌시장구조와 기업상장

중국의 자본시장은 10년 전과 비교했을 때 눈부신 성장을 했다. 중국 주식시장은 유가증권시장인 Main Board, 중소기업을 위한 SME Board, ChiNext라고도 불리는 중국의 NASDAQ시장인 Growth Enterprise Market (GEM), LOF, ETF, 자산유동화 상품 및 감독당국으로 구성된다. 2009년에 선전 ChiNext 주식시장이 공식적으로 거래를 시작했다. 선전 ChiNext 시장은 중국의 자본시장 구조에서 중요한 역할을 할 것이며 특히, 혁신적인 이고육신(二高六新) 기업들의 자본조달에 초점을 맞출 것이다. 이고육신이란 고급기술, 고성장, 신경제, 신서비스, 신농업, 신에너지, 신재료, 신비즈니스모델을 의미한다.

Main Board와 ChiNext는 단순히 상장된 기업의 규모뿐만 아니라 자금조달, 투자, 리스크관리 등의 측면에서 차이를 보인다. 2009년에 선전 ChiNext에는 36개 기업이 30억 달러 규모의 IPO를 했다. 모든 기업은 30배가 넘는 PER에 상장을 했다.

중국 중소기업연합회에 따르면 중소기업이 전체 기업 수의 99.8%, GDP의 60%, 고용의 75%를 담당하고 있다. 그러나 중소기업의 자금 중 2%만 주식발행 등 직접금융을 통해서 조달된다. 대부분 은행 또는 다른 채권자로부터 차입을 한다. 은행들이 리스크관리 차원에서 대기업을 선호하기 때문이다. 따라서 자본시장을 통한 직접금융은 중소기업의 발전에 중요한 역할을 할 수 있다.

현재 상장기업의 환경영향평가를 담당하는 전문가들은 상당한 연구와 실무경험을 갖추고 있다. 2001년 이후 중국의 환경당국과 증권감독당국은 상장기업의 생산과정에 대한 규제를 강화하면서, 문제가 있을 경우 이를 공시해야 하는지 판단하고 있다.

▌녹색증권과 녹색 IPO

2008년 2월, 중국 환경보호국은 중국 증권 감독위원회(CSRC)와 합동으로 "녹색증권" 정책을 추진했다. 정책의 목적은 주식시장에 상장할 때 환경관련 규제를 강화하고 기업들이 환경관련 정보를 공시의무를 늘리는 것이다. 2008년 6월 "녹색 IPO" 정책의 실행으로 "녹색증권" 정책은 더욱 힘을 얻었다. 녹색 IPO 정책 ("The Management Roster of Listed Companies' Environmental Verification Industry Categories")에 따르면 환경에 큰 영향을 미치는 기업들이 IPO 또는 은행차입을 하기 전에 환경보호국으로부터 환경영향평가를 받아야 한다.

IPO 전 10일 동안 환경보호국은 자체적인 환경영향평가를 수행하는 동시에 전국 핫라인을 개설해서 국민제보를 받는다. 환경보호국이 승인을 한 경우에만 IPO가 이루어진다. 2008년 9월까지 환경영향평가를 받은 38개 기업 중 IPO를 거부당하거나 추가 검토를 받게 된 기업은 20개이다. 중국의 녹색 IPO 정책은 14개 에너지집약적 산업에 대해서 IPO 또는 은행차입 이전에 환경영향평가를 받도록 하고 있다.

JP Morgan은 앞으로 많은 재생에너지 및 천연자원 기업들이 투자를 늘리기 위한 목적으로 상장을 할 것으로 예측했다. 또한, 풍력발전 및 태양력발전 기업들간 통합 움직임이 보이면서 투자은행들에게 많은 자문 기회가 있을 것으로 보인다. 녹색IPO는 향후 수 년간 트랜드가 될 것이다. 기술, 부동산, 소비재 산업도 성장가능성이 높다.

2009년 12월, 세계 5위의 풍력발전소인 China Longyuan Power Group은 홍콩에 상장하면서 22억 달러를 조달했다. 풍력발전소인 Xinjiang Goldwind Science & Technology Co.는 올해 홍콩 상장을 통해 15억 달러를 조달할 계획이다.

미국과 중국의 사례를 비교, 분석한 결과 다음과 같은 점들을 발견할 수 있다.

시장구조

선진국의 자본시장 구조를 보면 피라미드 모양을 하고 있다. 유가증권시장은 상장기준이 높아서 거래되는 기업이 적으며, 장외시장은 거래기준이 낮아서 거래되는 기업이 많다.

그러나 중국과 같은 개발도상국은 역 피라미드 형태를 띤다. 중소기업을 위한 SME Board는 충분한 유동성 공급이 안돼서 시장이 효율적이지 못하다. 따라서 대부분의 기업들은 Main Board에 상장하기 위해 안간힘을 쓴다.

시장 발달

최근 개발도상국의 자본시장이 발전하고 있지만 선진국의 자본시장에 비해서 시장기능, 규모, 자본조달능력, 안정성, 투자철학 등의 측면에서 뒤떨어지는 것이 현실이다. 특히 다음과 같은 요소에서 비효율성이 나타난다.

- 각 주식시장별 시장규모와 성숙도에 큰 차이가 있다. Main Board는 상당히 발달된 반면 ChiNext 등의 시장은 발달이 늦다. 국영기업들은 대부분 Main Board에 상장한다. 상하이증권거래소와 선전증권거래소가 원활한 운영능력, 규모 등에서 우위를 차지한다.
- 주식시장간 협력 또는 소통이 이루어지지 않는다.
- 장외시장이 존재하지 않는다.
- 개발도상국의 채권시장은 최근에 급격한 발달을 이루었다. 그러나 시장규모, 채권의 종류, 성장률 등이 나아지더라도 선진국 시장처럼 되려면 추가적인 발달이 필요하다.

▌상장 및 상장폐지

미국 NASDAQ시장에서 상장하는 것은 매우 엄격한 절차를 따라야 한다. 첫째, 상장 및 상장폐지 규정에 따라야 하고, 둘째, GEM과 유가증권시장간에 유사한 재금융 규정에 따라야 하고, 셋째, 정보공시 및 기업지배구조 관련 규정을 따라야 한다.

그러나 대다수의 개발도상국에서는 GEM 시장은 유사한 상장 승인기준을 가지고 있으며 리스크가 매우 높다. GEM의 높은 리스크는 두 가지 원인 때문이다. 첫째, GEM 기업은 유가증권시장에 상장된 기업에 비해 규모가 작고 경영 안정성이 떨어진다. 따라서 상장폐지 가능성이 높다. 둘째, 하이테크 벤처기업은 그 자체적으로 불확실성을 많이 안고 있기 때문에 상품이나 서비스를 이익으로 실현시키지 못할 가능성이 있다.

중국 등의 개발도상국 자본시장에서 기존에 거래가 이루어지지 않던 주식의 거래를 활성화 시키는 개혁을 추진하고 있다. 국제적인 시장경제 시스템을 기반으로 자본시장은 앞으로 건전하고 지속가능한 개발을 이룰 것이다. 이를 바탕으로 다음의 대안을 제안한다.

- 주가지수선물 상품 제공하고, GEM, 장외시장 등의 자본시장을 개선한다.
- 다양한 금융상품이 개발될 수 있는 환경 조성 및 다변화된 거래시장을 만들어

서 다중적 자본시장 체계를 구축한다.

- 주식거래소와 장외시장이 공존하는 자본시장 구조를 형성한다.
- 전국 규모 증권시장과 지역 증권시장의 협력을 도모한다.
- 다중적 자본시장 구조를 구축하여 다양한 기능을 제공한다.
- 여러 자본시장간 분명한 특성이 나타나도록 관리한다.
- 자본시장별 상장 기준이 다르기 때문에 자본시장간 이동이 자연스럽게 이루어지고 시장기능에 제대로 발휘될 수 있도록 한다.
- 상장기업에 대한 환경영향평가 전문가들을 양성한다. 관련 전문가를 훈련하고, 평가하고, 인센티브를 제공하며, 환경보호당국과 금융감독당국간의 협력을 도모한다.
- 기존 상장 기준을 엄격하게 적용하고, 효과적인 관리감독 및 정보공시 요구를 한다.
- NASDAQ의 상장기준을 받아들이면서 상장절차를 간소화한다. 중소기업들이 상장하기 쉬운 환경을 조성하여 상장 기업의 수를 늘린다.
- GEM 시장에서 발생하는 유동성 부족 문제에 대처하고 거래환경을 개선한다. 선진국의 GEM시장 역시 발달 초기에는 유동성 문제를 겪었다.
- 합리적인 상장 및 상장폐지 절차를 구축한다. 또한, 다른 주식시장간 이동 및 소통을 위한 제도를 만든다.
- 애널리스트, 변호사, 회계사, 감독당국 등을 위한 교육훈련 시스템을 제고하여 GEM시장의 다양한 규정과 기준을 완전히 이해하도록 한다.
- 국내 자본시장 개혁을 통해 역내 자본시장의 발달을 촉진시킨다. 첫 단계에서는 증권거래소간 교차상장, 해외 채권거래, 역내 청산결제 시스템 구축 등이 이루어질 수 있다. 개발도상국의 산업 및 금융 부문이 강화되고, 거시경제 정책이 원활히 이루어지면 국제금융시장과의 통합도 자연스럽게 이루어질 것이다.

4. 기업의 사회적 책임(CSR) 기준 및 공시 강화

공시기준 강화는 다음과 같은 효과를 가져올 전략적 선택이다.

- 투자의 위험을 감소시키며 투자자들의 이익을 보호한다.
- 환경 관련 정보의 투명성 강화에 일조한다.
- 환경 친화적 투자 증진 및 오염방지를 위한 노력을 촉진시킨다.

4.1. 미국의 사례

미국 기업들의 환경정보가 풍부해진 것은 법과 규제를 통한 강제 공시를 요구했기 때문이다. 기업이 환경보호에 신경 써야 하는 이유는 두 가지로 구분할 수 있다. 첫째, 청정대기법(Clean Air Act), 청정수질법(Clean Water Act), 자원보존 및 복원법(Resource Conservation and Recovery Act) 등 오염물질 배출 제한과 관련된 법이 있다. 둘째, 포괄적 환경처리 보상책임법(Comprehensive Environmental Response, Compensation, and Liability Act) 등 환경오염과 관련된 법이 있다.

▌증권거래위원회(SEC)의 역할

미국 증권거래위원회(SEC)는 기존 및 잠재적 주주들이 합리적인 투자의사결정을 할 때 필요한 중요한 정보를 기업이 완전히 공시하도록 요구하고 있다. 나아가 주가가 상장기업의 재무적 성과를 잘 반영하기 위해서는 기업의 환경성과 및 환경규정 준수와 관련된 정보의 완전공시 및 공정공시가 요구된다. 이와 같은 정보가 제공되어야 투자자들이 기업지배구조 및 경영진의 환경에 대한 태도 등을 파악하여 합리적인 투자판단을 내릴 수 있다.

미국 증권거래위원회(SEC)는 상장기업의 환경 관련 문제에 대한 공시를 요구하는 지침을 마련했다. 1993년 SAB-92를 발표함으로써 상장기업들의 환경에 대한 잠재적 또는 현존 의무를 모두 공시하도록 요구했다. 환경에 대한 정보를 공시하지 않았을 경우 50만 달러 이상의 벌금형은 물론 기업 이미지를 훼손시킬 위험이 생겼다. 미국 공인회계사회(AICPA)는 1996년 SOP 96-1 "Environmental Remediation Liabilities(환경복구부채)"의 회계처리에 대한 의견을 발표했다. 이 보고서는 기업의 환경복구부채 및 관련 비용을 인식하는 기본적인 회계원칙을 포함하고 있다. 환경복구비용을 합리적으로 추정하여 보고하는 것은 매우 실현 가능한 일이다. 미국을 중심으로 결성된 환경에 책임을 갖는 경제연합(CERES)은 기업의 환경에 대한 책임을 강조한다. CERES

원칙은 기업의 환경 보고서를 작성하는 가이드라인을 제공해주며, 기업이 환경관련 정보를 공시하도록 유도한다. 환경정보는 기업의 재무적 성과에 미치는 영향뿐만 아니라 자연자원의 소모, 오염물질의 배출 등과 같은 자연환경에 미치는 영향도 포함하도록 했다. 많은 기업들이 이 가이드라인을 도입해서 환경정보를 공시하는 환경보고서를 작성하는 데 활용하고 있다.

환경보호국(EPA)의 역할

미 환경보호국(EPA)는 환경정보의 의무공시를 통해 환경정보를 공시하는 기업이 그렇지 않은 기업에 비해 손해를 입지 않도록 해야 한다는 입장을 견지한다. 또한, 기업의 환경성과를 시장에 알림으로써 기업들의 친환경 경영을 유도할 수 있다고 한다. 따라서 미 환경보호국(EPA)는 환경정보 공시에 대한 인식을 제고하기 위해 여러 가지 노력을 하고 있다. 특히, 다음과 같은 이슈에 초점을 맞춘다.

- SEC의 Regulation S-K와 관련된 진행중인 소송에 관한 공시의무
- 기타 SEC에서 요구하는 환경공시의무
- 공시의무를 다하지 않았을 경우 처벌 강화
- EPA의 인식제고 노력

미 환경보호국(EPA)는 환경오염 규정을 어긴 기업과 법적인 소송에 들어갈 때, 이와 관련된 정보를 SEC를 통해 공시해야 한다는 사실을 상대기업에 알려주고 있다. "Notice of Securities and Exchange Commission Registrants'Duty to Disclose Environmental Legal Proceedings"라는 안내문을 통해 환경보호국과의 소송에서 SEC에 공시해야 할 정보가 무엇인지 설명하고 있다.

SEC와 EPA는 환경 공시를 개선하기 위해 많은 노력을 해왔다. 현재 EPA는 기업과 환경관련 소송이 진행 중일 경우, 제한된 범위 내에서 SEC와 정보를 공유하는 정책을 시행하고 있다. 미 감사원(GAO)은 애널리스트, 기관투자자 등 공시정보를 활용하는 30명의 전문가를 대상으로 한 온라인 설문을 통해 환경공시를 개선하는 방법에 대한 의견을 모았다. 환경공시 규정의 보완방안, 감독과 처벌의 강화방안, 자발적인 공시를 늘리는 방안 세 가지에 대한 의견을 물었다. 전문가들은 특정 규제가 왜 불필요한지 또는 실행불가능한지에 대해서 의견을 제공했다. 미 감사원(GAO)는 SEC에

대한 공시 담당자들의 의견을 묻기도 했다. 이들은 제시된 대안의 가치와 실행가능성에 대해서 의문을 품기도 했다.

▍미국 회계기준위원회(FASB)의 역할

미국 회계기준위원회(FASB) 위원들은 환경회계 원칙을 정립하기 위해 전문가 그룹을 만들고, 환경문제를 회계처리하는 방법에 대해 고민하고 있다. 현안문제전문위원회(EITF)는 EITF No.89-13 “석면제거 비용의 회계처리” 등의 의견서를 발표했다.

4.2. 일본의 사례

일본의 환경회계 연구는 1990년대에 시작되었다. 대다수의 일본 기업들은 별도의 환경보고서를 발행함으로써 환경정보를 공시한다. 물론 몇몇 기업들은 사업보고서나 회사 홍보책자를 통해서 환경정보를 공시한다.

1999년도 조사에 따르면 상장기업의 절반 이상이 회사 홈페이지에 환경관련 항목을 두고 정보를 공시하고 있다. 환경보고서 공시를 법적으로 강제하고 있지 않지만 값진 정보가 많이 담긴 환경보고서를 공시하는 문화가 잘 정착했다. 홈페이지 및 사업보고서에 나타나는 환경정보는 환경회계의 성격을 나타낸다. 기업의 사회, 윤리, 환경관련 보고(SEER)는 이해관계자들에게 기업의 신뢰를 얻는 좋은 방법이다. 그러나 자발적인 공시에 의존하다 보니 정보의 객관성이 담보되지 않는다. 따라서 환경정보 공시를 의무화해야 한다는 전문가들도 있다. 이들은 법적으로 표준화된 공시를 강제해야 정보의 질을 향상시킬 수 있다는 점을 강조한다.

4.3. 중국의 사례

중국 기업들은 환경정보를 공시하도록 중국 정부로부터 압력을 받는다. 정부의 정부정보공개 규정(Regulations on Open Government Information) 및 환경보호부의 환경정보공시방법(EDIM)이 2008년 5월 1일부로 효력을 발휘하면서 환경정보의 새로운 장이 열렸다.

환경보호기관들은 광범위한 환경정보를 공시할 법적인 의무가 생겼다. EIDM에 의하면, 공시되는 정보는 환경관련 계획, 오염물질 배출허가, 환경통계 등을 포함하는 것이다. 기업과 밀접한 관련이 있는 부분으로는 오염물질 배출기준을 위반한 기업, 배출량을 초과한 기업, 심각한 환경오염 문제를 일으킨 기업, 환경문제로 일반인으로부터 항의를 많이 받거나 정부의 조사를 받은 기업을 공개한다는 것이다.

EIDM은 국가 또는 지방정부에서 정한 배출량을 초과한 기업들이 이 사실을 공시하도록 요구한다. 구체적으로, "주요 오염물질, 배출방법, 기준치를 넘어선 오염물질의 양과 농도"를 30일 이내에 지역 미디어를 통해 공시하도록 하고 있다.

아직까지 기업에 대한 환경정보 공시요구가 효과적이었는지 증명되지는 않았다. 그러나 환경오염과 규정위반에 대한 정보를 공시하도록 국가와 지방정부에서 지속적으로 압력을 넣으면 기업의 환경성과에 대한 공시가 늘어날 것으로 기대할 수 있다.

정보공시를 통한 투명성 개선에 더해 중국정부는 기업이 환경친화적인 경영을 하도록 금융기관을 활용한 방안을 도입했다. 2008년 2월, 국가환경보호총국(SEPA)는 상장기업의 환경보호에 대한 감독과 관리를 강화하는 지침을 내렸다. 이 지침에 따르면 "SEPA는 EIDM을 비롯한 환경규제가 잘 이루어지도록 상장기업의 환경정보 공시를 촉진시키고 감독"할 것이다. 그리고 지방 환경보호국은 환경정보를 공시하지 않은 기업의 목록을 SEPA에 보고하도록 했다. SEPA는 이 목록을 중국 증권관리감독위원회(CSRC)에 건네주기로 했다.

2008년 5월, 상하이증권거래소는 "상장기업의 사회적 책임 개선 요구 및 상장기업의 환경정보 공시에 대한 지침"을 발표했다. 이는 EIDM의 도입과 같은 시기에 이루어졌다. 이 지침서는 모든 상장기업이 자체적인 기업의 사회적 책임(CSR) 전략을 수립해서 기업 운영에 적용하도록 권고하고 있다. 상장기업은 CSR 활동을 별도의 연간 보고서로 보고하거나 상하이증권거래소 홈페이지를 통해 공시할 수 있다. 제도의 정착을 위해 상하이증권거래소는 주당사회공헌가치(SCVPS)라는 지표를 개발했다. 주당사회공헌가치(SCVPS)란 법인세, 직원급여, 이자비용, 사회기부 등 기업의 이해관계자들에게 돌아간 가치에서 환경오염 등으로 이해관계자들에게 피해를 준 가치를 뺀 값을 주식수로 나눈 값이다. 주당사회공헌가치(SCVPS)는 기업이 주주, 직원, 소비자, 채권자, 지역사회 및 국가를 위해 공헌하는 정도를 알리는 수단이 된다. 기업은 연간 CSR보고서에 주당사회공헌가치(SCVPS)를 선택적으로 보고할 수 있다.

지침서는 다음과 같은 정보의 공시도 요구하고 있다.

- 환경당국으로부터 법 위반으로 조사를 받은 경우
- 환경관련 중요한 범법행위를 저지른 경우
- 지역정부로부터 생산중단 또는 공장폐쇄를 명령 받은 경우
- 환경보호당국으로부터 심각한 환경오염 기업으로 선정된 경우

추가적으로, 이 지침서는 환경당국으로부터 환경오염 기업으로 선정된 경우 2일 내에 공시를 하도록 요구하고 있다. SEPA에서 요구하는 것과 마찬가지로 "주요 오염물질, 배출방법, 기준치를 넘어선 오염물질의 양과 농도"를 포함하도록 하고 있다. 또한, 상장기업이 영업상의 기밀이라는 이유로 공시를 거부하지 않아야 한다는 점을 강조한다.

상하이증권거래소의 지침서는 강제력이 없다. 그러나 상장기업들은 이를 적용하려는 노력을 보이고 있다. 2009년 후반부터 상하이증권거래소에 상장된 몇몇 기업들은 2008년에 발행된 지침서에 따라 환경정보를 공시하고 있다. 이 기업들은 환경당국으로 받은 조사, 법 위반 사실, 기업내부적인 환경규정 위반에 대한 조치 등의 정보를 공시했다.

앞서 언급했듯이 기업이 자발적으로 보고하는 지속가능성보고서에는 위법행위에 대한 정보를 담지 않는 등의 문제가 있다. 그러나 PetroChina, Sinopec, Datang 등 상장 대기업들이 지속가능성 보고서를 발간하기 시작했다는 점에서 다른 기업들도 정보공개에 나설 것을 기대된다. PetroChina와 Sinopec은 중국 내 사업에서 배출한 오염물질을 공시했다(물론, 충분한 수준은 아니다). 또한 PetroChina는 2009년 말 황하에 디젤유 유출 사고에 대한 공시를 했다. 앞으로 더욱 정보공시가 늘어날 것을 기대된다. 홍콩증권거래소에 상장된 기업들 중에서도 글로벌 스탠다드에 맞춰 CSR보고서 또는 지속가능성보고서를 공시하는 사례도 늘고 있다.

4.4. 아시아의 낮은 정보공시 수준

현재 자발적인 공시가 주를 이루고 있으며 강제 공시는 부족한 수준이다. 2009년 8월, EIRIS는 FTSE All World Developed Index에 포함된 전세계 300대 기업의 기후변화 대응 전략에 대한 보고서를 발간했다. 이 보고서에 따르면 91%의 기업이 기후변화 대

응전략을 갖추고 있었다. 전세계 기업의 93%가 기후변화 대응전략을 갖추고 있다는 점에서 이들 기업이 평균적인 수준을 유지하고 있다고 볼 수 있다.

- **전반적으로 낮은 공시수준:** 공시수준이 우수하다고 평가된 기업이 세계평균 50%인데 반해 아시아 기업의 37%만 우수한 평가를 받았고, 공시정보에 대한 외부감사 여부는 세계평균 51%인데 반해 아시아 기업은 35%에 머물렀다. 다행히 배출량 공시는 세계평균 84%와 유사한 80%를 기록하였다. 공시한 정보의 범위에 대해서는 세계평균 81%에 비해 북미에서 72%의 기업들만 보고하였다.
- **단기 감축목표:** 단기적인 온실가스 배출 감축목표를 설정한 기업이 아시아 지역은 57%, 세계평균은62%이다.
- **통합된 전략의 부재(정책은 좋으나 실제로 수행할 전략이 수립되지 않음):** 온실가스 감축 수준을 이사회 보상과 연계시킬 계획이 있는 기업이 아시아지역의 16%, 세계평균 28%. 제공하는 상품 및 서비스가 환경에 대한 영향을 최소화하기 위한 계획이 있는 기업이 아시아지역의 43%, 세계평균 71%.
- **제조상품의 영향을 무시함:** 제조상품이 환경에 미치는 간접적인 영향을 줄이기 위한 목표를 설정한 기업이 아시아지역의 9%, 세계평균 19%.

개발도상국의 경우 상장기업의 환경정보를 공시하기 위한 기반이 전혀 없는 경우도 많다. 예를 들어, 중국은 정부의 강제에 의한 공시가 주를 이루며, 주로 오염물질을 많이 배출하는 기업에 집중한다. 대다수의 경우, 사업보고서나 홈페이지를 통해 규정을 위반한 사례를 공시하지 않으며, 이에 대한 설명이나 어떻게 대응했는지에 대한 설명을 찾아볼 수 없다. 2006년 상장기업의 사업보고서를 살펴봤을 때, 50%의 기업들만 환경정보를 언급하는데 이조차도 객관적인 수치 등 유용한 정보를 담고 있지는 않았다.

- 개발도상국과 선진국은 서로 다른 성장단계에 있다. 서양 기업들은 1990년대부터 CSR보고서를 발행했으며, 우수한 보고 시스템을 구축해왔다. 세계 250대 기업 중 절반 이상이 CSR보고서를 발행하며, 80%이상이 보고서에 대한 외부감사를 받고 있다. 물론 CSR 정보는 초기단계에 머무르고 있으나 빠른 속도로 개선되고 있다.
- 선진국 기업에 비해서 개발도상국 기업의 공시 수준은 매우 낮다. CSR 보고서

의 정보가 많이 공시되지 않으며, 외부감사를 받지 않는 경우가 많다. 또한, 유사한 산업에 종사하는 기업들간에도 비교가능성이 낮다.

- 선진국에서 도입한 CSR보고서 감사체계는 잘 발달되어 있다. CSR 회계기준이 정립되어 있다. 그러나 개발도상국 기업들은 CSR보고서에 대한 외부감사를 받아야 한다는 것에 익숙하지 않다. 정보공시의 품질을 개선하기 위해서는 선진국과 같은 시스템 도입이 필요하다.
- 기업들은 CSR보고서를 해야 한다는 자발적인 의지가 높지 않다. 대부분의 보고서는 외부압력 또는 대중의 요구로 인해 발행된다.
- 기업이 전략을 수립하고 마케팅을 실행할 때 CSR에 대한 고려를 잘 하지 않는다.

다음과 같은 대안이 있을 수 있다.

강제성 강화

지금까지는 환경규정과 기준을 위반하더라도 기업에게 큰 금전적 손실이 돌아오지 않았다. 감독당국의 처벌이나 벌금이 크지 않았기 때문이다. 기업들은 벌금을 내더라도 사업에 들어가는 일종의 비용이라고 여겼다. 그러나 처벌 및 벌금의 정도가 강해지는 추세이며, 이를 통해 기업들은 환경규정을 위반할 경우 심각한 손실을 볼 수 있다.

Sinopec의 자회사인 Sinopec Guangzhou Company의 경우 2004년, 2005년, 2007년, 2008년에 환경규정을 위반한 기록이 있다. 2008년에만 2,000만 위엔의 벌금을 냈다. 그럼에도 불구하고 2009년에 또다시 광동성 환경당국으로부터 심각한 오염물질 배출기업으로 지정됐다. 언론보도에 따르면 연례 환경영향평가에서 경고를 받았다고 한다. 환경영향평가 보고서에 따르면 오염물질을 줄이지 않으면 앞으로 은행으로부터 대출받기가 어려워질 것이다. 지방정부와 지역사회로부터 지속되는 문제제기와 심지어 지역을 떠나라는 요구에 따라 2009년 중반 1.4억 위엔을 오염물질 정화시설에 투자하겠다는 계획을 발표했다.

또 다른 예로, 2008년 위린 환경당국은 China Shenhua Energy의 탄광에서 폐수처리를 제대로 하지 않은 것에 대해서 100만 위엔의 벌금형을 내렸다. 탄광은 오염에 대한 적절한 조치가 취해질 때까지 생산중단을 당했다. 그러나 같은 탄광에서 2009년 환경규정 위반으로 100만 위엔의 벌금형을 또다시 받았다.

홍콩의 Fountain Set 역시 잘 알려진 사례이다. 2006년 동관에 위치한 섬유공장에서 매일 22,000톤의 폐수를 강으로 몰래 흘려 보내다가 환경당국으로부터 적발됐다. 지방 환경당국은 21만 위엔의 벌금형을 내렸으며, 과거 오염물질 배출에 대해 1,150만 위엔을 추가로 지불하도록 했다.

그러나 개발도상국에서도 환경규제 및 처벌이 강화되고 있다. 중국의 양쯔강과 타이호에서 발생한 오염에 대한 대처가 좋은 사례이다. 오염물질을 배출한 기업에 벌금형을 주었을 뿐만 아니라 생산중단을 명령하기도 했다. 관련 기업들이 은행으로부터 대출을 받는 데 제한을 두기도 했다.

▌환경정보의 공시와 보고에 대한 요구사항 강화

(1) 정보공시에 대한 연구와 이를 활성화 시킬 수 있는 대안을 제시한다.
(2) 기업의 환경회계 시스템을 정립한다.
(3) 환경관련 외부감사와 평가기준을 정립한다.

▌기업지배구조의 강화

기업지배구조 개혁은 투자자들에게 매력적인 투자대상이 되기 위해 가장 먼저 선행되어야 할 과제이다.

▌정부차원의 정책

정부는 민간부문의 자발적인 노력을 저해하지 않는 차원에서 CSR보고서 발간 등을 지원할 수 있다. 상장기업들이 연간 사업보고서에 사회적 책임과 관련된 사항을 보고하도록 요구할 수도 있다.

▌증권거래소 차원의 정책

증권거래소는 기업지배구조와 기업의 사회적 책임을 증진시키기 위해 중요한 역할을 한다. CSR 프레임워크는 국가차원의 목표와 연계되며 가장 시급한 CSR 관련 문제에 초점을 맞춘다. 이는 기업들이 사회적 책임을 실천하는 지침과 여러 사례를 제시한다. CSR 프레임워크는 환경, 지역사회, 시장, 기업 4가지 분야에 대해 기업들이 비즈니스 모델을 구축할 때 고려할 사항을 나타내고 있다.

또한, CSR 프레임워크는 사회적 책임에 관심이 많은 기업에 대해서 멸종위기에 처한 동물의 보호, 직원의 자원봉사활동 강화, 직원의 다양성 존중 등 추가적으로 개선할 수 있는 방법을 제시하고 있다. 윤리적인 경영활동을 위한 포괄적이고 혁신적인 접근을 권장하기도 한다.

정부와 증권거래소간 협력을 통해 CSR관련 정보를 공시하는 체계를 구축할 필요가 있다. 이를 통해 필요한 정보의 공시를 강제하는 한편, 혁신적이고 창의적인 정보공시를 유도해야 한다.

NGO의 역할 강화

NGO는 지방정부에 정보 요구를 함으로써 중요한 역할을 하고 있다. 환경관련 정보의 투명성을 위해 노력함으로써 환경정보에 대한 접근성을 높이고 있다.

전세계적으로 투자자들은 리스크관리 목적으로 기업의 환경정보에 관심을 갖는다. 그러나 개발도상국이 환경정보의 보고와 공시 시스템을 갖추기 위해서는 시간이 필요하다. 금융기관, 투자자, NGO 등이 정부와 협력하여 변화에 압력을 넣으면 더욱 빠른 시간 내에 시스템 구축이 가능하다.

5. 녹색등급 제도

녹색등급 운동(GRI)는 일종의 정보 공시제도로 정부의 감독기관 이외에 여러 이해관계자들이 자발적으로 환경정책에 참여할 수 있도록 하는 것이다. 이해관계자로는 민간 기업, 시민단체, NGO 등이 있다. 시민단체와 NGO 등은 GRI를 앞장서서 추진할 수 있다. 이와 같은 참여를 통해 정부기관 이외에도 환경에 관심을 갖는 조직들이 목소리를 낼 수 있다. 이들의 역할은 대중의 인식 제고, 창의적인 해결책 제시, 관련 연구 수행, 인력의 교육훈련, 정책에 대한 비판, 지역사회 보호 등이 있다

녹색등급 제도의 장점은 다음과 같다.

- 기업들의 환경정보 공시 증가
- 기업 이미지 제고를 위해 환경성과에 대한 자발적 공시 증가
- 환경문제에 대한 일반인의 관심 제고
- 투자자와 소비자들이 의사결정 시 판단 기준 제공

표 5 기업의 녹색등급

등급	판단 기준
녹색	기업이 ISO 14000 또는 생산기술의 환경영향에 대한 외부감사를 통과함. 기업의 환경경영 수준이 매우 높은 단계에 도달함.
노랑	기업이 정부에서 정한 기준치에 맞는 배출량을 유지함. 그러나 간혹 기준치를 넘는 경우 또는 환경규정을 어기는 경유가 발생함.
빨강	기업이 정부에서 정한 기준치를 넘어서는 배출량을 보이며 심각한 환경오염 사고가 발생함.
검정	기업이 정부에서 정한 기준치를 상당히 초과하는 배출량을 보이며 환경에 미치는 영향이 중대한 환경오염 사고가 발생함.

표 6 녹색등급이 적용가능한 산업군

농산물	시멘트	염료
섬유	양조	음료
식품	설탕	철강
석유 및 가스	비철금속	제약
플라스틱	화학	피혁

- 기업들이 국내 및 세계시장에서 경쟁력 확보
- 기업들이 투자자 및 협력기업을 찾는 데 도움을 줌
- 금융기관이 사회적 책임 관련 대출 심사 시 판단기준이 됨
- 기업의 지속가능한 성장 도모

미국에서는 뉴욕에 위치한 경제우선위원회(CEP)가 GRI를 운영해왔으며 투자자들의 지지를 받아왔다. 투자자들은 사회적 책임을 다하고 친환경적인 기업에 투자하고 싶어한다. CEP는 미국 환경보호국(EPA)에서 일반 대중에 매년 제공하는 유독성 폐기물 배출기록을 이용해 등급을 정한다. 이처럼 정보가 제공되면 일정한 기준에 따라 등급을 정할 수 있다.

인도에는 과학 환경센터(Center for Science and Environment)라는 NGO가 기업의 오염물질 배출에 대한 데이터베이스를 유지하면서 유사한 활동을 벌이고 있다. 기

표 7 개발도상국의 GRI 프로그램

한국	월간위반보고 (MVR)
인도네시아	PROPER (Program for Pollution Control, Evaluation and Rating)
인도	GRP (Green Ratings Project)
중국	Green Watch (내몽고 Hohhot과 장쑤 선전장 지역에 시범운영)
필리핀	EcoWatch program
베트남	EIDS (Environmental Information Disclosure System)

업 입장에서도 관련 정보를 모두 제공한 후에 GRI 평가단으로부터 자문을 얻는 것이 더 이익이다.

정부 차원에서 기업의 공시와 보고활동을 촉진시키는 정책은 상당히 늘어나고 있다. 지수의 개발, 등급 부여, 인센티브 제공 등 여러 가지 노력이 실행되고 있다. 반면, 정부가 언론을 이용해 오염물질을 배출한 기업을 공개적으로 비판한 사례도 많다. ISO 14001, SA 8000 등 환경 인증 또는 녹색등급을 부여하는 제도도 늘어나는 한편 몇몇 도시들은 심각한 환경오염을 발생시키는 기업의 리스트를 만들어 발표하기도 했다.

중앙정부와 지역정부 모두 지속가능한 개발을 최우선 과제로 내세우고 있고, 증권관리감독위원회(CSRC)에서 상장기업의 환경관련 리스크의 중요성을 강조하면서 환경정보의 공시에 대한 요구도 늘어날 것으로 예상한다. 그리고 앞으로는 환경정보의 공시가 외부압력에 의한 것이 아니라 시장기능에 따른 결과로 변화할 것이다.

몇몇 아시아 국가에서 기업에 환경등급을 부여하는 것이 호응을 얻고 있다. 이 제도의 실시 이후에 환경규정을 지키는 비율이 인도네시아에서 24%, 필리핀에서 50%, 베트남에서 14%, 중국 선전장에서 10%, 내몽고 Hohhot에서 39% 증가했다.

다음과 같은 대책이 강구될 수 있다.

① 환경규제 시스템(기준치 설정, 검사, 감독 등)이 갖춰지고 나면 창의적인 환경보호 활동을 촉진시키고 환경오염 활동을 방지하는 추가적인 노력이 이루어져야 한다.

② 이를 위한 수단으로 GRI를 시작할 수 있다. GRI를 주도하는 단체는 전국적인 참여 네트워크를 동원해서 기업에 대한 자료 조사를 한다. 조사를 담당하는 이들은 누구나 지원할 수 있어야 하지만 기업에 대한 조사를 진행할 능력을 기준으로 선

발해야 할 것이다.

③ 참여자들은 각계 전문가, 학생, 공무원, NGO 회원 등이 될 것으로 예상된다. 이들은 시민단체, 정부기관, 연구기관 등으로부터 지원을 받아야 한다. 이와 같은 노력은 몇 년 전 인도에서 시행돼서 상당한 성과를 거두었다.

④ 결과적으로 GRI 활동의 성공 여부는 다음 기준을 통해 판단할 수 있다.

- 자료수집 대상 산업군에 속한 대부분의 기업에 대한 완전한 정보를 수집한다.
- 많은 기업과 공공기관이 사업상의 이유로 정보를 공개하지 않으려고 한다. 따라서 필요한 자료를 수집하는 데 많은 노력이 필요하다. 그러나 기업의 자원 활용, 생산과정, 폐기물 처리 등에 대한 정보를 최대한 수집해야 한다.

⑤ 각 기업에 대해 일관적인 기준에 따른 등급 부여가 가능하도록 정보 수집에 신경을 써야 한다.

6. 녹색금융상품 및 서비스

6.1. 탄소거래 상품

탄소배출권을 쉽게 거래할 수 있는 금융상품으로 만들어서 시장을 조성하면, 주식투자자들을 탄소시장에 끌어들일 수 있다. 가장 대표적인 사례가 AirShares EU Carbon Allowances Fund 이다. 전문적인 투자자들은 탄소배출권 선물시장 또는 현물시장에 참여해 차익을 노릴 수도 있다. 이차시장에서 거래를 활성화시키면 유동성이 늘어나고 가격이 안정을 찾는다. 이는 기업이 탄소배출권 관련 의사결정을 하는 데 큰 도움이 된다.

시카고 기후거래소는 미국에서 처음으로 탄소배출권 거래를 시작했으며, 탄소거래제도 정착에 중요한 역할을 해왔다. 시카고기후거래소는 북미지역 기업의 자발적인 온실가스 거래시장이다. 탄소거래에 참여하는 것은 기업의 자율이지만 참여 후에는 온실가스 감축목표에 대한 법적인 의무가 생긴다. 회원 기업들은 기준 배출량보다 낮은 감축목표를 설정하게 된다.

회원 기업들 중 감축목표를 달성하지 못한 경우에는 시카고기후거래소를 통해 감축목표를 초과 달성한 기업으로부터 탄소배출권(Carbon Financial Instruments; CFI)을 살 수 있다. 시카고기후거래소를 통해 수행하는 여러 탄소상쇄(carbon offset) 프로그램을 이용해 감축목표를 달성할 수도 있다. 그러나 탄소상쇄를 통한 감축목표 달성은 전체 감축량의 50%까지만 인정된다. 시카고기후거래소나 장외시장 모두 아직까지 거래량은 많지 않은 상태이다.

호주증권거래소는 온실가스 배출권과 관련된 선물옵션 상품을 도입하기 위한 상당한 준비를 완료한 상태이다. 호주 정부의 탄소배출감축계획(Carbon Pollution Reduction Scheme)이 법적으로 효력을 얻으면 거래가 시작될 것이다.

브라질에서 BM&FBOVESPA는 청정개발체제(CDM)하에서 인증하는 탄소배출 감축 프로젝트를 등록하는 Carbon Facility와 탄소배출권을 거래하는 Carbon Credit Auction System을 운영한다. 이 거래소에서는 현재 탄소거래를 위한 장외시장 조성을 고려하고 있다.

부에노스아이레스증권거래소(BBA)는 아르헨티나의 청정개발체제(CDM) 인증 프로젝트 활성화를 위해 탄소거래를 시작했다. 탄소거래 교육 프로그램, 거래 시뮬레이션, 프로젝트 시행자와 해외투자자간 정보교류 등을 지원한다.

탄소시장의 조성은 세계경제, 각국의 대내 및 대외정책, 에너지 관련 기술의 발전 등의 영향을 받는다. 초기 단계에 어려움에도 불구하고 탄소시장은 세계에서 가장 빨리 성장하는 시장이 되었다. 투자자들에게는 화석연료 기반의 경제에서 다음 단계로 전환하는 시장에 참여할 수 있는 기회가 주어진 것이다.

6.2. 재해 관련 금융상품

자본시장에서 거래되는 재해 관련 금융상품을 구분하는 방법에는 여러 가지가 존재한다. 그 중 한 가지 방법은 증권 및 보험연계증권, 스왑, 파생상품 3가지로 분류하는 것이다.

▌증권

자연재해와 관련된 증권은 1992년 시카고상품거래소 (CBOT)에서 재해선물과 콜스프레드 옵션을 개발해낸 것이 시초이다. 이 금융상품을 통해 6개월의 계약기간 동안 발생하는 자연재해로 인한 손실의 일정부분을 보상받을 수 있다. 선물과 옵션은 4개 지역에 대해 제공됐다. 보상금은 Insurance Services Office(ISO)에서 산출한 지수에 따라 결정되었다. ISO 지수는 100 여 개의 손해보험회사로부터 수집한 재해손실 데이터를 기초로 작성됐다. 데이터 수집에 참여한 100 여 개의 기업은 손해보험업계의 23%에 해당했다. 그러나 1994년 1월 17일에 발생한 Northridge 지진의 피해를 제대로 계산하지 못함으로써 지수의 신뢰성에 금이 갔다. 그 결과 선물계약 및 옵션계약 모두 거래가 줄어들어 시장에서 사라졌다.

시카고상품거래소(CBOT)는 기존 금융상품의 문제점과 해결책을 파악한 후에 1995년 9월 보다 널리 사용되는 재해손실지수인 Property Claims Services(PCS) 지수에 기반한 재해보험옵션을 만들었다. PCS 재해보험옵션은 거래소에서 낮은 거래비용에 거래되는 표준화된 계약이라는 장점을 지닌다. 옵션의 구매자는 판매자에게 보험료를 지급하고, 구매자는 PCS 지수로 계산한 재해손실이 일정 수준을 넘어서면 보상을 받는 구조였다. PCS 지수가 계약기간 동안 정해진 수준을 넘지 않고 낮게 유지되면 옵션의 가치는 사라지고 판매자가 보험료를 전부 가져갔다. 옵션의 구매자는 주로 재해위험을 헤지하려는 보험회사였다. 옵션의 판매자는 건설회사 등 재해가 발생함으로써 이익을 얻는 기업 또는 전통적인 주식 이외의 자산으로 포트폴리오를 다변화하려는 투자자들이었다. 그러나 PCS 재해보험옵션은 기대했던 것보다 수요가 낮았고 다른 재해관련 금융상품과 차별화에 실패하면서 1999년에 거래가 중지되었다. 2000년에는 상품 자체가 완전히 없어졌다.

1996년 10월 1일, 이를 대신해서 CATEX(재해리스크거래소)가 개장했다. 뉴욕에 위치한 CATEX는 전자거래소로 보험회사들이 대비하고자 하는 재해에 대해서 무기명으로 보험계약을 하거나 다른 재해 위험과 스왑거래를 하는 시장이었다. 시카고상품거래소(CBOT)에서 제공하는 보험 파생상품과 달리 CATEX는 보험회사 이외의 자본시장 참여자를 끌어들일 수 없는 구조였다. CATEX는 많은 관심을 끌었으나 기대했던 성과를 거두지 못했다. 보험회사의 리스크가 자본시장으로 분산되기보다 보험회사들간에 스왑거래 형태로 옮겨가는 데 그쳤기 때문이다. 그럼에도 불구하고 자연재해 위험을 스왑하려는 수요가 있음을 보여주었다.

재해 스왑

PCS 재해보험옵션과 CATEX에 대한 시장의 관심은 다른 거래소와 다른 금융상품을 개발하는 데 기초가 되었다. 이 중 가장 주목할만한 움직임은 1997년 봄 Guy Carpenter's Catastrophe Index(GCCI)를 기반으로 개장한 재해관련 스왑 시장인 Bermuda Commodities Exchange(BCE)일 것이다. GCCI는 태풍, 해일, 한파 등 기후에 의한 보험사들의 재해손실을 계산하는 지수이다. 이와 같은 지수는 두 가지 약점을 필연적으로 지닌다. 첫째, 보험에 들지 않은 자산의 재해손실을 고려하지 않기 때문에 재해의 효과를 완전히 반영하지 못한다. 둘째, 화재, 지진, 홍수 등 기타 자연재해로 인한 손실을 고려하지 않기 때문에 재해 위험을 완전히 줄여주지 못한다. 그럼에도 불구하고 GCCI 지수는 미국 우편번호별로 계산이 가능하다는 장점 때문에 채택되었다. 개발단계에서 상당한 계획과 노력이 들어갔으나 재보험 업계로부터 충분한 지원을 얻지 못해 BCE 프로젝트는 결국 버려졌다.

장외시장은 표준화된 거래소보다 유연하기 때문에 가장 혁신적인 보험 파생상품이 개발된다. 이와 같이 수요자들에게 적합한 맞춤상품이 거래됨으로써 장외시장은 재해관련 보험 파생상품의 거래가 활발하게 이루어진다.

날씨 파생상품

장외시장에서 거래되는 파생상품에는 날씨 파생상품도 있다. 날씨 파생상품은 최근에 등장한 것으로 날씨 변화에 따른 리스크를 관리하기 위해 만들어졌다. 이는 금융과 보험이 통합되어가는 최근의 추세를 반영하기도 한다. 날씨 파생상품은 날씨 변화에 민감한 계약 쌍방(발전소, 농산물, 보험, 여행사, 소매업 등)이 계약기간 동안 특정 날씨 조건에 대해 금전적인 보상을 해주는 계약이다. 장외시장에서 거래되는 날씨 파생상품은 각종 날씨 지수에 대한 콜옵션, 풋옵션, 스왑의 형태로 제공된다. 필요에 따라 다양한 날씨 지수 중에서 선택을 할 수 있기 때문에 날씨 파생상품을 이용해서 다양한 리스크관리를 할 수 있다.

환경 관련 주식지수

환경 관련 주식지수를 일찍이 소개한 거래소로는 런던증권거래소(지수를 개발한 FTSE를 50% 소유하고 있음), NASDAQ OMX, NYSE Euronext가 있다. 최근에 관련 지수를 개발하고 있는 나라는 남아프리카공화국, 브라질, 한국, 인도네시아, 인도 등 개발도상국이다. 가장 최근에 개발된 것은 2009년 8월에 소개된 상하이증권거래소의 사회적 책임지수이다.

아주 최근까지 이들 지수는 두 그룹으로 분류할 수 있었다.

- 환경, 사회, 기업지배구조(ESG) 요소를 기준으로 모든 산업에 속한 기업을 대상으로 하는 경우이다. 대표적인 예로, FTSE4Good Index, BM & FBOVESPA Corporate Sustainability Index(ISE), Johannesburg Stock Exchange Socially Responsible Investment Index, NASDAQ OMX GES Sustainability Nordic Index, Wienerhill Sustainability Index 등이다.
- 청정 기술, 재생에너지, 환경 서비스 등 특정 산업군에 속한 기업만 대상으로 선정하는 경우이다. 이와 같은 지수는 주로 ETF와 연계되는 경우가 많다. 이에 속하는 지수로 FTSE의 Environmental Technology Index, Deutsche Börse의 DAXglobal Alternative Energy Index, NASDAQ OMX Clean Edge Global Wind Energy Index, NYSE Arca Cleantech Index 등이 있다.

추가적으로, International Securities Exchange(ISE)는 ISE Water Index, ISE-CCM Green Energy Index, ISE Global Wind Energy Index 등 3개의 지수를 제공한다. ISE Water Index와 ISE Global Wind Energy Index에 기초한 ETF는 ISE와 First Trust의 파트너십을 통해 NYSE Arca에 상장되어 있다.

환경관련 주식지수를 추종하는 펀드: Renaissance Capital and Aftermarket Fund(IPOSX)

Renaissance Capital은 1991년에 설립되어 신규상장 기업에 대한 독립적인 리서치 전문기업으로 알려져 있다. 이들이 발행하는 보고서는 기관투자자들이 IPO 기업을 평가하는 기초자료가 되며, Citi, Credit Suisse, Goldman Sachs, JP Morgan, Morgan Stanley 등 유명 증권사에도 배포된다. Renaissance Capital은 FTSE와 함께 FTSE Renaissance IPO Index를 개발했다. 이는 IPO 기업의 성과를 반영하는 대표적인 지수이다. Renaissance Capital은 최초의 IPO 전문 뮤추얼 펀드인 IPO Plus Aftermarket Fund(IPOSX)의 자문을 맡고 있기도 하다.

SRI 관련 펀드

SRI는 최근 들어 투자자들의 투자의사결정에 영향을 미치기 시작한 새로운 요소이다. 이와 관련된 지수로는 FTSE4Good Index와 같이 환경, 사회, 기업지배구조(ESG) 요소가 우수한 기업을 포함하는 지수와 Alternative Energy Index와 같이 청정기술, 재생에너지, 환경서비스 등 특정 산업군에 속한 기업을 포함하는 지수가 있다.

2006년 중국의 선전증권거래소는 상장기업의 사회적 책임에 대한 지침을 발표했다. 2007년에 20개가 넘는 상장기업이 이 지침에 따라 자발적으로 사회적 책임활동에 대한 보고서를 발간했다. Shenzhen Securities Information과 TEDA는 공동으로 2007년 12월부터 중국 최초의 A주식 사회적 책임 지수인 TEDA Environmental Protection Index를 발표했다.

환경관련 주식지수는 기업이 환경에 미치는 영향을 계량화하는 목적을 가진다. 그러나 기업을 평가할 때 주관적인 기준이 개입되기 때문에 비판을 받기도 한다.

일반적으로 선진국의 증권시장에서는 지수를 추종하는 펀드를 개발하거나 특정 투자자의 요구에 적합하도록 지수를 만든다. 그러나 개발도상국에서는 투자자의 인식제고, 기업의 인식 변화 등을 위해 만들어진다.

표 8 아태 국가의 SRI 관련 지수

BME	FTSE4Good IBEX Index	2008
BM&FBOVESPA	Corporate Sustainability Index (ISE)	2005
미국	NASDAQ Clean Edge US Index	2006
	NASDAQ OMX Clean Edge Global Wind Energy Index	2008
	Wilder NASDAQ OMX Global Energy Efficient Transport Index	2008
인도거래소	S&P ESG India Index	2008
한국거래소	SRI Index (개발중)	2009
International Securities Exchange	ISE Water Index 2000	
	ISE-CCM Green Energy Index 2001	
	ISE Global Wind Energy Index 2005	

표 9 에너지 지수

글로벌 대체에너지 지수	RENIXX World
	ALTEXGlobal
	Ardour Global Alternative Energy IndexSM
	Credit Suisse Global Alternative Energy Index
	DAXglobal Alternative Energy Index
	S&P Global Clean Energy Index
	Wilderhill New Energy Global Innovation Index
	World Alternative Energy Index
	FTSE ET50 Index
지역 기반 대체에너지 지수	ALTEXAustralia
	Ardour Global Index(EMEA)SM
	Ardour Global Index(North America) SM
	ISE-CCM Alternative Energy Index
	Ludlow Energy Index
	Merrill Lynch Renewable Energy Index
	NASDAQ Clean Edge U.S. Liquid Series Index

특히, 개발도상국을 위한 대안은 다음과 같다.

(1) Dow Jones Sustainability Index(DJSI)와 Ethibel Sustainability Index(ESI)와 같이 상장기업의 환경성과를 수집하고 측정하는 시스템을 개발한다.

(2) 상장기업의 환경성과를 평가하는 정보시스템을 정립한다.

(3) 환경보호 당국과 증권감독 당국이 협조하여 환경관련 지수를 개발하는 국가적인 시스템을 만들어 상장기업에 대한 환경관련 지수가 발표될 수 있도록 한다.

본 장의 지금까지의 내용을 정리하면 다음과 같다.

아태 지역 내에서 청정에너지 개발을 위한 인프라 투자는 이미 시작되었다. 자본시장의 역할 역시 갈수록 중요해지고 있다. 저탄소 사회로 전환하면서 다음과 같은 새로운 트랜드와 기회가 나타나고 있다.

- 글로벌 기업들이 친환경 기술에 대규모 투자를 한다.
- 친환경 재생에너지를 생산할 능력이 확대되고 있다.
- 금융시장이 다양화되고 유동성이 증가하고 있다.
- 풍력, 태양력 등 청정 에너지에 투자하는 벤처캐피탈(VC)과 사모펀드(PE)가 폭발적으로 늘어났다.
- 청정 에너지 및 기후변화 대응과 관련된 주식펀드가 증가해서 APEC 내에서는 벤처캐피탈(VC) 투자금액을 초과했다.
- 장기적인 투자의사결정을 내릴 때 사회적 요소와 환경적 요소는 반드시 고려해야 하는 리스크로 등장했다. 이와 관련된 ETF도 다수 제공되고 있다.
- 환경, 사회, 기업지배구조(ESG) 요소가 투자의사결정에 포함되었다.
- 녹색 관련 주식의 수익률이 높다.

여러 아시아 국가들이 처한 어려움이 무엇인지도 파악해야 한다.

- 선진국에 비해 개발도상국으로 투자되는 자본의 규모가 상당히 작다.
- APEC 국가들의 다양한 지정학적 위치와 서로 다른 성장 패턴 때문에 단일 자본시장을 구축하기 어렵다.
- 선진국에 비해 개발도상국의 자본시장은 발달이 늦다.

향후에 다음과 점을 노력하여야 한다.

자본시장 인프라 구축

중국과 같은 개발도상국의 자본시장은 거래가 이루어지지 않던 주식에 대한 거래를 활성화 시키는 개혁을 통해 시스템을 발전시켜왔다. 이들 자본시장이 앞으로도 건전하고 지속가능한 발전을 이루기 위해서는 다음과 같은 노력이 요구된다.

- 주가지수선물 상품을 제공하고, GEM, 장외시장 등의 자본시장을 개선한다.
- 다양한 금융상품이 개발될 수 있는 환경 조성 및 다변화된 거래시장을 만들어서 다중적 자본시장 체계를 구축한다.
- 주식거래소와 장외시장이 공존하는 자본시장 구조를 형성한다.
- 전국 규모 증권시장과 지역 증권시장의 협력을 도모한다.

- 다중 자본시장 구조를 구축하여 다양한 기능을 제공한다.
- 여러 자본시장간 분명한 특성이 나타나도록 관리한다.
- 자본시장별 상장 기준이 다르기 때문에 자본시장간 이동이 자연스럽게 이루어지고 시장기능에 제대로 발휘될 수 있도록 한다.
- 기존 상장 기준을 엄격하게 적용하고, 효과적인 관리감독 및 정보공시 요구를 한다.
- NASDAQ의 상장기준을 받아들이면서 상장절차를 간소화한다. 중소기업들이 상장하기 쉬운 환경을 조성하여 상장 기업의 수를 늘린다.
- GEM 시장에서 발생하는 유동성 부족 문제에 대처하고 거래환경을 개선한다. 선진국의 GEM시장 역시 발달 초기에는 유동성 문제를 겪었다.
- 합리적인 상장 및 상장폐지 절차를 구축한다. 또한, 다른 주식시장간 이동 및 소통을 위한 제도를 만든다.
- 애널리스트, 변호사, 회계사, 감독당국 등을 위한 교육훈련 시스템을 제고하여 GEM시장의 다양한 규정과 기준을 완전히 이해하도록 한다.
- 중앙정부 및 지역정부에서 중소기업이 환경 관련 문제를 해결할 수 있도록 보조하는 프로그램을 운영한다.
- 상장기업에 대한 환경영향평가 전문가들을 양성한다. 관련 전문가를 훈련하고, 평가하고, 인센티브를 제공하며, 환경보호당국과 금융감독당국간의 협력을 도모한다.
- 금융기관의 주주, 경영진, 직원 모두 환경관련 프로젝트에 대한 이해도를 높여야 한다. 특히, 교육훈련 프로그램으로 관련 프로젝트 심사 및 리스크 평가를 포함시켜야 한다.
- 국내 자본시장 개혁을 통해 역내 자본시장의 발달을 촉진시킨다. 첫 단계에서는 증권거래소간 교차상장, 해외 채권거래, 역내 청산결제 시스템 구축 등이 이루어질 수 있다. 개발도상국의 산업 및 금융 부문이 강화되고, 거시경제 정책이 원활히 이루어지면 국제금융시장과의 통합도 자연스럽게 이루어질 것이다.

정보 공시 시스템 구축

- 법의 강력한 적용이 요구된다.
- 지금까지는 환경규정과 기준을 위반하더라도 기업에게 큰 금전적 손실이 돌아오지 않았다. 감독당국의 처벌이나 벌금이 크지 않았기 때문이다. 기업들은 벌금을 내더라도 사업에 들어가는 일종의 비용이라고 여겼다. 그러나 처벌 및 벌금의 정도가 강해지는 것이 추세이며, 이를 통해 기업들은 환경규정을 위반할 경우 심각한 손실을 볼 수 있다
- 의무적으로 공시해야 하는 환경정보를 확대한다.
- 정보공시에 대한 연구와 이를 활성화 시킬 수 있는 대안을 제시한다.
- 기업의 환경회계 시스템을 정립한다.
- 환경관련 외부감사와 평가기준을 정립한다.
- 기업지배구조를 강화한다.
- 기업지배구조 개혁은 투자자들에게 매력적인 투자대상이 되기 위해 가장 먼저 선행되어야 할 과제이다.
- 정부는 민간부문의 자발적인 노력을 저해하지 않는 차원에서 CSR보고서 발간 등을 지원할 수 있다. 상장기업들이 연간 사업보고서에 사회적 책임과 관련된 사항을 보고하도록 요구할 수도 있다.
- 증권거래소는 기업지배구조와 기업의 사회적 책임을 증진시키기 위해 중요한 역할을 할 수 있다. CSR 프레임워크는 국가차원의 목표와 연계되며 가장 시급한CSR 관련 문제에 초점을 맞춘다. 이는 기업들이 사회적 책임을 실천하는 지침과 여러 사례를 제시한다. CSR 프레임워크는 환경, 지역사회, 시장, 기업 4가지 분야에 대해 기업들이 비즈니스모델을 구축할 때 고려할 사항을 나타내고 있다.
- CSR 프레임워크는 사회적 책임에 관심이 많은 기업에 대해서 멸종위기에 처한 동물의 보호, 직원의 자원봉사활동 강화, 직원의 다양성 존중 등 추가적으로 개선할 수 있는 방법을 제시하고 있다. 윤리적인 경영활동을 위한 포괄적이고 혁신적인 접근을 권장하기도 한다.
- 정부와 증권거래소간 협력을 통해 CSR관련 정보를 공시하는 체계를 구축할 필

요가 있다. 이를 통해 필요한 정보의 공시를 강제하는 한편, 혁신적이고 창의적인 정보공시를 유도해야 한다.

- NGO 등 기타 이해관계자들의 역할을 강화해야 한다.
- NGO는 지방정부에 정보 요구를 함으로써 중요한 역할을 하고 있다. 환경관련 정보의 투명성을 위해 노력함으로써 환경정보에 대한 접근성을 높이고 있다. 전세계적으로 투자자들은 리스크관리 목적으로 기업의 환경정보에 관심을 갖는다. 그러나 개발도상국이 환경정보의 보고와 공시 시스템을 갖추기 위해서는 시간이 필요하다. 금융기관, 투자자, NGO 등이 정부와 협력하여 변화에 압력을 넣으면 더욱 빠른 시간 내에 시스템 구축이 가능하다.

녹색등급 시스템 구축

몇몇 아시아 국가에서 기업에 환경등급을 부여하는 것이 호응을 얻고 있다. 이 제도의 실시 이후에 환경규정을 지키는 비율이 인도네시아에서 24%, 필리핀에서 50%, 베트남에서 14%, 중국 선전장에서 10%, 내몽고 Hohhot에서 39% 증가했다.

- 환경규제 시스템(기준치 설정, 검사, 감독 등)이 갖춰지고 나면 창의적인 환경보호 활동을 촉진시키고 환경오염 활동을 방지하는 추가적인 노력이 이루어져야 한다.
- 이를 위한 수단으로 GRI를 시작할 수 있다. GRI를 주도하는 단체는 전국적인 참여 네트워크를 동원해서 기업에 대한 자료 조사를 한다. 조사를 담당하는 이들은 누구나 지원할 수 있어야 하지만 기업에 대한 조사를 진행할 능력을 기준으로 선발해야 할 것이다.
- 참여자들은 각계 전문가, 학생, 공무원, NGO 회원 등이 될 것으로 예상된다. 이들은 시민단체, 정부기관, 연구기관 등으로부터 지원을 받아야 한다. 이와 같은 노력은 몇 년 전 인도에서 시행돼서 상당한 성과를 거두었다.

결과적으로 GRI 활동의 성공 여부는 다음 기준을 통해 판단할 수 있다.

- 자료수집 대상 산업군에 속한 대부분의 기업에 대한 완전한 정보를 수집한다.
- 많은 기업과 공공기관이 사업상의 이유로 정보를 공개하지 않으려고 한다. 따

라서 필요한 자료를 수집하는 데 많은 노력이 필요하다. 그러나 기업의 자원 활용, 생산과정, 폐기물 처리 등에 대한 정보를 최대한 수집해야 한다.

- 각 기업에 대해 일관적인 기준에 따른 등급 부여가 가능하도록 정보 수집에 신경을 써야 한다.

혁신적인 금융상품 개발

환경관련 주식지수는 기업이 환경에 미치는 영향을 수치화하는 목적을 지닌다. 그러나 기업을 평가할 때 주관적인 기준이 개입되기 때문에 비판을 받기도 한다.

일반적으로 선진국의 증권시장에서는 지수를 추종하는 펀드를 개발하거나 특정 투자자의 요구에 적합하도록 지수를 만든다. 그러나 개발도상국에서는 투자자의 인식 제고, 기업의 인식 변화 등을 위해 만들어진다.

CHAPTER

05 녹색보험[1)]

1. 녹색보험이란?

1.1. 개념 정립

보험은 금융의 일종이므로, 금융의 개념으로부터 출발하여 녹색금융 개념을 규정하고, 이어서 녹색보험의 개념을 확인하는 것이 가능하다. 우선 금융(finance)의 정의를 보면, 자금공급자가 금융회사나 자본시장을 통해 기업에 자금을 공급하면 기업이 이 자금을 운용하여 수익을 창출한 후 자금공급자에게 되돌려주는 순환과정이다. 이러한 개념의 연장선상에서 보자면 녹색금융(green finance)은 자금 공급 대상이 녹색기업인 금융이라 할 수 있다. 즉 녹색분야에 해당하는 기술 · 사업 · 기업을 지원하는 금융이 녹색금융인 것이다.

이와 유사하게 녹색분야에 대한 보험회사의 보험영업과 투자영업을 녹색보험(green insurance)이라 할 수 있다. 이때 보험영업은 녹색분야의 기술 개발, 사업 수행

1) 제5장 녹색보험 내용의 상당 부분이 보험연구원이 발간한 보고서 '보험회사 녹색금융 참여방안'의 내용을 재구성한 것이다.

등에 수반되는 위험요인에 대해 다양한 위험관리수단을 제공하는 보험회사 고유의 기능을, 투자영업은 관련 분야의 사업 · 기업에 필요 자금을 공급하는 다른 금융회사와 유사한 보험회사의 기능을 염두에 둔 것이다. 보험영업과 투자영업이 상당히 다른 형태의 녹색금융 참여방안이라는 점에서, 이하의 논의에서 해외 사례를 검토하고 국내에서의 활용 가능성을 타진함에 있어 보험영업 차원과 투자영업 차원을 구분하여 접근하는 것이 도움이 된다.

요컨대, 녹색금융을 전체 금융의 부분집합으로서 녹색분야에 대한 금융으로 이해하는 것에 대응하여, 녹색보험을 전체 보험의 부분집합으로 이해할 수 있다. 따라서 녹색보험은 경제주체들이 환경보호와 경제성장을 동시에 추구하는 녹색분야를 지원하는 보험이라 할 수 있다.

1.2. 녹색보험 유형

녹색분야에 대한 보험이라는 관점에 따르면, 녹색분야와 보험의 관계에 따라 녹색보험을 아래와 같이 크게 세 가지 유형으로 구분할 수 있다.

첫째, 기존의 보험이 녹색분야에 적용되는 유형이다. 즉 갈색분야에 제공되어 온 기존 보험이 녹색분야에 확대 제공되면 녹색보험으로 간주될 수 있다. 추후 보다 구체적으로 논의할 것인데, 청정개발사업(CDM)과 같은 녹색사업의 수행과 관련한 보험상품이 대표적인 예이다. 또한 해외 녹색보험 사례의 대부분이 이러한 유형에 속한다. 이와 같은 유형의 녹색보험은 새로운 상품과 서비스를 도입하는 과정보다는 기존 상품을 통합하거나 재구성하는 과정에서 출현할 가능성이 높다.

그림 1 녹색보험 유형

둘째, 갈색분야에 대한 환경요인의 통합을 유도하는 유형이다. 환경오염배상책임보험이 대표적인 예이며, 그 외에도 갈색분야에 대해 점차 확대되고 있는 환경친화적 보험을 생각해 볼 수 있다. 또한 갈색기업이나 갈색빌딩을 대상으로 하는 에너지절감사업(ESCO)과 관련하여 활용되는 보험, 즉 갈색분야의 녹색화를 지원하는 보험도 이와 같은 유형에 해당된다.

셋째, 녹색분야 성장을 지원하는 유형이다. 해외 사례를 참조할 때 성능보증보험과 탄소배출권 이행보증 등이 녹색분야의 활성화를 도모하기 위한 인프라로서 새롭게 모색되는 보험이 이러한 유형의 예라고 할 수 있다.

아래 그림은 기존 보험인지 여부, 녹색분야를 대상으로 하는지 여부 등을 기준으로 녹색보험의 유형을 구분하고 있다. 기존 보험을 녹색분야에 적용하는 방향을 따르는 녹색보험은, 계약구조면에서 다른 건설공사 사업에 제공하는 보험과 크게 다르지 않다. 그러나 녹색분야는 기존 갈색분야와 다른 위험특성을 가질 가능성이 높으며, 아직까지 보험회사가 녹색분야의 위험특성을 정확히 파악하고 있다고 보기는 어렵다. 따라서 보험 제공 대상인 녹색분야의 기술적 특성을 고려하여 계약구조를 조정하는 것이 일반적이다. 즉 녹색보험을 통해 관련 위험을 인수하는 보험회사가 해당 위험을 일정 수준으로 제한하고자 할 경우에는, 부보대상 제한, 보험가액 및 부보율 제한, 보험기간 제한 등의 수단을 활용하는 것이 가능하다. 이하에서 녹색보험을 규정하는 녹색분야에 대해 보다 자세히 살펴본다.

2. 녹색분야

녹색분야에 대한 보험이 녹색보험이라는 점에서, 녹색보험에 대한 논의의 출발점은 녹색분야에 대한 이해라고 할 수 있다. 특히 갈색분야와 차별화되는 녹색분야는 무엇일까? 이하에서 주요 녹색분야로 거론되는 에너지효율화 사업, 신재생에너지 개발 사업, 탄소배출저감 사업 등에 대해 개괄적으로 검토한다. 각 사업별로 그 기술적 특성이 차별적인 만큼 해당 사업에 활용되는 녹색보험의 내용도 달라질 수 있다는 점에 주목하여, 녹색보험에 대한 이해를 돕는 차원에서 각 녹색분야에 대해 개관한다.

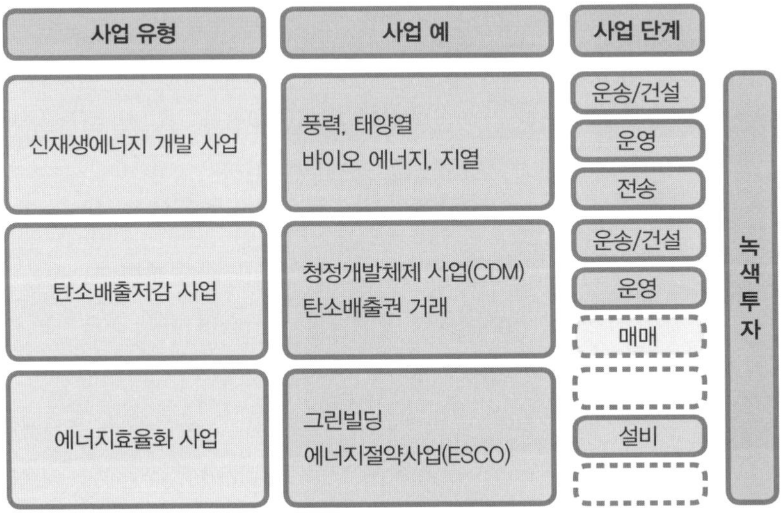

그림 2 **녹색사업 유형**

2.1. 에너지효율화 사업

에너지효율화 사업은 효율적 에너지 사용과 에너지 절감 달성을 목적으로 수행되는 녹색사업으로서, 에너지절약전문기업의 활동, 녹색건물 건축 등이 이에 해당한다.

❙ ESCO사업

우선 에너지절약전문기업(ESCO : Energy Service COmpany)은 에너지절약형 시설 설치사업을 영위하는 기업을 지칭한다. 주요 고객은 에너지절약을 위하여 기존의 에너지 사용시설을 개체 보완하고자 하는 에너지사용자이다. ESCO가 에너지사용자에게 기술, 전문적 서비스, 자금을 제공하는 대신 투자시설에서 발생하는 에너지절감액으로부터 수익을 거두는 사업모형이 일반적이다.

ESCO사업이 관련 경제주체들에게 제공하는 혜택은 다음과 같다. 무엇보다도 ESCO사업은 투자수익을 기대하여 투자위험을 부담하려는 벤처형 기업에게 사업기회를 제공한다. 한편 에너지사용자는 ESCO사업을 통해 대규모 초기 설비투자비용에 대한 부담을 경감할 수 있다. 에너지절약 시설투자에 따른 기술적 · 경제적 부담이 줄어들면 투자 위험관리도 보다 용이해진다. 계약 형태에 따라 에너지사용자가 에너지절약시설 설치에 따른 세제지원 혜택을 받을 수도 있다. 이러한 장점들 때문에 에너지

표 1 ESCO 사업 관련 제도

구 분	근 거 조 항
에너지이용합리화법	제25조 (에너지절약전문기업의 지원)
에너지이용합리화법 시행령	제27조 (에너지절약형 시설투자 등) 제30조 (에너지절약전문기업의 등록 등)
에너지이용합리화법 시행규칙	제24조 (에너지절약전문기업의 등록신청)

자료: 지식경제부 · 에너지관리공단(2009)

효율화 사업의 활성화 도모가 가능하다.

특정 에너지절약형 시설 설치사업이 ESCO사업으로 인정받으려면, 국가가 정한 일정한 조건의 기준을 충족해야 한다. 국내 ESCO사업은 1991년 에너지이용합리화법 개정 시 에너지절약전문기업 제도의 근거가 마련되었으며, 관련 규정에서 정한 일정 기준 이상의 자산, 기술인력, 장비를 갖추는 경우 ESCO로 등록할 수 있다.

녹색건축

다음으로 녹색건물은 건물 설계에서부터 해체될 때까지 환경에 대한 피해가 최소화되도록 계획된 건물을 의미한다. 특히 환경에 대한 피해 최소화를 위해 다음과 같은 세 가지 기준의 충족을 도모한다.

첫째, 에너지효율화 기준으로서, 녹색건물은 건물에너지 사용비중 감소를 위해 단열성능향상, 창호성능향상, 설비효율향상 등을 추구한다. 예를 들어, 단열, 자연 채광, 바닥 난방, 고효율 전자기기 사용 등을 통해 생활에 필요한 에너지 소비(난방, 조명 등)를 최소화하고자 한다.

둘째, 신재생에너지 적용 기준으로서, 녹색건물은 이산화탄소 배출 감소를 위해 화석연료를 대체할 수 있는 신재생에너지를 이용한다. 예를 들어, 자체적인 신재생에너지(태양광, 풍력 등) 생산 설비를 갖추고 생활에 필요한 에너지를 생산하는 한편, 자체적으로 생산된 양이 충분한 시기에는 이를 외부에 공급하는 반면 부족한 시기에는 외부로부터 에너지를 공급받기 위해 기존 전력망과의 연계하는 것을 시도한다.

셋째, 생태환경적 기준으로서, 녹색건물은 미시 기후의 효율적 조절을 위해 단지 내 녹화, 건물외피 녹화 등을 이용한다. 이처럼 다양한 기준을 충족할 때 녹색건물로 인정받을 수 있는 만큼, 국가별로 인증기준을 마련하여 녹색건물 활성화를 도모하고 있다. 대표적인 예로서 미국 친환경건축물 인증제도로서 건물의 친환경 · 에너지 효율 성능을 정량화한 LEED(Leadership in Energy and Environmental Design)를 참조할 수 있다. 국내에서도 국토해양부와 환경부에 의해 친환경건축물 관련 인증제도가 운영되고 있는데, 동 인증기준을 충족하는 건축물에 대해서는 세금감면과 건축기준 완화 혜택이 주어진다.

녹색건물시장은 미국에서만 적어도 연간 360억 달러에서 490억 달러의 증가세를 보이며, 2013년까지 1,400억 달러로 성장할 것으로 예상된다. 녹색건물이 증가함에 따라 관련 녹색보험에 대한 수요도 지속적으로 확대될 것으로 기대된다. 특히 녹색건물 관행이 보편화되어 녹색인증 관련 기준들이 기존 건축법규에 포함되면, 관련 보험시장이 비약적으로 성장할 수 있다.

2.2. 신재생에너지 사업

신재생에너지 사업은 아래에서 열거하는 다양한 신재생에너지 분야들 중 어느 하나를 통해 최종 산출물인 전략을 생산하는 것을 목표로 실행하는 사업이라고 할 수 있다.

"신재생에너지 개발 및 이용보급 촉진법"에 따르면, 친환경적이고 무한한 자연에너지의 특성을 이용하여 기존에너지(화석연료)를 대체하는 에너지가 신재생에너지이다. 우선 재생가능한 에너지(재생에너지)로서, 태양열, 태양광발전, 바이오매스, 풍력, 소수력, 지열, 해양에너지, 폐기물에너지 등의 8개 분야가 신재생에너지에 해당한다. 또한 화석에너지와 다른 새로운 에너지원(신에너지)로서, 연료전지, 석탄액화/가스화, 수소에너지 등의 3개 분야도 신재생에너지의 일종이다.

향후 신재생에너지 시장은 2006년 550억 달러에서 2016년 2,250억 달러이상 성장할 것으로 예상되는 만큼, 관련 보험상품에 대한 수요도 지속적으로 확대될 것으로 전망된다. 특히 신재생에너지 시장은 아직 초기로서 각국 정부의 지원정책에 따라 향후 시장규모가 크게 영향을 받는 만큼 정치적위험이 큰 상태이다.

2.3. 탄소배출저감사업

탄소배출저감 사업은 이산화탄소 배출을 축소하는 것을 목표로 실행하는 사업이라고 할 수 있다. 대표적인 예는 교토의정서에서 규정하는 청정개발체제(CDM) 사업이다. CDM사업의 원칙적인 형태는 부속서 I 국가에 해당하는 선진국이 개발도상국에서 온실가스 감축사업을 수행하여 달성한 실적을 선진국의 감축목표 달성에 활용하는 것이다.

하지만 개발도상국이 단독으로 온실가스 감축사업의 사업개발부터 크레딧 발행에 이르는 전 과정을 실행한 후, 의무부담국인 선진국에 크레딧을 판매하는 형태도 허용되고 있는데, 이를 일국 CDM(unilateral CDM) 사업이라 한다. 우리나라도 단독으로 청정개발체제 사업을 수행할 수 있으며, 청정개발체제 사업에는 6가지 종류의 지구온난화 가스를 감축하는 사업과 조림 및 재조림이 포함된다.

CDM사업 내용은 상당히 광범위하다. 첫째, 풍력, 소수력, 지열, 태양광 발전 등의 재생에너지 공급 분야를 포함할 뿐만 아니라, 생산된 에너지의 배분 분야, 정유공장에서의 에너지 효율 향상과 같은 에너지 수요 분야도 포함한다.

둘째, 제조 산업 관련 분야로서 시멘트 제조 시 화석 연료 대체, 화학산업 관련 분야로서 아디픽산 및 질산 공장의 N2O 저감, 건설 관련 분야, 수송 관련 분야로서 온실가스 저배출 차량 도입, 광업 관련 분야로서 석탄광 메탄가스를 이용한 발전, 금속 산업 관련 분야로서 망간 합금 제조 시 전기사용량 감소 등도 CDM사업의 일종이다.

셋째, 축산분뇨 바이오가스를 이용한 발전을 목표로 하는 연료 탈루성 누출, HFC22공장의 HFC23 분해를 목표로 하는 HFC PFC 및 SF6 배출, 유기용제 사용 등을 대상으로 하는 CDM사업도 가능하다.

넷째, CDM사업 내용은 매립지 가스를 이용한 발전을 위한 폐기물 처리, 강 유역에 숲 조성을 위한 조림 및 재조림, 바이오매스를 이용한 열병합 발전 등도 포괄한다.

3. 녹색사업 관련 위험

녹색사업은 다양한 이유로 인하여 각 단계가 계획대로 진행되지 못하여 사업자가 손실을 입거나 기대한 수익을 거두지 못 할 가능성(손실발생 가능성)을 수반한다. 이는 녹색사업을 수행 시 다양한 위험에 노출됨을 의미하는데, 관련 위험요인을 사업 실행 단계에 따라 크게 건설단계 위험, 운영단계 위험, 거래단계 위험으로 구분해 볼 수 있다.

3.1. 건설단계 위험

녹색사업은 대부분 통상적인 건설공사, 조립공사 등을 수반하므로 건설단계를 거치게 된다. 일부 녹색사업의 건설단계에는 장기간이 소요되는 만큼, 사업자와 투자자는 해당 단계에서 매우 다양한 위험요인에 노출된다. 따라서 관련 위험요인들을 효과적으로 관리할 수 있는 수단이 제공되어야 사업이 실행될 수 있다. 예를 들어, 신재생에너지 개발 사업의 경우 최종 생산물인 전력을 생산하여 판매하기에 앞서 발전소를 건설해야 하는데, 그 과정에서 많은 위험요인에 직면한다.

3.2. 운영단계 위험

ESCO 사업의 범위는, 에너지사용시설의 에너지절약을 위한 관리 · 용역, 에너지절약형 시설투자, 에너지절약형 시설 및 기자재의 연구개발 등을 포함한다. 또한 이들 사업에는 고효율 조명 개체, 노후 보일러 개체, 산업체 공정개선, 폐열에너지 회수설비 설치, 산업체 · 건물 열병합 발전, 냉난방 · 동력설비 설치 등이 수반된다.

한편 녹색건물에도 다양한 녹색기술이 적용되는데, 관련 기술들이 능동적 기술과 수동적 기술로 구분될 수 있다. 생활에 필요한 에너지를 직접 생산하는 능동형 기술의 예로서, 전기 생산 기술(태양전지, 풍력발전기)과 온수 공급 기술(태양열, 지열) 그리고 전기 판매를 생각해 볼 수 있다. 또한 이미 생산된 에너지를 최대한 효율적으로 사용하는 수동형 기술의 예로서, 열이 외부로 빠져나가는 것을 막아주는 기술(이중창문, 특수 소재 건축 마감재)과 인공조명이 필요하지 않도록 해주는 기술(거실 전면 유리창, 천장 채광창)을 활용할 수 있다. 이러한 녹색기술이 체화된 설비들이 녹색건물 사업에 널리 활용되고 있다. 예를 들어, 대기전력차단장치, 일괄소등스위치, 온도조절시스템, 신재생에너지 설비나 소형열병합발전시설, 녹색IT에 기반한 스마트미터, 에너지사용량 정보 확인시스템, LED 조명 등이 존재한다.

이와 같이 녹색사업에는 다양한 기술과 설비가 활용되는데, 이들을 운영하는 과정에서 기술의 성능이 예상하는 수준에 미치지 못하거나 설비의 고장으로 사업이 예정대로 진행되지 못 할 위험이 존재한다.

표 2 녹색건축물 요소 기술

구분	세부 요소 기술 : 효과
에너지 최소화	단열 성능 강화 : 기존 건물대비 단열성 3배 이상 우수 이중진공층 시멘트 블록 바닥 단열재 : 일반 단열재 대비 연손실 60%이상 감소
에너지절약 시설	LED 조명 : 기존 조명대비 90%까지 전력절감 효과 전력네트워크 : 네트워크를 통한 전력 사용량 모니터링 온도/조명 : 네트워크를 통한 실내온도 및 조명 제어
친환경	옥상녹화 : 옥상녹화로 냉난방 비용 절감 에너지 절약형 목구조 : 이중 단열구조의 친환경 목구조 난방시스템 : 열반사단열재 설치 연손실 차단
신재생 에너지	태양열 : 보일러 사용 에너지 비용 50%이상 절감 지열 : 냉난비 70%이상 절감 연료전지 : 발전효율 40%, 열효율 40% 효율 발생

자료: 국토해양부 외(2009)

3.3. 거래단계 위험

녹색사업의 사업자나 투자자는 최종 산출물을 생산하여 판매함으로써 수익을 창출한다. 신재생에너지 개발 사업의 경우 전력을 생산하여 판매하는 것이 예이고, 탄소배출 저감 사업의 경우 탄소배출권을 인증 받아 거래하는 것이 그 예에 해당한다. 이처럼 최종 생산물을 거래단계에서도 녹색사업 사업자와 투자자는 다양한 위험에 노출된다.

특히 탄소배출권은 새로운 유형의 자산인 만큼 사업단계가 상대적으로 생소하고 그의 거래와 관련된 위험요인이 상당히 클 수 있다. 예를 들어, 탄소 배출량 측정 오류 등 기술 관련 불확실성으로 인하여 예상하지 못한 배출권 가격 변동이 초래될 수 있다. 따라서 배출권 발행에 따른 위험요인을 효과적으로 관리할 수 있는 위험관리 방안이 요구된다. 이하에서 탄소배출저감 사업의 대표적인 예인 CDM 사업 사례를 통해 녹색사업 거래단계의 위험을 보다 자세히 살펴본다.

CDM 사업은 다음과 같은 여섯 단계를 거쳐 수행된다. 첫째, 사업개발/계획 단계에서는, 사업자에 의해 사업계획서(PDD: project design document)가 작성된다. 동 사업계획서에는 사업개요(PIN: project idea note), 베이스라인 및 모니터링 방법론 적용, 사업기간/CER 발행기간, 환경영향, 동 사업으로부터 영향을 받을 수 있는 지역,

표 3 CDM 사업 절차

단계	주체
기획	사업자
타당성 검토	사업자
사업개요 작성	사업자
사업 승인	DNA(Designated National Authority)
사업계획서 작성	사업자
타당성 검증	운영기구
사업 등록	집행위원회
배출량 감축 감시	사업자, 제 3의 기관
인증	운영기구
CER 발행	레지스트리 관리자

단체, 또는 개인의 의견 등이 포함된다.

둘째, 정부승인 단계에서는, COP/MOP가 지정한 운영기구(DOE: designated operational entity)들 중 하나에 의해 사업자의 사업계획서가 검토되고 해당 사업에 대한 타당성보고서가 작성된다.

셋째, 사업등록 단계에서는, 운영기구가 관련 서류(사업계획서, 국가의 사업승인서, 사업자간 지정동의서 등)를 첨부하여 집행위원회에 사업등록을 신청하면, 집행위원회는 해당 사업에 대한 재검토를 요청하거나 그 사업을 8주 이내에 등록한다.

넷째, 모니터링 단계에서는, 사업자나 제3의 기관이 사업계획서에 기재된 바에 따라 모니터링을 실시한다.

다섯째, 검증 및 인증 단계에서는, 운영기구가 모니터링 보고서의 검토 및 현장 조사 등을 통하여 사업자가 작성한 사업계획서 내용(모니터링 방법, 온실가스 감축량 결정방법)을 평가하고 그 결과를 검토한다.

마지막으로 크레딧(CERs: certified emissions reductions) 발행 단계에서는, 집행위원회로부터 크레딧 발급을 요청받은 레지스트리 관리자는 동 크레딧을 일단 집행위원회 미결계좌(pending account)로 발행한 후 일정 부분(행정비용, 개발도상국 지원기금 등)을 공제한 나머지를 사업자와 유치국가 계좌로 이전한다.

이와 같이 CDM 사업의 실행이 여러 단계에 걸쳐 수차례의 인증이 요구된다는 점은 다양한 위험요인이 수반되는 이유들 중 하나이다. 또한 CDM 사업의 거래단계 관련 위험요인을 파악함에 있어 추가로 고려될 특성은 국경간거래가 수반된다는 것이다. 따라서 CDM 사업에서는 국내 사업 수행 시 직면하는 위험요인뿐만 아니라 국경간거래에 수반되는 위험요인이 존재한다. 사업의 등록 및 인증, 배출권의 발행 및 인도 과정에서 다양한 형태의 정치적 위험요인(현지 정부의 정책변화, 자산억류, 면허취소, 전쟁, 테러 등으로 인한 손실발생가능성)이 대표적인 예이다.

3.4. 위험요인 식별 : CDM 사업 사례

CDM 사업 수행 시 수반되는 위험요인으로서 계약(contractual), 기술 및 성과(technology and performance), 물리적 손상(physical hazard), 규제 및 정치(regulatory and political), 시장 및 금융(market and financial) 등을 제시할 수 있다. 이러한 위험요인들 중 기술 및 성과 요인의 발생 빈도가 가장 높은 반면, 자금조달과 관련하여 가장 중요한 것은 계약 요인이다. 이하에서 각 요인별 위험을 간략히 소개한다.

첫째, 계약 관련 위험요인이 존재한다. CDM 사업에서는 장기매입계약(off-taker contract)과 관련된 위험이 다양한 형태로 존재한다. 장기매입계약이 확보되지 못하면 CDM 사업 자체가 인정받지 못하거나 자금조달이 무산될 수 있다. 또한 CDM 사업가 시작된 이후에 제품의 장기매입자가 계약을 이행하지 못하게 되면 프로젝트에서 생성될 것으로 기대되던 수익흐름이 불안정해질 수 있다. 더 나아가 자금조달이 확정되고 프로젝트가 실행되기 이전에 장기매입자가 계약을 철회할 수도 있다.

한편 장비공급자가 제공한 품질보증계약(warranty)이 무효화될 위험도 존재한다. 예를 들어, 프로젝트에 사용되는 장비의 공급자가 장비구입 시 약속하였던 품질보증계약을 사후적으로 이행하지 않음에 따라 손실이 발생할 수 있다.

둘째, 운영 · 기술 · 성과 관련 위험요인이 존재한다. 매우 광범위한 위험이 기술 · 성과 요소에 포함된다. CDM 사업에서는 설계, 소재, 부품에서의 결함으로 인하여 프로젝트 공장이나 설비에 물적 손실이 발생할 위험이 존재한다. 이러한 위험은 공장이 시범적으로 운행되는 시점에서 부각된다. 이 단계에서 결함을 수리하는 것은 그 이전 단계에 비해 많은 비용을 수반하여 프로젝트의 전체 공정을 지연시킬 수 있다. 또한 기술적 요인에 인적 오류가 결합됨에 따라 기대손실이 매우 커질 수 있다. 이밖에 비록 발생확률은 낮지만 극단적인 설계 결함, 공정지연, 시험운행 관련 통제실패에 따라 대형손실이 초래될 수 있다.

셋째, 물리적 손상 관련 위험요인이 존재한다. CDM 사업에서는 자연재해나 인적 오류로 인하여 제작 중인 설비에 대해 물리적손상이 발생할 위험이 존재한다. 예를 들어, 발생확률이 높지 않지만 지진, 풍수해, 태풍이 발생하면 공장이나 설비에 큰 피해를 입을 수 있다. 이러한 사건에 대한 위험노출 기간이 길다는 점에서, 해당 위험의 크기는 제작국면에 비해 운영국면에서 보다 확대된다. 그러나 경제적 영향력은 오히려 제작기간에 발생하는 사건이 보다 클 수 있다. 제작국면에서는 대부분의 자산이 완성도가 낮기 때문에 자연재해에 의해 보다 크게 손상될 수 있으며, 물리적 손상 발생 시 차입계획이 지연될 수 있어 재정적으로도 보다 취약하기 때문이다. 한편, 인적 행동(파업, 폭동, 전쟁 등)에 의해 손실이 발생할 위험도 존재한다. 해당 위험과 관련하여 CDM 사업가 진행되는 국가에서의 정치적 안정성이 가장 중요한 요소이다.

넷째, CER 인도 관련 위험요인이 존재한다. CDM 사업에서 생성될 CER이 제대로 인정받지 못하게 되어 이를 담보로 자금을 조달하지 못할 위험이 존재한다. 이 위험은 프로젝트 수행 이후 CER이 약정되었던 대로 인도될 수 있는지 여부가 불확실하다는 것에서 기인한다. 예를 들어, 프로젝트 수행자의 부도, 기준 성과에의 미달, 제도 변화, 정치적 불안정 등으로 인하여 CER의 인도가 취소될 수 있다. 이러한 위험은 CER의 시장성을 훼손하는 한편 CDM 사업의 가치를 떨어뜨린다.

4. 녹색사업 위험관리 수단으로서의 보험

지금까지 살펴 본 바와 같이, 녹색사업에 참여하는 사업자와 투자자는 사업을 수행하는 과정에서 다양한 위험에 노출된다. 따라서 해당 위험을 효과적으로 관리하려는 요구가 존재하며, 이에 대응하여 위험관리수단으로서 녹색보험이 활용되고 있다. 이하에서 해외 사례를 참조하여 각종 보험상품이 녹색사업에 어떻게 활용될 수 있는지를 살펴본다.

4.1. 보험 활용 가능성

해외의 사례를 보면, 사업자가 녹색사업을 발굴하고 조성하는 단계에서부터 위험관리수단으로서 보험상품을 구입하는 것이 일반적이다. 이는 녹색사업에 참여하고자 하는 투자자들이 위험관리수단을 요구하기 때문으로, 해외의 경우 녹색금융 조달 시 위험관리의 중요성에 대한 인식이 매우 높다.

녹색금융에서 위험관리자 역할이 요구되는 이유는 녹색사업에 많은 위험이 수반되기 때문이다. 특히 벤처금융으로서의 특성이 강한 녹색금융의 경우, 녹색기술 · 사업 · 기업에 자금을 제공하는 투자자는 큰 위험에 노출된다. 따라서 정보 비대칭성이 강하고 외부성이 큰 녹색사업일수록 투자자가 녹색사업 시작단계에서 위험관리수단을 요구하는 것은 합리적인 선택의 결과라고 할 수 있다.

녹색사업에 대한 위험관리수단의 대부분은 보험회사가 제공하는 보험상품 · 서비스이다. 즉 보험회사는 녹색금융에서 투자자로서의 역할과 더불어 위험관리자 역할을 수행한다. 사업자가 적정한 보험계약을 확보할 수 있는 역량이 투자자(대형 금융회사나 펀드)로부터 대규모 자금을 조달하기 위한 전제조건으로 간주되는데, 사업자가 보험을 확보하지 못하면 녹색사업이 진행되지 못할 정도이다. 아래 그림은 해외에서의 녹색사업 진행 시 전형적인 사업 구조를 보여주는 것으로, 국내에서 상대적으로 관심이 적은 위험관리의 역할이 강조됨을 알 수 있다.

해외 선진 보험회사들은 이미 수십 년 전부터 녹색분야(에너지효율화 사업, 신재생에너지 개발 사업, 탄소배출저감 사업)에서 위험관리를 위한 보험을 다양하게 제공

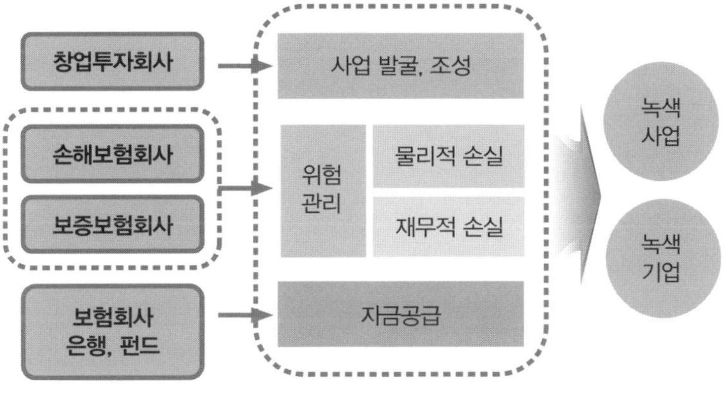

그림 3 **녹색사업 구조**

표 4 법령에 따른 손해보험 분류

상법	보험업법	동법 시행령	동법 시행규칙
화재보험	화재보험	책임보험	도난보험
운송보험	해상보험	기술보험	유리보험
해상보험	자동차보험	부동산권리보험	동물보험
책임보험	보증보험		원자력보험
자동차보험	재보험		비용보험
상해보험	상해보험		기타(금융위)
	질병보험		
	간병보험		

해 오고 있다. 이하에서 녹색사업 관련 녹색보험의 사례를 유형별로 살펴보려 하는데, 아래 표에 정리된 바와 같이 국내 현행 법령상의 손해보험 종류를 기준으로 녹색기술 · 사업 · 기술에 활용될 가능성을 살펴본다.

4.2. 화재보험

아래 그림에서 보듯이, 녹색사업(에너지효율화 사업, 신재생에너지 개발 사업, 탄소배출저감 사업)을 수행하는 예상하지 못한 화재로 인하여 재산상의 손실이 발생할 위험이 존재한다. 이러한 위험에 대비하여 손실을 보상하는 것이 화재보험이다.

화재보험은 위험담보의 종류에 따라 크게 주택화재보험, 공장화재보험, 일반화재보험 등으로 구분될 수 있다. 이들 각각이 녹색사업에 활용될 수 있는데, 그 예를 살펴보면 다음과 같다.

그림 4 녹색사업과 화재보험

첫째, 주택화재보험은 단독주택이나 연립건물 등 주택으로만 사용되는 건물을 대상으로 한다. 동 보험의 녹색주택사업에서 많이 활용된다. 예를 들어, 녹색건물보험은 기존 주택이 화재로 인하여 소실된 후 이를 재건축할 때 녹색자재(에너지효율화 설비, 자원재활용, 환경공해 저감기술 등)를 사용하도록 지원한다. 동 보험은 현재 국내외에서 매우 다양한 구조로 활용되고 있다. 주택 재건축 시 에너지 고효율 및 친환경 자재를 이용할 때 추가로 부담하는 비용을 제공하거나, 파손된 시설(난방, 환기, 공기정화 등)을 친환경 시설로 교체 시 비용 등을 보전해 준다. 또한 녹색인증을 받은 주택에 대해 보험료를 할인해주는 구조의 보험도 존재한다. 녹색주택화재보험의 대표적인 예는 AIG의 자회사인 Lexington이 제공하는 주거용 건물 대상 주택화재보험이다.

둘째, 공장화재보험은 공장건물 및 그 수용동산을 대상으로 한다. 동 보험은 ESCO사업이나 신재생에너지 개발 사업에서 많이 활용된다. 기존 공장이 화재로 손실을 입은 후 재건축하거나 파손된 시설을 교체할 때 녹색 기준을 충족하는 자재를 사용하면, 추가로 발생하는 비용을 보험이 보전해 준다.

셋째, 일반화재보험은 주택이나 공장을 제외한 일반건물 및 그 수용동산을 대상으로 한다. 동 보험은 탄소배출저감 사업, 신재생에너지 개발 사업 등에서 주택이나 공장 이외의 건물에 대한 화재 위험을 관리하고자 할 때 활용된다. 그 구조는 앞서와 유사하다. 예를 들어, 미국 Fireman's Fund는 비주거용 건물 대상 "GreenGard", 녹색 재건축 지원 위한 "Green Upgrade" 녹색건물 관리 지원 위한 서비스로서 "Sustainable Building Practices Assessment" 등을 제공하고 있다. 영국의 Suncorp는 녹색자재 사용을 지원하고 있다.

이처럼 녹색화재보험은 다양한 형태로 존재하는데, 글로벌 보험시장에서 녹색건물 관련 보험(보험계약, 이서, 보장범위 확대, 서비스 제공 등을 포함)은 20개 이상의 보험회사에 의해 약 40여개가 제공되고 있다. 녹색화재보험의 예는 2003년 도입된 Sompo Japan Insurance의 보험에서 시작하였다. 국내 보험회사들은 현재 화재 등으로 손상된 주택이나 업무용 건물을 복구할 때 녹색자재를 사용할 수 있게 비용을 지급하는 "환경친화 재물복구비용 특약"을 개발하고 있다. 이것은 녹색자재, 녹색설비, 녹색가전 등을 사용해 녹색건물로 인증 받을 수 있게 돕는다. 아래 표는 지금까지 검토한 화재보험의 유형별 활용 가능성을 정리한 것이다.

표 5 화재보험 활용 가능성

녹색사업 유형	단계	주택화재	공장화재	일반화재
에너지효율화	건설	○	○	
	운영		○	
	거래			
신재생에너지	건설		○	○
	운영		○	○
	거래			○
탄소저감	건설			○
	운영			○
	거래			

4.3. 해상보험

아래 그림에서 보듯이, 녹색사업(에너지효율화 사업, 신재생에너지 개발 사업, 탄소배출저감 사업)을 수행할 때 다양한 내용의 운송이 수반된다. 특히 건설단계에서는 각종 건축자재와 기계설비의 이동이 요구되는데, 그 과정에서 예상하지 못한 사고로 인하여 재산상의 손실이 발생할 위험이 존재한다. 이러한 위험에 대비하여 손실을 보상하는 것이 해상보험이다.

역사적으로 해상운송이 중심이던 시기에 해상사업과 관련된 제반 위험을 보상하

그림 5 **녹색사업과 해상보험**

였던 연유로 "해상보험"이라 불리지만, 현재는 다양한 형태의 운송을 모두 포괄한다. 실제 해상보험은 위험담보의 종류에 따라 크게 적하보험, 운송보험, 선박보험, 항공보험, 우주보험, 해양종합보험, 해양책임보험 등으로 구분될 수 있다. 이들 각각이 녹색사업에 활용될 수 있는데, 그 예를 살펴보면 다음과 같다.

해상보험의 첫 번째 유형은 예상하지 못한 사고로 화물에 대해 발생한 손실을 보상하는 것이다. 해상운송 중 발생하는 화물 손해에 대해 보상하는 적하보험과 육상 및 내륙운송 중 발생하는 화물 손해에 대해 보상하는 운송보험이 이에 해당한다. 녹색사업 수행에 요구되는 건설 자재, 기계설비 등이 운송 중 손실이 발생할 위험에 대비한 적하보험과 운송보험이 활용되고 있다.

해상보험의 두 번째 유형은 예상하지 못한 사고로 운송수단 자체에 대해 발생한 손실을 보상하는 것이다. 선박 관련 손해에 대한 선박보험, 항공기 관련 손해에 대한 항공보험, 인공위성 발사 및 임무수행 관련 손해에 대한 우주보험 등이 예이다.

해상보험의 두 번째 유형은 책임보험의 일종이다. 항공기사고 관련 손해배상책임은 항공보험에 의해, 인공위성 사고 관련 손해배상책임은 우주보험에 의해 관리될 수 있다. 그 외에 해양오염배상 등 해상에서의 배상책임에 관한 해양책임보험이 별도로 존재한다.

표 6 해상보험 활용 가능성

녹색사업 유형	단계	적하	운송	해양종합	해양책임
에너지효율화	건설				
	운영				
	거래				
신재생에너지	건설	○	○	○	○
	운영				○
	거래				
탄소저감	건설	○	○	○	○
	운영				○
	거래				

해상보험의 네 번째 유형은 종합보험의 일종이다. 해양건설 등 해상활동 중 손해를 보상하는 해양종합보험이 활용된다.

4.4. 기술보험

녹색사업(에너지효율화 사업, 신재생에너지 개발 사업, 탄소배출저감 사업)을 수행할 때 다양한 형태의 목적물이 사용된다. 이때 일정한 목적물(기계설비 및 장치, 전자기기, 조립공사, 건설공사 등)과 관련된 사고로 인하여 생긴 손해를 보상하는 것이 기술보험이다. 아래 그림은 신재생에너지 개발 사업에서 수반되는 건설 과정의 예를 보여준다.

기술보험의 유형은 건설공사보험, 조립보험, 기계보험, 전자기기보험 등으로 구분될 수 있는데, 모든 유형이 녹색사업에 활용되고 있다.

기술보험의 첫 번째 유형은 건설공사 중 공사목적물에 생긴 손해와 손해배상책임에 관련된 건설공사보험이다. 앞서 살펴보았듯이 녹색건물사업의 경우, 녹색자재(에너지효율화 설비, 자원재활용, 환경공해 저감기술 등)를 사용하는 기존건물이나 신축건물의 공사를 전제로 하므로 건설공사보험이 널리 활용된다. 예를 들어, 미국 Fireman's Fund는 녹색인증 지원 위한 건설공사보험을 제공하고 있다.

기술보험의 두 번째 유형은 조립공사 중 조립목적물에 생긴 손해와 손해배상책임에 관련된 조립보험이다. ESCO사업의 경우, 기존 건물의 시설(난방, 환기, 공기정화 등)을 친환경 시설로 교체하는 과정이 수반되므로 관련 시설물에 대한 조립보험이 널

그림 6 **녹색사업과 기술보험 : 건설공사보험**

리 활용된다. 해외의 예를 살펴보면 다음과 같다. AIG의 자회사인 Lexington은 신재생에너지 발전시설 설치를 지원하는 "Eco-Homeowner" 등을 도입하고 있다. 독일의 Allianz, 영국의 Suncorp 등도 신재생에너지 발전설비와 녹색가전의 도입을 지원하는 보험을 제공하고 있다. 이 밖에 FM Global, Travelers, Liberty Mutual 등은 옥상녹화(green-roofing) 시스템 도입을 지원하는 보험을 제공하고 있다. 더 나아가 ACE는 실내공기환경 개선을 지원하는 보험을 제공하고 있다.

기술보험의 세 번째 유형은 기계에 대한 손해와 관련된 기계보험이다. 녹색사업은 다양한 종류의 기계를 사용하므로 그와 관련된 보험이 활용된다. 예를 들어, 건물 내 특정 설비의 녹색화(green-upgrade)를 지원하는 보험으로서, HSB의 기계보험, Mutual Boiler Re의 기계보험, Travelers의 기계보험, Lloyd's TSB의 신재생에너지 관련 기계보험 등이 존재한다. 국내에서는 NH보험이 신재생에너지 발전소를 대상으로 사고 시 손해를 보장해주는 "기계종합보험"을 도입하였다. NH보험은 태양광발전소, 변압소, 전력배전소, 노천광산과 선광장비, 금속가공 공장, 철강생산 공장 등을 대상으로 보험가입을 추진하고 있다. 그리고 현대해상화재보험은 최근 한국태양광발전업협동조합과 "태양광발전소 단체보험 계약 및 운영에 대한 업무협정"을 체결하고 태양광발전 사업자에게 단체보험을 제공하고 있다.

표 7 기술보험 활용 가능성

녹색사업 유형	단계	건설공사	조립	기계	전자기기
에너지효율화	건설	○	○		
	운영			○	○
	거래				
신재생에너지	건설	○	○		
	운영			○	○
	거래				
탄소저감	건설	○	○		
	운영			○	○
	거래				

기술보험의 네 번째 유형은 전자기기에 대한 손해와 자료복구비용에 관련된 전자기기보험이다.

4.5. 보증보험

보증보험은 계약(매매 · 고용 · 도급 등)에 의한 채무나 법령에 의한 의무의 이행에 관하여 발생할 채권자 · 권리자의 손해를 보상한다. 앞서 살펴본 바와 같이 녹색사업은 여러 단계를 거쳐 다양한 계약관계에 의존하여 진행되는데, 그 과정에서 계약에 의한 채무와 관련하여 채권자의 손해가 발생할 수 있는 위험에 항시적으로 노출된다. 이러한 위험을 관리하기 위한 수단으로서 보증보험이 널리 활용되고 있다.

보증보험의 유형은 크게, 피용인이 불성실 행위를 함으로써 고용주가 입은 손해와 관련된 신원보증보험, 법령상의 채무불이행으로 채권자가 입게 되는 손해, 계약상의 채무불이행으로 채권자가 입게 되는 손해와 관련된 채무이행보증보험, 계약상의 채무불이행으로 채권자 자신이 입게 되는 손해와 관련된 신용보험 등으로 구분될 수 있다. 해외 사례를 볼 때 현재 녹색사업에 활용되는 형태는 주로 채무이행보증보험, 신용보험 등이다.

표 8 보증보험 활용 가능성

녹색사업 유형	단계	이행	성능*	신용	금융
에너지효율화	건설	○	○	○	○
	운영	○	○	○	○
	거래				
신재생에너지	건설	○	○	○	○
	운영	○	○	○	○
	거래		○		
탄소저감	건설	○	○	○	○
	운영	○	○	○	○
	거래	○	○	○	○

주: *는 국내 현행 법령상의 손해보험 분류에 속해 있지 않은 보험

우선 채무이행보증보험은 차입자의 신용을 보강해 주고 투자자에게 안전망을 제공한다는 순기능을 보유하고 있어 자금조달 과정에서 널리 활용된다. 계약 초기에 발생하는 지출이 최소화될 수 있다는 점에서 채무이행보증보험을 활용하면 보다 저렴하고 효율적으로 필요 자금을 조달할 수 있다. 또한 재무적으로 건전한 보험회사가 채무이행보증보험을 제공하는 경우 채무자의 신용이 보강되어 자금조달이 용이해진다. 특히 보험회사가 채무이행보증보험을 제공하는 부문에 대해 전문성을 보유하고 있는 경우 자금조달비용이 보다 저렴해질 수 있다. 더 나아가 녹색사업 · 기업에 자금을 제공하는 투자자가 스스로 전문성을 축적하기에 많은 비용이 소요된다는 점에서, 채무이행보증보험에 기초한 위험선별과 위험완화가 선호될 수 있다. 녹색사업에 활용되는 채무이행보증보험의 대표적인 예는 에너지절약보험이다.

다음으로 정치적 위험과 거래상대방 위험에 집중하는 신용보험이 존재한다. 청정개발체제 사업 관련 신용보험의 대표적인 예로는 Zurich Re가 제공하고 있는 “CER/VER Delivery Securitization”을 들 수 있다. Chartis는 Natsource[2)]를 통해 탄소배출권을 구매하는 기업에게 신용장을 제공하고 있다. 또한 AIG의 Financial Products Corp.는 World Bank가 제공하는 “Umbrella Carbon Facility”에 신용보강 제공자로서 참여한 바 있다.

4.6. 성능보증보험

해외의 사례를 참조할 때, 대표적인 녹색보험 중 하나가 성능보증보험(PGI : performance guaranty insurance)이다. 개념적으로 성능보증보험은 기술보험과 보증보험이 결합한 복합금융상품이라고 볼 수 있는데, 그 활용도가 높다는 점에서 별도로 구분하여 살펴본다.

녹색사업과 관련하여 활용되는 성능보증의 대부분은 녹색사업으로부터의 산출량이나 수익이 약정수준보다 낮게 실현되면 보험회사가 일정 손실을 보전해주는 형태

2) 배출권 시장이 커지면서 기업의 배출권 전략 수립과 거래 중개 등에 관한 컨설팅 사업도 급속히 확대되고 있다. 세계적으로는 포인트카본(PointCarbon), 에코시큐리티즈(Ecosecurities), 낫소스(Natsource) 등이 유명하다.

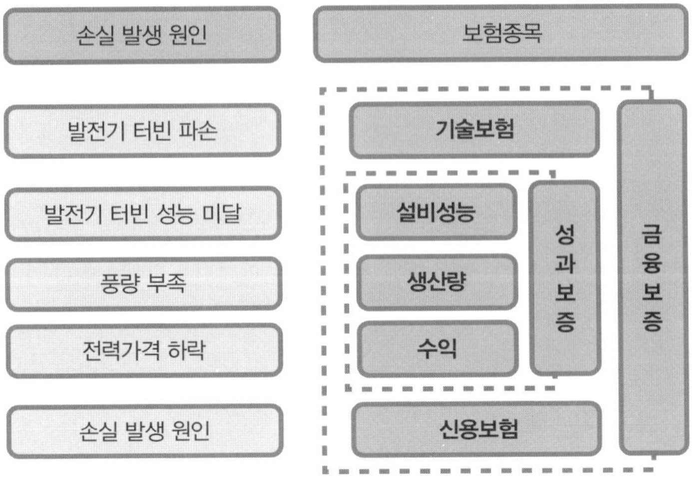

그림 7 **성능보증 유형(풍력발전 사례)**

이다. 예를 들어, 녹색사업으로부터 예상되는 성과수준 100%에 대비하여 약정수준을 80%로 설정하고, 처음 20% 손실에 대해서는 투자자가 부담하고 80% 이하의 추가 손실에 대해 보험회사가 부담하는 구조이다.

성능보증은 성과를 정의하는 기준(설비의 기술적 성능, 생산물 량, 수익 규모 등)에 따라 다양한 형태로 활용되고 있으며, 성능보증이 대표적인 예이다. 풍력발전의 예를 보면, 발전기 터빈의 성능 미달에 대응하기 위한 설비생산성 기준 성능보증, 풍량이 예상보다 적어지는 상황에 대응하기 위한 전력생산량 기준 성능보증, 전력가격 하락에 대응하기 위한 수익 기준 성능보증 등이 존재한다. 또한 사고로 인한 발전기 터빈 파손에 대응하기 위한 기술보험, 전력구매자의 계약불이행에 대응하기 위한 신용보증도 활용되고 있으며, 각종 위험에 포괄적으로 대응할 수 있는 성능보증도 존재한다. 다음 그림은 풍력발전 사례에서 활용될 수 있는 다양한 형태의 성능보증보험을 보여준다.

ESCO사업 관련 성능보증보험

일반적인 ESCO 계약조건의 예는 다음과 같다. 대부분의 에너지절약사업에서 ESCO는 절약시설의 설치로부터 기대할 수 있는 에너지절감액 최소수준에 대한 약정(guaranteed savings contract)을 에너지사용자에게 제공한다. 만약 사업 완료 후 실현

성과가 약정 성과에 미달하는 경우, ESCO는 그 차액을 에너지사용자에게 보전해 줌으로써 사업성과를 보증한다. 만약 ESCO가 보험계약자가 되는 상황을 가정하면, 다음과 같은 에너지절약보험의 설계가 가능하다. 약정 수준을 100%로 설정하고, 일정 기간 동안 실현된 에너지절약 성과가 그에 미치지 못하는 경우, 최초 10%에 대해서는 보험계약자 스스로가 부담하고 이를 초과하여 미달하는 부분에 대해 그 차이를 보험회사가 보전해 주는 것이 가능하다.

ESCO 사업 관련 보험의 대표적인 예는 성능보증이다. 미국에서 이에 해당하는 에너지절약보험을 제공하는 보험회사 수는 12개 정도이며, 동 보험시장의 잠재적 규모는 10억 달러 정도이다. 일부 국가는 ESCO 사업에 사용되는 에너지효율 측정 설비에 대한 성능보증(performance bond)과 지급보증(payment bond)을 의무화하고 있다. 향후 ESCO 사업이 지속적으로 확대되리라는 예상에 따라, 글로벌 보험회사들은 새로운 상품과 사업모형의 도입을 지속적으로 시도하고 있다.

신재생에너지 사업 관련 성능보증보험

성능보증은 신재생에너지 발전으로부터의 산출량이나 수익이 약정수준보다 낮게 실현되면 보험회사가 일정 손실을 보전해주는 형태를 가지고 있다. 성능보증은 보증 대상에 따라 다양하게 존재하는데, 계약조건에 따라 특정 설비의 성능으로부터 전체 산출량 혹은 최종적인 수익까지도 보증대상이 될 수 있다.

그림 8 **녹색사업과 기술보험 : 성능보증보험**

신재생에너지 개발 사업에서 활용되는 성능보증은 성과를 정의하는 기준(설비의 기술적 성능, 생산물 량, 수익 규모 등)에 따라 다양한 형태가 존재한다. 우선 수익 규모 기준 성능보증의 예로서 Munich Re는 풍력발전과 태양광발전 관련 성능보증, Sompo Japan Insurance가 제공하는 풍력발전과 태양광발전 관련 "Renewable production insurance derivatives", Tokio Marine & Nichido와 Willis Holdings가 제공하는 풍력발전 관련 성능보증, 등을 들 수 있다. 산출물량과 관련된 예로서는 AXA가 제공하는 풍력발전과 태양광발전 관련 성능보증이 존재한다. 또한 설비의 기술적 성능과 관련된 예로서는 AXA가 제공하는 지열에너지 드릴 생산성 관련 성능보증이 존재한다. 또한 AIG는 전통적 에너지 사업에 제공하던 "Systems Performance Insurance"를 신재생에너지 사업에 확대하여 적용하고 있다.

4.7. 배상책임보험

배상책임보험은 피보험자가 사고로 인하여 제3자에게 배상책임을 지게 됨으로써 생긴 손해를 보상한다. 아래 그림에서 보는 바와 같이, 녹색사업 관련 설비를 운송하는 과정이나, 설비를 운영하는 과정에서 사업자가 제3자에게 배상책임을 지게 되는 상황이 발생할 수 있는데, 이때 배상책임보험이 효과적인 위험관리수단이 된다.

배상책임보험은 근로자재해보장보험, 일반배상책임보험, 생산물배상책임보험, 전문직업인배상책임보험 등으로 구분될 수 있는데, 각각이 그 목적에 따라 녹색사업에 활용된다.

배상책임보험의 첫 번째 유형은 근로기준법상 재해보상책임, 법률상 보상책임을 초

그림 9 녹색사업과 배상책임보험

과하여 사용자가 부담하게 되는 민법상 사용자배상책임 등과 관련된 근로자재해보장보험이다. 여타 사업과 마찬가지로 녹색사업도 근로자의 고용을 수반하고, 사업 수행 과정에서 사업자인 사용자가 근로자에 대해 일정한 배상책임을 부담한다. 이러한 점에서 보면 근로자재해보장보험은 녹색사업에 반드시 필요한 녹색보험이라 할 수 있다.

배상책임보험의 두 번째 유형은 시설 및 업무수행에 기인하여 타인의 신체나 재물에 손해를 입힘으로써 발생하는 손해배상책임, 가스의 제조 · 판매 · 대여 · 부수사업 또는 가스의 사용에 의해 발생하는 사고로 인한 배상책임, "체육시설의 설치 및 이용에 관한 법률"에 의거 체육시설 내 발생하는 사고에 의한 배상책임 등과 관련된 일반배상책임보험이다. 위 그림의 사례에서 보았듯이, 녹색사업 관련 시설 및 업무수행으로 인하여 타인의 신체나 재물에 손해를 입히고 그에 따른 손해배상책임을 부담하게 될 위험은 항상 존재한다. 일반배상책임보험은 그러한 위험에 대응한 효과적 위험관리수단이 될 수 있다.

배상책임보험의 세 번째 유형은 피보험자가 제조 · 판매 · 취급한 재물이나 작업결과에 기인한 배상책임, 생산물의 결함에 의한 사고로 배상책임이 발생되었거나 발생 우려가 있는 경우 생산물 회수비용, 생산물자체의 하자나 결함과 관련된 생산물배상책임보험이다. 앞서 살펴본 바와 같이, ESCO 사업, 신재생에너지 개발 사업, 탄소배출

표 9 책임보험 활용 가능성

녹색사업 유형	단계	근재	영업	전문직업인
에너지효율화	건설	○		○
	운영	○	○	○
	거래			
신재생에너지	건설	○		○
	운영	○	○	○
	거래		○	
탄소저감	건설	○		○
	운영	○	○	○
	거래			

저감 사업 등에 다양한 설비나 부품이 사용되는 한편, 녹색사업자가 생산하는 생산물을 소비자에게 제공하는데, 그 과정에서 생산물배상책임보험이 널리 활용되고 있다.

배상책임보험의 네 번째 유형은 전문직업인이 사람의 신체에 관한 전문직업상의 행위로 부담하게 되는 손해배상책임, 전문직업인이 전문직업상의 행위로 부담하게 되는 손해배상책임 등과 관련된 전문직업인배상책임보험이다. ESCO 사업, 탄소배출저감 사업 등과 관련하여 각종 인증제도가 연관되어 있다는 점을 앞서 살펴보았다. 이들 녹색사업에 관련된 인증제도는 해당 분야의 전문직업인에 의해 운영되는 만큼, 전문직업 상의 행위로 손해배상책임이 발생할 위험이 항상 존재하고 그와 같은 위험을 관리하기 위해 전문직업인배상책임보험이 활용되고 있다.

배상책임보험이 녹색사업에 활용되는 해외 사례를 보면 다음과 같다. Zurich는 녹색자재로의 교체와 신재생에너지 발전설비 도입을 지원하는 보험과 함께, 녹색인증 관련 배상책임을 보장하는 "Zurich Professional Liability Policy extension"을 제공하고 있다. 그리고 AIG는 녹색건물 사업과 관련된 평판위험(reputation risk)에 대한 보험을 제공하고 있다.

4.8. 상해보험

상해보험은 우연하고도 급격한 외래의 사고로 사람의 신체에 입은 상해에 대하여 치료에 소요되는 비용 및 상해의 결과에 기인한 사망 등의 위험을 보장한다.

상해보험 유형으로서 국내외 여행 중 상해를 입은 경우의 손해와 관련된 여행보험도, 보다 보편적인 유형은 급격하고 우연한 사고로 피보험자의 신체에 상해를 입은 경우의 손해와 관련된 일반상해보험이다. 현재 녹색사업에 활용되는 것은 일반상해보험이라 볼 수 있다.

녹색사업에 활용되는 상해보험은 주로 단체보험의 형태로 활용된다. 소규모 사업자들의 보험료부담을 경감할 수 있거나 보험료 부담이 장기적으로 안정되게 유지될 수 있는 형태로 진화하고 있다. 향후에도 녹색사업에 활용되는 상해보험은 시장수요에 공급이 미치지 못하는 위험담보 격차(coverage gap)를 해소하거나 표준적인 보험을 녹색사업의 특성에 맞추어 개선하는 방향으로 진화해 갈 보인다.

4.9. 종합보험

지금까지 다양한 형태의 녹색보험의 개념, 관련 위험, 활용 사례 등을 살펴보았다. 이 밖에도 일반손해보험의 일종이지만 그 특성을 일반화하기 어려운 다양한 신종보험들이 존재한다. 기타특종보험으로 분류되는 부동산권리보험, 도난보험, 유리보험, 동물보험, 원자력보험, 비용보험 등이 그 예인데, 이들도 사업자나 투자자의 필요에 따라 녹색사업에 활용된다.

최근 해외 녹색보험의 발전 방향을 보면, 보험계약자의 가입의 편의를 위해 단종상품을 결합하여 하나로 구성된 종합보험이 널리 활용되고 있다. 재산종합보험(package insurance policy)이 대표적인 예이다. 재산종합보험은 개인의 재물손해, 신체손해, 손해배상책임 등과 관련된 가계성 상품과 기업의 재물손해, 구성원의 신체손해, 손해배상책임 등과 관련된 기업성 상품으로 구분되는데, 녹색사업에 활용되는 유형은 주로 기업성 종합보험이다. 보장대상은 녹색사업을 위해 설치되어 운영 중인 기계설비, 생산설비, 구조물, 건물 등을 포괄하고, 사고 유형도 화재사고, 재물사고, 전기 · 기계적 사고 등을 모두 포함할 수 있다.

이처럼 재산종합보험은 녹색사업 과정에서 발생할 수 있는 거의 모든 사고에 대응하여 발생한 손해를 복구 · 대체하는 비용을 포괄적으로 보상한다. 예를 들어, 화재보험(화재와 낙뢰 피해로 인한 손실 보상), 해상보험(운송 중 손실), 재물보험(태풍 홍수 지진 우박 등의 자연재해와 도난 파손 폭발피해, 전기, 기계적 사고로 인한 손실 보상), 조립보험(조립공사 현장에서 물건의 재료, 자재 등의 하역이 끝난 직후부터 조립품을 완성하고 시운전을 마칠 때까지 일련의 공사과정에서 우연한 사고로 입은 손실 보상), 기업휴지보험(조업개시 지연이나 사업 중단으로 인한 손실 보상), 배상책임보험(제3자에 대한 배상책임에 따른 손실 보상), 이행보증(거래상대방의 계약불이행에 따른 손실 보상) 등을 하나의 패키지로 결합한 것으로 볼 수 있다.

종합보험의 주요 활용 사례는 신재생에너지 개발 사업에서 찾아볼 수 있다. Munich Re가 제공하는 지열발전 관련 탐사위험(exploration-risk) 대상 보험, Navigators Group가 제공하는 종합보험, Swiss Re가 제공하는 풍력발전을 지원하는 “Carbon-offset delivery insurance program”, World Bank가 지구환경기금(GEF)

을 활용하여 지열에너지 발전소를 지원하는 "Geothermal Risk Insurance" 등이 그러한 예이다. 또한 Aon은 바이오에너지 발전 관련 위험관리 서비스를, AIG의 자회사인 Lexington은 파손된 재물의 복구와 더불어 자가발전시설 설치, 생태조경, 탄소배출권 구입 등을 지원하는 재산종합보험으로서 "Green Rebuilding Cost"를 제공하고 있다.

한편, 탄소배출저감 사업과 관련하여서도 재산종합보험이 널리 활용되고 있다. Munich Re는 재산종합보험인 "Kyoto Multi Risk Cover"를 제공하고 있는데, 동 상품은 사업 자체적인 위험의 담보에 집중하면서 정책 변화, 기후협약의 변화, 온실가스 배출 관련 배상책임 등에 대한 담보는 제한하고 있다. 또한 Swiss Re는 재산종합보험에 신용보험까지 결합한 보다 포괄적인 종합보험으로서 "Kyoto-CDM risk insurance"를 제공하고 있다. 동 보험은 승인 거부, 인증 실패, 기후변화협약 변화 등으로 인해 초래되는 손해의 보전까지 포괄하는데, 보험금 대신 다른 배출권을 제공하는 것도 가능하다. 이와 유사하게 Carbon Re도 사업 관련 위험뿐만 아니라 정치적 위험까지 보장하는 보험을 제공하고 있다.

5. 녹색보험의 진화 방향

지금까지 살펴본 바와 같이, 다양한 보험들이 하나의 패키지로 묶여 종합보험 형태로 제공되는 것이 최근 해외 추세들 중 하나이다. 예를 들어, 녹색사업 수행 시 널리 활용되고 있는 성능보증보험은 기술보험, 보증보험, 책임보험 등을 모두 포괄할 수 있는 종합보험으로 간주될 수 있다.

또한 녹색보험이 녹색사업에 대한 자금조달 과정에서 위험관리수단으로 사용됨에 따라, 전통적인 보험 서비스와 금융투자 서비스의 융 · 복합이 적극적으로 시도되고 있다. 예를 들어, 기술보험이나 설비 생산성 기준 성능보증은 기술적 요인과 관련성이 깊다는 점에서 전통적인 손해보험의 특성을 공유하는 한편, 수익 기준 성능보증이나 신용보험은 오히려 금융투자 특성과 거래상대방요인에 상대적으로 크다고 할 수 있다.

이와 같은 추세 속에서 현재 글로벌 보험시장에서 다양한 목적으로 활용되고 있는 사례를 참조하면, 녹색분야에 대한 새로운 보험의 대표적인 예는 자연재해보험, 환경오염배상책임보험, 탄소배출권 인도보증 등이라고 할 수 있다. 이하에서 이들에 대해 보다 자세히 소개한다.

5.1. 자연재해보험

폭풍, 홍수, 해일, 지진, 산사태 등 자연 현상으로 인해 생기는 인명피해, 재산손실 및 시설물의 피해가 발생하여 사람의 활동에 영향을 받는 것을 자연재해 또는 천재지변이라 한다. 아래 그림에서 확인할 수 있듯이, 녹색사업도 자연재해로 인하여 발생하는 손실 위험에서 자유로울 수 없다.

위와 같은 자연재해위험을 관리하려는 목적으로 도입된 것이 자연재해보험이다. 대부분의 국가에서 자연재해보험은 정부가 주관하는 정책성보험으로 운영되고 있다. 이는 태풍, 회오리, 바람, 폭풍, 폭풍우, 홍수, 해일, 범람 및 이와 비슷한 풍재 또는 수해와 같은 자연재해로 시설물 등에 생긴 손해를 보상하는데, 거대손실 가능성으로 인해 민영 보험회사가 적극적인 보험인수를 기피하기 때문이다. 정책성보험은 보험제도를 도입하여 정부가 무상으로 지원하고 있는 재난지원금의 정부재정부담을 완화하는 한편, 피해자에게 복구에 필요한 적정 수준의 실손보상을 제공하는 것을 목표로 한다.

자연재해 정책성보험은 농작물재해보험, 양식수산물재해보험, 가축재해보험, 풍수해보험의 4종류가 있다. 아래 그림에서 보는 바와 같이, 녹색사업과 상대적으로 관련이 깊은 것은 풍수해보험이다. 풍수해보험은 태풍, 홍수 등으로 인한 시설물의 복구를 지원한다. 풍수해보험법에 의해서 소방방재청이 보험사업자이며 운영은 민영 보험회사가 위탁받아 운영하고 있다.

그림 10 **자연재해와 보험**

그림 11 **녹색사업과 풍수해보험**

5.2. 환경오염배상책임보험

갈색사업 수행이나 갈색기업 운영 과정에서 주위 환경을 오염시키고 배상책임을 유발할 가능성이 높다. 아래 그림은 공장 굴뚝에서 나오는 매연으로 인한 대기오염, 기름 유출로 인한 수질오염의 피해 사례를 보여준다.

그와 같은 환경오염배상책임에 대응하기 위한 수단으로서 보험의 활용을 고려해 볼 수 있는데, 환경오염배상책임보험이 대표적인 예이다. 환경오염배상책임보험은 점진적으로 발생하는 환경오염사고를 보장하는 정책성 보험의 일종이다. 정책성 보험의 형태를 갖는 이유는, 환경오염이 불특정 다수에게 영향을 미치고, 장기간에 걸쳐 나타나고, 원거리까지 영향을 미치기 때문에 손해 규모를 측정하기 어렵고, 피해보상 측면에서 원인파악과 피해원인을 입증하기 곤란하다는 특성을 가지고 있기 때문이다. 즉,

그림 12 **환경오염 배상책임과 보험**

기업의 환경오염사고에 대한 '고의 또는 과실', '위법행위'를 입증하는데 한계가 있고, 이것을 입증하는데 많은 비용과 시간이 소요된다. 이에 환경분쟁조정제도를 통해 환영오염피해에 대한 조정을 하고 있으나, 조정결과의 구속력 결여 및 원인자의 배상책임 이행보장의 한계로 분쟁조정결과 불만족이 50%를 넘어 환경소송이 증가추세에 있다.

바로 이점이 해외에서 환경오염배상책임보험이 녹색보험으로서 널리 활용되는 배경이다. 해외에서는 EIL(Environment Impairment Liability)로서 돌발적이지 않은 사고까지 보장한다. 반면, 국내에서는 CGL(Commercial General Liability)로서 일반보험사고(급격하고 우연한 외부적 사고)에 국한하여 보장을 제공하고 있다. 즉 해외와 달리 국내에서는 영업배상책임보험의 보통약관에 오염담보확장특약을 부가하는 형태로 제한적으로 운영되고 있는 것이다.

정책성 보험인 환경오염배상책임보험의 활성화는 환경정책과 밀접한 관련을 갖는다. 미국, EU 등의 선진국은 환경배상책임을 성책화하여 관련법을 운영하고 있다. 미국은 1976년부터 자원보존복구법, 슈퍼펀드법(종합환경대응보상책임법)을 제정하여 오염발생원인자로 하여금 보험, 이행보증, 자가보험, 공탁을 의무화하였다. EU의 경우 환경배상책임지침(EC Environmental Liability Directive, 2004)을 채택하고 환경책임보험을 도입하였으며, 체코와 스웨덴은 이를 의무보험으로 제정하였다.

향후 국내에서 환경오염배상책임보험의 보장 범위가 확대되기 위해서는 환경오염배상 관련 기초통계 축적, 인프라 구축, 제도 개선이 요구된다. 예를 들어, 바이오에너지 기업이나 바이오에너지 생산 농가는 재정적 부담을 이유로 환경오염배상책임 제도 도입에 소극적일 수밖에 없는 만큼, 환경오염배상책임보험을 의무보험으로 규정하는 방안을 검토해 볼 필요가 있다.

5.3. 배출권 인도보증

탄소배출저감 사업에서는 그 산출물이 탄소배출권이라는 새로운 자산의 형태를 갖는다. 그런데 배출권의 발행 및 유통이 시작된 역사가 길지 않기 때문에 배출권 인도와 관련된 제도가 복잡하고 시장인프라가 충분히 성숙해 있지 못하다. 이로 인하여 투자자는 탄소저감 성과 미달, 인증 및 발행 실패, 거래상대방 계약불이행 등 다양한 위험요인에 직면하게 된다.

탄소배출저감 사업 후 직면하는 위험은 탄소배출권의 발행 과정과 유통 과정으로 구분하여 분석할 수 있다. 배출권 발행시장 참여(CDM 사업을 수행) 시 수반되는 위험요인의 대표적 예로서 아직까지 시장이 초기 단계로서 시장참여자의 수가 많지 않다는 점, 배출권의 공급이 안정적이지 못하다는 점, 각종 규제 위험에 노출되어 있다는 점, CDM 사업 유치국가의 정책 변화에 따라 손실이 발생할 수 있다는 점 등이 존재한다.

한편 배출권 유통시장 참여 시 수반되는 위험요인의 예로서는, CDM 사업으로부터 생산된 배출권 양이 예상보다 작아 배출권 공급이 축소될 수 있다는 점, 교토의정서를 비롯한 관련 규제의 변화에 의해 배출권 수요가 크게 영향을 받는다는 점, 탄소배출권 가격의 변동성이 매우 높다는 점 등을 생각해 볼 수 있다.

탄소배출권 발행 및 유통에 수반되는 위험을 관리할 수 있는 수단으로서 탄소배출권 인도보증이 존재한다. 인도보증은 탄소배출저감 사업으로부터 발생하는 배출권 량이 약정수준에 도달하지 못하는 경우 손실을 보전해 준다. 또한 배출권 인도 관련 위험과 신용위험을 포괄적으로 보장하는 종합보험도 존재한다.

배출권의 발행 및 유통에 수반되는 위험을 관리하기 위한 탄소배출권 인도보증의 대표적인 사례는, Zurich Re가 제공하는 것이며, Chartis도 탄소배출권 인도보증을 개발하고 있다.

한편 국내에서는 수출보험공사가 해외 청정개발체제 사업 수행을 지원하기 위해 배출권인도보증을 제공하고 있으며, "탄소종합보험"과 "탄소인도보험"이 그 예이다.

6. 녹색대출 및 투자에의 참여

보험회사가 녹색금융에 참여하는 방식은 보험영업 차원에서 다른 투자자에게 안전망을 제공하는 것과 더불어 투자영업 차원에서 녹색기업에 투자하는 것도 가능하다. 그러나 국내 보험회사들이 투자영업 차원에서 녹색분야에 보이는 관심은 미미한 수준이며, 보험회사가 고위험이 수반되는 녹색투자에 참여하는 것이 적절하지 않다는 인식이 강하다. 이는 장기 보험부채를 보유한 보험회사가 위험이 높은 녹색사업에 투자하는 것에 대한 우려가 크기 때문이다. 더욱이 다른 투자자와 금융회사도 고위험을 이유로 녹색금융 참여에 소극적인 현 상황을 감안할 때, 보험회사가 직접투자를 통해 녹색금융에 참여하는 것에 대한 논란이 적지 않다. 다만, 보험회사의 ALM(자산부채종합관리) 차원에서 녹색투자가 유리할 수 있는데, 그러한 가능성을 감안하여 해외 보험회사들의 녹색투자 사례를 소개한다.

6.1. 녹색대출

보험회사는 투자영업 차원에서 녹색사업을 수행하는 기업 및 사업자에게 대출을 제공함으로써 녹색금융에 참여할 수 있다. 또한 녹색사업을 수행하거나 녹색금융에 참여하는 기업과 개인고객에게 대출 시 우대금리를 제공하는 것도 가능하다. 다만, 친환경 관련 녹색사업을 대상으로 하는 녹색대출은 수익성이 낮은 것이 일반적이고, 신성장 관련 녹색사업을 대상으로 하는 녹색대출은 일반적으로 위험이 높다는 점을 고려할 필요가 있다.

보험회사의 녹색대출과 관련된 해외 사례를 살펴보면 다음과 같다. AXA의 이탈리아 지사인 MPS는 태양광발전 사업에 종합보험을 제공함과 동시에 대출을 제공하고 있다. 또한 벨기에 지사는 고객이 녹색설비, 신재생에너지 설비 등을 위해 자금을 조달할 경우 차입이자율을 우대해 주는 대출프로그램으로서 "Energy@home green loans"을 제공하고 있다.

녹색인증을 받은 건물에 대해 보험료나 대출이자를 할인해주는 구조의 보험도 존재한다. AXA는 녹색건물에 대해 보험료를 10% 할인해 주는 보험을, 일본 Nippon생명은 녹색건물에 대해 대출 이자율을 할인해 주는 보험을 제공하고 있다.

6.2. 녹색투자

보험회사는 투자영업 차원에서 녹색사업 및 녹색기업 관련 지분에 투자하기도 한다. 지분투자는 매우 다양한 형태로 수행될 수 있는데, 녹색사업(에너지효율화 사업, 신재생에너지 개발 사업, 탄소배출저감 사업 등)의 사업자나 투자자로 참여하거나, 녹색기업의 주식을 보유하거나, 녹색펀드의 수익증권을 보유하거나, 녹색인덱스 관련 파생상품에 투자하는 것이 가능하다.

해외 보험회사들의 경우 녹색투자 참여 시 다음과 같은 요인들을 고려하는 것으로 알려지고 있다. 첫째, 보험회사는 녹색투자의 위험조정수익을 고려한다. 위험조정성과가 우수한 녹색사업 및 기업을 선별할 수 있는 역량을 갖춘 보험회사가 녹색투자에 보다 적극적이다. 그러한 역량 축적을 위해 녹색사업에 활용되는 녹색기술과 녹색기업이 보유한 녹색기술을 가능한 상세히 이해하고, 관련 시장의 성장가능성을 판단할 수 있는 전문성을 갖추어고자 노력하고 있다.

둘째, 보험회사는 다른 자산들과의 상관성이 낮은 녹색사업으로 투자를 다변화함으로써 위험조정성과를 제고할 수 있다. 또한 보험영업 성과의 변동성을 낮출 수 있는 방향으로 포트폴리오를 구성하고자 노력한다. 예를 들어, 기후변화로 인하여 보험영업 성과가 악화될 수 있는데 녹색투자를 통해 초과 성과를 기대할 수 있다면 헤지가 가능하다.

해외 보험회사들의 녹색투자 사례를 보면 다양한 형태가 존재함으로 확인할 수 있다. 첫째, 신재생에너지 개발 사업 투자 사례가 존재한다. Allianz는 풍력발전 개발 사업에 150백만 유로를 투자하고 있으며, 관련 투자규모를 2010년까지 3억~6억 달러로 확대할 계획이다. AIG Investment는 "Investor Network on Climate Risk(INCR)에 참여하는 한편, 다수의 신재생에너지 개발 사업에 투자하고 있는데, 스페인의 태양광 발전 사업에 투자가 대표적인 예이다. Swiss Re는 신재생에너지 개발 사업에 2006년까지 3억2천만 달러를 투자하였고, 2007년에는 4억2천9백만 달러 규모의 "European Clean Energy Fund"를 설정하였다. Prudential은 신재생에너지 개발 사업에 5억 달러를 투자하고 있다.

둘째, 탄소배출저감 사업 투자 사례가 존재한다. Allianz의 AGF는 "EU Carbon Fund"를 통해 탄소배출권 거래에 참여하고 있다. AIG는 Sindicatum과 공동으로 "탄소캐피탈주식회사"에 투자하고 있으며, 녹색투자를 위해 "Carbon Trading Desks"를 마련하고 있다. Dresdner Kleinwort는 유럽에서 최초로 탄소배출권 거래를 시작한 후, "U Carbon Fund"에 직접적으로 투자하고 있다. Swiss Re도 "Carbon Trading Desks"를 마련하였다.

셋째, 녹색기업 투자 사례가 존재한다. Allianze의 "EcoTrends Fund"는 녹색기업에 2007년 6월까지 약 14억 달러를 투자하고 있다. Allianze의 Dresdner Kleinwort

와 European Investment Bank는 2007년 녹색기업 지수와 연계되는 "Green Bond"를 출시함으로써 녹색기업을 지원하고 있다. Fortis DOEN Participaties와 Fortis Venturing에 의해 시작된 "Triodos Innovation Fund"와 "Start Green Sustainable Innovation Fund I"은 녹색기업들을 지원하고 있다. Swiss Re는 "CleanTech Venture fund"를 통해 2008년까지 5억 달러 이상을 녹색기업에 투자하고 있다. HDI Gerling은 "Gerling Sustainable Development Project"와 "Gerling Select 21 fund"를 통해 녹색기업에게 1억 달러 규모의 벤처금융을 제공하고 있다.

넷째, 친환경 투자 사례가 존재한다. 유럽 보험회사들이 설정한 최초의 녹색펀드는 1996년 시작된 "Storebrand"이며, 일본에서는 1999년 이후 "Sompo Japan Green"이 존재한다. Allstate는 녹색사업에 2억 달러를 투자하고 있으며, Co-operators들은 "EverPURE Biodiesel"에 투자하고 있다. AXA의 "WF Clean Tech Fund"는 2008년 중반까지 4천만 달러를 투자하고 있다. 2008년에는 Munich Ergo Asset Management Group이 "KlimaStrategie Equity Fund"를 출시하였다. 홍콩의 경우 AIG의 JF Asset Management, AIA Pension와 Trustee Co. Ltd가 공동으로 설립한 "Green Fund"가 존재한다.

다섯째, 기타 사례가 존재한다. AXA는 "Enhanced Analytic Initiative(EAI)"를 통해 녹색투자 자산을 관리하고 있다. Munich Re는 녹색기업이 발행하는 채권과 주식에 대한 투자를 전체 운용자산의 80%까지 확대하겠다는 계획을 발표한 바 있다.

한편, 녹색투자를 보험영업과 연계하고 있는 보험회사도 존재한다. Zurich 생명은 녹색펀드에 투자하는 변액보험을 제공하고 있다. Zurich Best Invest 2017, DWS Invest Sustainability Leaders, Aegon Ethical Equity Fund, Aegon Ethical Corporate Bond Fund, Calvert Social Small Cap Growth, Dreyfuss Socially Responsible Fund, Jupiter Ecology Fund, Pioneer Global Equity Fund 등이 그 예이다.

6.3. 녹색건물 개발

보험회사는 건물의 소유자나 임대자로서 녹색건물 사업에 참여할 수 있다. 이는 녹색건물을 신축하거나 보유 중인 갈색건물을 녹색건물로 전환함으로써 투자수익을 기대하는 것이다. 또한 업무용으로 사용 중인 갈색건물을 녹색건물로 전환함으로써 비용을 절감하는 것도 기대할 수 있다. 2008년 12월 기준으로 미국의 19개 보험회사가 녹색건물협의회(U.S. Green Building Council)에 회원으로 참여하고 있다.

AIG는 "Global Real Estate Team"의 활동을 통해 미국의 녹색건물 인증기준 혹은 신재생에너지 기준에 부합하는 건물을 개발하거나 인수함으로써 투자수익을 얻고 있다. 간척과 재개발 공업단지에 개발한 "Atlantic Station"가 대표적인 녹색건물 예이다. 또한 Swiss Re는 런던 금융지구에 "The Gherkin"으로 알려진 녹색건물을 개발한 바 있다.

한편 AXA를 비롯한 5개 기업(AEW Europe, AXA REIM, Bureau Veritas, GE Real Estate Europe, and ING Real Estate)은 2008년 공동으로 갈색건물의 환경성과를 평가하고 등급을 설정할 수 있는 기준으로서 "Global Green Rating"을 개발하고 있다.

CHAPTER 06

시장기반수단을 활용한 녹색금융 개발

1. 시장기반수단의 가능성

현재 대부분의 환경재는 시장에서 거래되지 않는다. 이는 대기오염의 증가, 환경자원의 무분별한 사용, 기업이 친환경 생산기술을 도입할 인센티브의 부재로 이어진다.

이와 같은 환경문제에 즉각적으로 대응하지 않으면 인류 건강, 인프라, 생태계 및 자연환경의 파괴로 이어지거나 훗날 이를 복원하는 데 더 큰 비용이 들 수 있다. 환경문제에 즉각적인 대응을 하지 않을 경우에는 복원할 수 없는 임계치를 넘어설 수 있다. 또한, 기업의 생산설비 등 비유동자산을 개조하는 비용이 증가할 수 있다. 환경정책 하에서 기업은 생산설비를 새로 구입할 때 친환경 제품을 사용할 인센티브가 있다. 그러나 이와 같은 환경정책이 없다면 가격만 고려해서 생산설비를 선택할 것이다. 이후에 환경규제가 강화되면 생산설비를 개조하는 비용이 매우 커지거나 완전히 사용불가능해 질 수 있다. 반면, 정부가 환경문제에 개입하면 기업의 생산비용이 증가하여 사회적인 비용이 늘어난다. 또한, 정부의 정책을 실행하는 데 필요한 비용도 고려해야 한다. 정부는 사회적인 효용이 극대화되는 정책을 선택해야 한다. 따라서 사회적으로 부담하는 비용보다 효용이 큰 경우에만 개입해야 하는 것이다. 이 때 가장 어려운 점은 필요한 수준에서 개입을 하면서 관련 비용을 최소화 하는 것이다. 시장기반수단은 이와 같은 정책에 적합하다.

1.1. 시장기반수단의 분류

그림 1에 나타나 있듯이 환경문제는 명령지시형 규제와 시장기반수단을 통해 접근할 수 있다. 시장기반수단은 배출권 거래제도, 시장마찰 완화, 자발적 참여 프로그램 등으로 나눠볼 수 있다. 각 수단별로 세부적인 분류도 가능하다.

본 서에서는 배출권 거래제도, 시장마찰 대응, 자발적 참여 프로그램 등 3가지 시장기반수단에 초점을 맞춘다. 각 시장기반수단의 근거, 실행상의 문제점, 향후 활용 가능성 등을 논의한다.

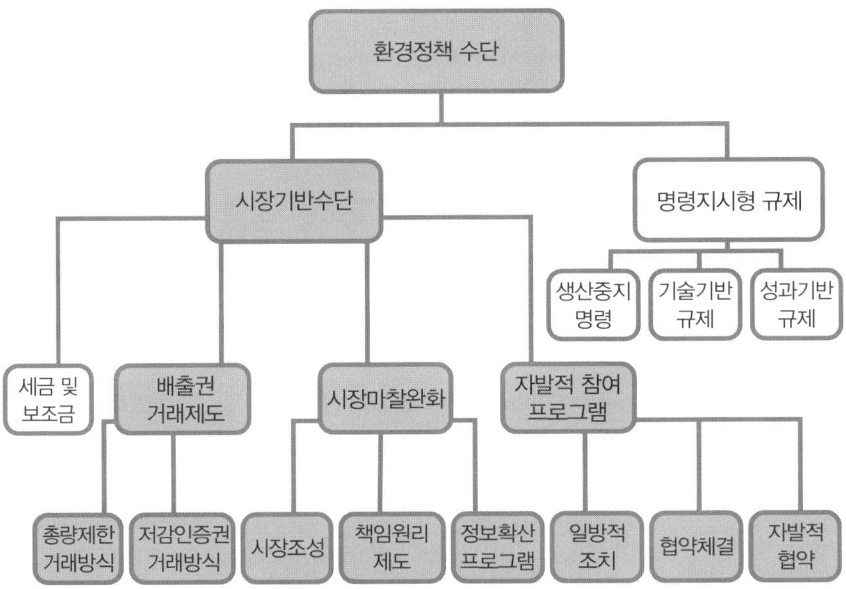

그림 1 **환경정책수단의 분류**

1.2. 시장기반수단과 명령지시형 규제의 비교

3가지 시장기반수단을 구체적으로 살펴보기에 앞서, 기존 환경정책에 사용된 명령지시형 규제와 비교분석이 필요하다. 명령지시형 규제는 경제적 인센티브보다 규제 (허가, 금지, 규정 수립 및 집행)에 의존하는 정책수단을 의미한다. 명령지시형 규제의 장점은 정해진 정책 목표를 달성하기 위해 필요한 행위를 강제할 수 있다는 점이다. 이는 방사능 폐기물의 처리방법 등 환경에 대한 위협이 매우 클 때 유용하다. 명령지시형 규제는 행정적 편의 때문에 선호되기도 한다. 예를 들어, 생산시설을 설치할 때 기술에 기반한 명령지시형 규제를 하는 것이 생산시설이 가동된 이후에 지속적으로 환경오염 측정을 하는 것보다 편리한 방법이다.

명령지시형 규제와 달리 시장기반수단은 명확한 지시보다 시장 신호를 통해 행동변화를 꾀하는 정책수단이다. 명확한 지시 대신 시장 신호를 사용함으로써 각 기업이 환경정책의 목표를 달성하는 데 가장 효율적인 방법을 선택할 수 있도록 한다. 정부의 기준치에 맞게 환경오염을 줄이는 데 들어가는 비용이 적은 기업에도 최대한 환경오염을 줄일 인센티브를 제공하고, 사회적으로 가장 적은 비용으로 환경을 보호할 수 있게 한다. 시행, 측정 및 집행에 따른 비용을 제외하면, 시장기반수단을 이용했을 때 사회적 비용을 최소화하는 선에서 환경오염을 줄일 수 있다.

반면, (획일적인 지시를 하는) 명령지시형 규제는 사회적으로 비용부담이 더 크다. 정부의 기준치에 맞게 환경오염을 줄이는 데 들어가는 비용이 큰 기업과 작은 기업이 동일한 수준을 달성해야 하기 때문이다. 명령지시형 규제를 시행하는 경우에도 각 기업의 상황을 고려하여 절감목표를 설정하면 사회적 비용을 줄일 수 있다. 하지만 이를 위해서는 정부당국에서 각 기업의 환경기술 및 오염물질 배출량에 대한 정보를 알아야 한다. 많이 지적되듯이 정부는 이런 정보에 대한 접근이 불가능하고, 이런 정보를 수집하려 해도 비용부담이 매우 클 것이다.

BOX 1 시장기반수단의 비용절감 효과

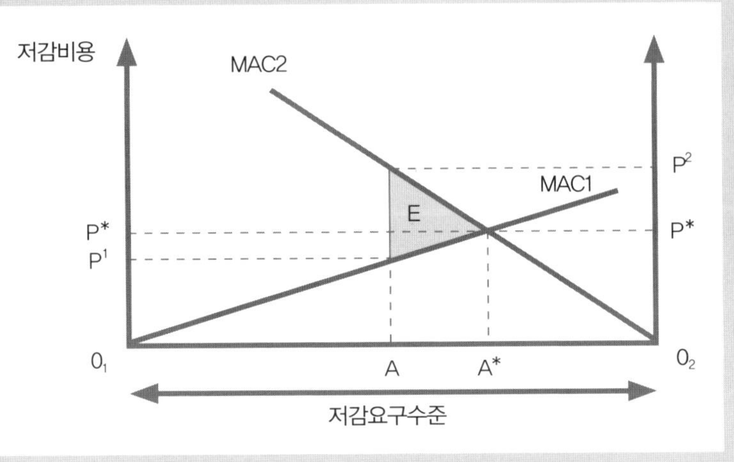

기업1과 기업2의 저감비용은 한계저감곡선 MAC1과 MAC2로 각각 나타난다.

정부에서 환경오염을 줄이기 위해 명령지시형 규제의 일환으로 모든 기업에 A라는 저감 수준을 요구했다고 가정하자. 이 때, 저감비용이 낮은 기업1이 부담하는 비용은 P1이고 저감비용이 높은 기업2가 부담하는 비용은 P2이다. 따라서, 기업1과 기업2가 거래를 통해 모드 이익을 얻을 수 있다.

이와 같이 거래를 통한 비용절감이 가능하도록 정부에서 총량제한 거래방식의 시장기반수단을 시행할 수 있다. 각 기업은 A* 의 저감수준을 달성하면서 명령지시형 규제 하에서 허용하는 배출량과 동일한 수준에 이른다. 기업1은 비용이 낮은 만큼 더 많은 저감을 달성하고 기업2는 상대적으로 적은 저감을 달성한다. 거래를 통해 사회적 비용이 E 만큼 줄어든다.

시장기반수단은 가장 저렴한 환경오염 절감방안을 선택하도록 유도한다. 가장 효율적인 절감방안을 개발해내는 기업이 시장에서 보상을 받기 때문에 환경기술의 혁신을 기대할 수도 있다. 반대로 명령지시형 규제는 요구수준 이상의 환경오염 감축에 대한 인센티브를 전혀 제공하지 않는다. 심지어 새로운 기술을 도입하지 않을 인센티브가 있을 수 있다. 기술 혁신을 통해 환경오염을 줄인 기업에 대해서 향후 더 높은 수준을 요구할 가능성이 생기기 때문이다.

이처럼 명령지시형 규제보다 시장기반수단이 갖는 장점이 있다. 실행에 따른 비용부담으로 인해 이점이 줄어들 수는 있으나 시장기반수단은 기업이 유연하게 대처할 수 있는 여지를 주기 때문에 실질적으로 상당히 이점이 크다. 특히, 명령지시형 규제와 조화롭게 실행되고, 실행에 따른 이슈를 사전에 고려하면 더욱 이점이 많다.

환경문제에 대한 정부의 개입이 반드시 사회 전체적인 효용을 증가시키지 않는다. 효율적인 정부의 개입을 위해서 개입에 따른 이익이 비용보다 큰 경우에만 실행되어야 한다. 시장기반수단은 이 비용을 줄여주는 역할을 할 수 있다.

2. 배출권 거래제도

배출권 거래제도는 시장 참여자들에게 배출한도를 강제하는 명령지시형 규제를 기반으로 한다. 하지만 시장 참여자들간에 배출권을 사고 팔 수 있도록 허용함으로써 개별 기업의 배출량이 고정적으로 제한되는 것을 막는다. 기업이 오염 배출량을 줄이는 데 성공하면 남은 배출권을 시장에 팔아 이익을 얻을 수 있다. 기업이 오염 배출량이 한도를 초과하면 시장에서 초과량만큼의 배출권을 매입해야 한다. 정부에서 목표로 하는 배출 수준에 도달할 수 있도록 배출권의 가격은 시장에서 계속 변동한다. 실행 비용을 고려하지 않았을 때, 배출권 거래를 통해 모든 기업의 한계저감비용을 동일하게 함으로써 가장 적은 비용으로 환경오염을 줄일 수 있다.

현재 사용되는 두 가지 거래제도는 총량제한 거래방식과 저감인증권 거래방식이다.

2.1. 총량제한 배출권 거래제도

총량제한 배출권 거래제도는 참여 대상 기관들이 일정 기간 동안 배출할 수 있는 오염물질의 한도를 정하는 것에서 출발한다. 이 한도는 정책 목표에 따라 변경될 수 있다.

배출 한도가 정해진 후에 정부는 기업별로 배출권을 배분한다. 이는 무료배분 또는 경쟁입찰 방식으로 할 수 있다. 배출권은 규제대상 기업 및 배출권 거래에 관심이 있는 이들간에 매매가 이루어진다. 일정 기간이 끝난 시점에서 각 기업은 총 오염물질 배출량에 해당하는 배출권을 정부에 지급하지 못할 경우 제재를 받게 된다.

총량제한 배출권 제도는 다음과 같은 장단점이 있다.

▌비용 절감

총량제한 배출권 거래는 사회적 비용을 최소화하는 수준에서 환경오염을 줄이는 방법이다.

기본적으로 모든 규제대상 기업에 오염물질 배출량에 해당하는 배출권을 요구하지만 배출권의 거래를 허용하는 점에서 명령지시형 규제와 차이가 있다. 각 기업은 비용을 최소화하는 수준으로 배출량 저감을 하게 된다. 저감 수준은 배출권 가격에 따라 결정된다. 물론 배출권 가격은 개별 기업의 배출량 저감 여지에 따라 영향을 받는다.

각 규제대상 기업은 오염물질 저감비용이 배출권 가격과 동일해지는 수준까지 환경오염을 줄일 인센티브가 주어진다. 저감비용이 배출권 가격을 넘어서는 수준에서는 배출권을 구입하는 것이 이익이다. 이 제도는 규제대상 기업의 한계저감비용을 동일한 수준으로 만들어주며 정부의 환경정책 목표를 최소한의 비용으로 달성할 수 있도록 한다.

총량제한 배출권 거래제도는 장기적으로도 비용을 절감하는 효과가 있다. 기업들이 환경오염을 줄이는 기술을 개발하도록 독려하기 때문이다. 기술 혁신은 거래되는 배출권의 공급을 증가시킴으로써 배출권 가격을 하락시킨다.

또한, 시장 참여자들은 배출권 가격을 근거로 친환경 설비자산 구입 등 장기적인 투자계획을 세울 수 있다. 이를 위해서 정부가 배출권 제도를 일관성 있게 유지해야 한다. 기업이 배출권 거래제도가 언제든지 중단될 수 있다고 믿으면 미래의 배출권 가격을 예상하기 어려워서 저감기술에 대한 투자도 과감하게 실행할 수 없을 것이다.

환경보호 효과

총량제한 배출권 거래제도 하에서 정부는 감축 목표를 정하고 각 참여 기업들이 시장에서 저감비용을 정한다. 이와 같은 접근법의 장점은 정부에서 환경 변환에 즉각적으로 대응할 수 있으며 (예를 들어, 환경오염이 예상보다 심각할 경우 배출 한도를 낮출 수 있음), 교토 의정서와 같은 국제 협약에 따른 감축 목표를 달성하는 데 도움이 된다.

그러나 배출한도를 정해놓는 방식의 가장 큰 단점은 정책 실행에 따른 비용을 사전에 예측하기 어렵다는 것이다. 실제 비용이 예상보다 많이 들면 정치적 지지를 잃고 제도가 실패할 가능성이 있다. 이 때는 배출권 가격의 상한선을 정해둠으로써 사회적 비용이 예상을 초과하지 않도록 조치할 수 있다. 배출권 가격이 상승해서 상한선에 닿으면 이 상한가격에 배출권을 무한히 제공하는 것이다. 이는 오염물질 배출에 대해 과세하는 것과 동일한 효과를 가져온다. 오염물질 배출에 따른 단위당 가격은 미리 정해져 있지만 환경 오염 총량에 대해서는 사전에 예측할 수 없다.

총량제한 배출권 제도의 단점은 배출권의 가격이 오염 원천이 무관하게 동일하다는 것이다. 따라서 총량제한 배출권 거래제도는 온실가스 배출과 같이 오염물질이 발생하는 시간과 장소가 큰 상관이 없을 경우에 적합하다. 폐기물 처리의 경우에는 폐기물이 버려지는 장소에 따라 환경에 미치는 영향이 크게 달라진다. 따라서 이 같은 경우에는 저감인증권 거래방식을 도입하는 것이 더 적합하다.

측정의 문제

총량제한 배출권 제도의 비용절감 효과를 달성하기 위해서는 광범위한 오염원천과 산업군에 대한 규제가 이루어져야 한다.

광범위한 규제가 이루어지면 보다 다양한 저감 기술을 적용할 수 있으며, 따라서 주어진 감축목표를 달성하는 데 보다 적은 비용이 든다. 또한, 기회주의적인 행동을 막을 수 있다. 예를 들어, 일부 산업군에 대해서만 배출 총량제한이 이루어지면 다른 산업군에 경쟁적 우위를 주게 된다. 그러면 기업들은 규제대상 기업으로 선정되지 않기 위해 다양한 대응을 할 것이다. 기업들이 다른 산업으로 불필요한 확장을 통해 규제를 피해감으로써 환경오염이 더 심각해지는 결과를 초래할 수 있다. 이와 같은 문제는 규제대상 산업군에 환경보호에 대한 부담을 가중시킴으로써 기회주의적인 행동에 대한 인센티브를 증가시킨다. 따라서 경쟁 기업과 산업군에 대해 동일한 수준의 규제가 이루어지도록 신경 써야 한다.

이론적으로는 경제 전반에 대한 규제가 필요하지만 현실에서 가능하지 않다. 이는 오염원천에서 배출량을 측정하는 데 따른 비용과 기술적 문제 때문이다. 그러나 대다수의 경우에는 투입량에 대한 측정, 산출량에 대한 측정, 또는 통상적인 생산절차에 대한 추정 등의 창의적인 대안을 떠올려 볼 수 있다. 이를 통해 측정이 어려운 산업에 대해서도 환경보호에 동참하도록 만들 수 있다. 예를 들어, 화력발전소에서 온실가스 배출량을 측정하는 대신에 투입되는 석탄의 무게로 추정할 수 있다. 또한, 측정이 가장 용이한 가치사슬에 총량제한을 가하는 방식을 선택할 수 있다. 예를 들어, 자동차 연료의 경우 정유소에 책임을 부과하고 축산물의 경우 도살장에 책임을 부과하는 것이다. 호주는 자동차 연료의 환경오염에 대한 총량제한을 정유소에 부과함으로써 배출권 거래제도의 관리비용을 줄이고 있다.

배출량을 오염원천에서 측정하는 경우나 투입물 등에 대한 대체 측정을 하는 경우에나 측정의 오류가 있을 수 있다. 이와 같은 측정의 오류가 기업에 따라 다르게 나타나면 불공정한 이익을 얻는 경우와 손해를 보는 경우가 나타난다. 측정의 오류가 산업군간에 다르게 나타나면 경제 전반에 환경보호에 대한 비용이 공정하게 분배되지 않는다. 측정 오류에 따른 비용을 고려해서 어떤 산업군을 배출권 거래제도에 포함할 것인지 판단해야 한다.

정치적 타협

광범위한 총량제한 배출권 거래제도를 도입하면 경제에 상당한 영향을 끼친다. 화력발전소와 같이 온실가스 배출이 많은 자산의 가치는 하락하고, 일자리의 구조를 바꾸며 (환경오염이 많은 산업군의 일자리는 줄어들고 친환경 산업의 일자리는 늘어남), 전기료 등 재화의 가격이 상승한다. 물가 상승은 가계에 악영향을 미칠 뿐만 아니라 원재료 가격 상승으로 기업의 원가를 높이고, 환경오염이 많은 산업군에 종사하는 이들의 일자리를 빼앗아간다.

이런 변화에 대응하여 이익집단은 오염감축 목표를 완화시키고 특정 산업과 지역을 규제대상에서 제외시키기 위해 로비활동을 펼칠 것이다. 그러나 앞서 언급했듯이 특정 산업을 제외시켰을 경우, 배출권 거래제도에 참여하는 나머지 기업에 비용 부담이 가중된다.

기업들의 우려를 덜어주기 위해 (예를 들어, 생산량 단위당 환경오염 배출 수준이 일정 수준을 초과할 때) 정부는 배출한도를 신규 설비에 대해서만 적용할 수 있다. 미국에서는 명령지시형 규제를 도입할 때 이와 같은 예외 규정을 두었다. 신규 설비에 대해서만 환경오염을 규제함으로써 신규 투자 시 환경에 대한 영향을 고려하도록 하면서 점진적으로 규제대상을 확대해 나간다는 장점이 있다. 또한, 시장에 새로 진입하려는 기업에 상대적으로 많은 비용부담을 안겨준다는 점에서 기존 기업으로부터 환영받는 제도가 된다.

신규 설비에 대해서만 규제를 할 경우, 기업이 설비 투자를 통해 환경오염을 줄일 수 있음에도 불구하고 이를 실행할 인센티브가 없다. 또한, 기존 설비자산을 필요 이상으로 가동하게 될 수 있다. 신규 설비에 투자하는 기업에만 환경보호 비용이 부과되면서 모든 기업에 동일하게 적용되는 경우보다 사회적 비용이 증가하는 현상도 나타난다. 화력발전소와 같이 환경오염 수준이 높은 경우에는 신규 투자에 따른 비용 증가가 매우 크다. 자연히 기업들은 투자 시점을 늦추면서 먼저 신규 설비에 투자함으로써 비용부담을 떠안은 기업에 비해 경쟁 우위를 차지하려고 할 것이다.

특정 산업 (또는 신규설비)에 대해서만 배출량 제한을 하는 것에 대한 대안으로 정부 지원금을 통해 실직, 자산가격 하락, 원가 상승 등의 문제에 대처할 수 있다. 하지만 적절한 지원금 규모를 정하는 것이 까다롭고 시간과 비용의 낭비가 크다는 단점이 있다.

정부 지원금을 제공하는 통상적인 방안은 기업이 새로운 제도를 받아들일 수 있도록 규제대상 기업들에게 배출권을 나눠주는 것이다. 또 다른 접근법으로는 경매 등을 통해 배출권을 판매한 수입을 필요한 산업, 가계, R&D 투자, 세율 인하 등에 사용하는 것이다. 이는 기업들에게 환영 받는 대안은 아니지만 경제적으로 더 이로운 방안이다. 배출권 경매 수익을 기존 세금을 줄이는 데 사용하는 것은 경제적 효율성 측면에서 매력적인 대안이다. 과세에 따른 경제 왜곡 현상을 완화시킬 수 있기 때문이다. 배출권 경매 수익의 규모와 이를 사용해서 줄일 수 있는 기존 세금의 규모에 따라 경제적 효과가 매우 긍정적일 수 있다.

정부의 지원이 제공되는 방법 역시 배출권 거래제도의 효율성과 비용절감 효과에 영향을 미친다. 제도 도입 후 정부의 지원은 점차 줄어들어 궁극적으로 정부의 지원 없이 제도가 운영되어야 한다. 정부의 지원은 배출량, 생산량 또는 기술 수준에 따라 결정되지 않는 것이 좋다. 예를 들어, 정부의 지원 규모가 배출량에 따라 정해지면 기업은 배출량을 줄일 인센티브가 없어진다. 자체적으로 환경오염을 줄일수록 정부의 지원 역시 감소하기 때문이다. 정부의 지원 규모가 생산량에 따라 결정되면 기업은 기술개발을 통해 생산 단위당 배출량을 줄일 인센티브가 있다(기술기반 저감). 그러나 소비자 입장에서는 친환경 상품을 선택할 인센티브가 없다(활동기반 저감).

따라서, 가장 효율적인 지원 방안은 일시적인 지원금 제공 또는 무료 배출권 배분이다. (이 때, 배출권 배분은 배출량 또는 생산량과 무관하게 결정해야 한다.) 예산제약 및 산업 안정성에 대한 우려로 일시적인 지원이 불가능한 경우에는 기술기반 저감 활동에 대한 인센티브를 유지하는 방법을 찾는 것이 중요하다. 지원금을 분배할 때에도 개별 기업의 배출량을 기준으로 하기 보다는 산업평균 등의 수치를 이용해야 한다.

▌효과적 운영

총량제한 거래제도가 효과적으로 운영되기 위해서는 가격 정보가 소비자와 생산자에게 잘 전달되어야 한다. 이 조건들은 본 보고서에서 다루는 모든 배출권 거래방식에 동일하게 해당된다. 가격 신호효과를 극대화하기 위해서는 다음과 같은 사항이 충족되어야 한다.

- **강력한 법적 제재.** 강력한 법적 제재는 시장기반수단뿐만 아니라 명령지시형 규제에도 반드시 필요한 조건이다. 배출량에 대한 감독이 제대로 이루어지지 않으면 배출한도를 초과하는 기업이 생겨나고 배출권 가격이 하락해서 다른 기업과 소비자들조차도 환경오염을 줄일 인센티브가 사라진다.
- **배출권 소유에 대한 법적 보호 및 투명성 확보.** 시장 참여자들이 배출권 거래를 신뢰하는 데 반드시 필요한 사항이다. 거래되는 배출권이 위조될 가능성이 있으면 거래하려는 참여자가 줄어들고 환경보호 비용이 증가한다.
- **규모가 크고 유동성이 풍부한 배출권 거래시장.** 배출권 거래에 참여하는 이들이 적거나 소수에 의해 점유되면 배출권 가격이 조작될 수 있다. 배출권을 독점하는 투자자가 있을 경우 최적수준보다 적은 수의 배출권이 거래된다. 국제적인 총량제한 배출권 거래시장을 조성하면 소수의 투자자들에 의해 시장이 독점될 가능성을 줄일 수 있다.
- **오염물질 배출이 많은 상품과 서비스에 대한 경쟁시장.** 대다수의 APEC 국가에서 오염물질 배출이 많은 상품과 서비스 (예를 들어, 연료)의 가격은 고정되어 있거나 국영기업들에 의해 결정된다. 총량제한 배출권 거래제도를 과점시장에 도입했을 때의 장점 중 하나는 시장구조에 대한 개혁을 할 수 있다는 점이다. 예를 들어, 에너지 시장이 강력한 규제를 받는 국가에서 경쟁시장을 도입할 수 있다. 그러나 이에 대한 이익집단의 저항이 있을 것이다. 에너지 시장 개혁과 환경정책을 동시에 추진하면 개혁에 대한 국내 정치적 지지와 국제사회의 지지를 받을 수 있다. 이런 조건 하에서는 배출권 가격 변화의 효과가 크게 나타나지 않을 수 있다.
- **완전정보.** 시장참여자들이 효율적인 투자의사결정을 하기 위해서는 저감활동에 예상되는 비용에 대한 정확한 정보를 알 수 있어야 한다. 또한, 미래 배출한

도 조정에 대한 정보도 미리 알려져야 한다.

- **낮은 거래비용.** 시장참여자들이 배출권 거래와 관련한 수수료 또는 서류 결제 작업 등에 비용이 과도하게 크다고 느끼면 거래하려는 의지가 줄어들 것이다.

  거래비용은 배출권 거래에 두 가지 문제를 야기시킨다. 첫째, 거래량이 줄어들면서 저감비용이 증가할 수 있다. 특히, 기업간 한계저감비용이 크게 차이 나면 문제가 심각해진다. 물론, 배출권 거래에 거래비용이 수반되더라도 기업들이 유연하게 대처할 수 있기 때문에 명령지시형 규제보다는 비용절감 효과가 크다고 주장할 수도 있다. 둘째, 거래비용이 큰 경우에는 정부에서 최초 배출권 배분을 할 때 공정성뿐만 아니라 거래의 효율성도 고려해야 한다. 반면, 거래비용이 적으면 시장기능에 의해 원하는 배출량 감축수준을 달성할 수 있다.

정보의 보급

총량제한 배출권 거래방식은 많은 사람들에게 영향을 끼친다. 특히, 기후변화와 같이 경제전반에 영향을 주는 문제에 대해 적용하는 경우에 더욱 그렇다. 이는 복잡한 경제개혁을 수반하기도 한다. 이를 기회 삼아 배출권 거래제도를 반대하거나 더 많은 지원금을 받기 위한 로비활동을 하는 이익집단도 생겨날 것이다. 정부는 배출권 거래제도의 운영방식, 예상효과, 지원금 지급 방식에 대한 객관적인 정보를 알려야 한다.

2.2. 총량제한 배출권 제도와 환경세

총량제한 배출권 거래제도의 대안으로는 환경세를 부과하는 방법이 있다. 다음 절에서는 두 가지 방법의 차이에 대해서 논의해 본다. 환경세에 대한 추가적인 논의는 다음 장에서 이루어진다.

환경세 제도는 오염물질 배출량에 대해 일정한 세금을 부과하는 것이다. 오염물질을 배출하는 기업은 일정기간 동안 배출량에 대해 세금을 납부해야 한다. 환경세를 부과하면 생산자들은 친환경 기술 또는 친환경 원료를 사용할 인센티브가 생기고 소비자들은 환경세를 전가하지 않는 저렴한 제품을 구입할 인센티브가 주어진다.

BOX 2 환경세 사례

덴마크, 스웨덴, 노르웨이 등 다수의 유럽 국가들은 온실가스 배출 시 세금을 부과한다. 이 국가들은 EU 배출권 거래제도 (ETS)에 참여하고 있기도 하다. 유럽의 사례는 탄소세와 배출권 거래제도가 양립할 수 있음을 보여준다.

탄소세는 미국과 캐나다 등에서 적용된 바 있다.

남아프리카공화국은 키로미터당 120그램 이상의 이산화탄소를 배출하는 신규 자동차에 대해서 탄소세를 부과하기 시작했다. 화력발전소에 석탄을 보급하는 과정에서 적용할 수도 있다. 탄소세 수입은 정부의 필요에 따라 사용되며 탄소세 부과대상에 대한 지원금으로 사용되지 않을 계획이다.

총량제한 배출권 거래제도와 환경세 제도의 장단점을 비교할 때 중요한 평가기준은 다음과 같다. 이와 같은 평가기준은 아주 일반적인 것이다.

기업의 환경오염 관리와 그에 따른 비용

총량제한 배출권 거래제도의 장점 중 하나는 환경오염 감축목표를 달성하기 위해 적절히 조정될 수 있다는 점이다. 그러나 환경세와 달리 비용을 사전에 예측할 수 없다는 단점이 있다(물론, 배출권 가격 상한을 정하면 가능하다).

비용을 확실하게 알 수 있다는 점에서 환경세가 단기적으로는 가장 효율적인 환경오염 감축방안이라고 볼 수도 있다. 단기적으로는 기업이 직면하는 한계저감비용이 오염에 따른 비용보다 크기 때문이다. 특히, 기후변화 같은 경우에는 오염에 따른 비용이 단기적으로 크지 않다. 새로운 저감기술에 대한 투자하면서 저감비용이 환경오염에 따른 비용보다 천천히 증가하기 때문이다.

총량제한 배출권 거래제도와 환경세를 비교할 때는 오염에 따른 비용의 변동성을 고려해야 한다. 비용의 변동성은 기업이 효율적인 투자의사결정을 하는 데 어려움을 준다. 비용의 변동은 배출권 거래제도 하에서 보다 큰 문제가 될 수 있다. 물론, 갑작스러운 환경세 세율 변화도 가능하다. 배출권 가격 변동은 제도적 보완 배출권 가격 변동성을 줄이기 위해서 배출권 구입을 위한 은행 대출 제공, 배출권 한도에 대한 장기적인 규제기간, 가격 하한제 및 상한제, 정부 차원의 배출권 매입 및 거래를 통한 시장 안정화, 향후 배출한도에 대한 신속한 업데이트 등의 제도를 갖출 수 있다., 배출권 가격변동을 헤지할 수 있는 이차시장의 발달 등으로 대처할 수 있다.

배출권 가격은 경기 순환과 정반대로 움직인다는 장점이 있다. 경기 호황에는 생산량이 증가하면서 배출권 가격이 증가하고, 경기 불황에는 생산량이 감소하면서 배출권 가격이 하락한다. 이는 경제를 촉진하는 효과가 있다.

따라서, 배출권 거래와 환경세 중에 선택할 때에는 환경오염 절감 목표에 대한 확실성과 비용에 대한 확실성 중에 어느 것이 더 중요한지 판단해야 한다. 또한, 장기적인 환경보호 관점에서 배출권 거래와 환경세 중 어느 것이 효과적인지 판단해야 한다.

국제시장과 연계

국가의 배출권 거래제도를 국제시장과 연계하면 저감비용이 저렴한 다양한 기회에 접근성이 높아진다. 환경문제에 대한 국제공조는 기후변화와 같이 국경을 뛰어넘는 사안에 대해서만 가능하다. 코펜하겐 기후변화회의 이전에 많은 국가들이 총량제한 배출권 제도를 도입하려는 것처럼 보였다. 다수의 국가에서 총량제한 배출권 거래제도를 도입하면 유사성에 기반해서 국제시장으로 연계하는 것이 가능해 보였다. 그러나 최근 많은 국가에서 배출권 거래제도를 연기하거나 중단하면서 이와 같은 가능성이 낮아졌다. 온실가스 배출에 대한 환경세를 국제적으로 도입하는 것도 마찬가지의 어려움을 겪고 있다. 코펜하겐 기후변화회의 이후 국제적인 협조에 대한 불확실성이 커지고 있다.

친환경 사회로의 전환 - 보상과 지원

총량제한 배출권 거래제도와 환경세 모두 환경오염을 발생시키는 재화와 서비스의 상대가격을 높이면서 특정 가계와 기업에 부정적인 영향을 미칠 것이다. 어느 제도를 도입하나 기업과 이익집단이 자신들을 제외시켜달라고 강하게 요구할 것이다. 특정 집단에 대한 예외규정을 두면 다른 기업에게 비용 부담을 가중시키고 경제적 왜곡이 발생한다.

대안으로는 배출권 판매 또는 환경세 수입을 이용해 지원금을 지급하는 방법이 있다. 환경세를 도입할 경우 다른 종류의 세금을 인하하거나 지원금을 지급할 수 있다. 총량제한 배출권 거래제도를 도입할 경우 배출권을 무료로 지급하거나 지원금을 지급할 수 있다. 어느 방법을 택하든지 주의할 점은 현재 배출량을 기준으로 지원금을 지급하면 환경오염을 줄일 인센티브가 없어진다는 것이다.

관리비용의 최소화

총량제한 배출권 거래제도와 환경세 제도 모두 측정 · 보고 · 검증 (MRV) 시스템이 요구된다. 실행하는 제도와 세부 운영방식에 따라 측정 · 보고 · 검증 (MRV) 시스템은 매우 복잡해질 수 있다. 그러나 환경세 제도는 기존의 세금 징수 시스템을 활용할 수 있는 반면 배출권 거래제도는 새로운 시장을 형성해야 한다는 점에서 차이가 있다.

기업의 유연한 대처방안

경제적 효율성을 달성하기 위해서는 기업들이 유연하게 대처할 수 있는 환경을 제공하는 것이 중요하다. 환경세를 부과하는 경우 기업은 매년 정해진 배출량에 따라 세금을 납부해야 한다. 총량제한 배출권 거래제도 하에서는 배출권을 빌리거나 저축하는 등 장기적인 계획을 세워서 대처할 수 있다. 배출권 거래제도를 도입하면 기업이 유연하게 대처할 수 있기 때문에 전반적인 저감비용도 감소한다.

시장의 규모와 유동성

총량제한 배출권 거래제도에서는 수요와 공급에 따라 환경오염의 가격이 정해진다. 그러나 거래시장이 소수의 투자자들에 의해 독점되거나 경쟁이 약하면 환경 정책목표를 달성하기 어렵다. 이런 경우에는 환경세가 더 효과적일 수 있다.

2.3. 저감인증권 거래방식

저감인증권 거래방식은 경제활동의 단위당 환경오염을 줄이는 목적 (톤당 이산화황, MWH당 이산화탄소 등의 감축)으로 사용하는 것으로 총량제한 거래방식과 유사한 분야에 도입할 수 있다. 저감인증권 거래방식은 환경오염의 절대량을 줄이는 목적으로도 활용할 수 있다.

저감인증권 거래방식에서는 규제대상 기업 또는 프로젝트에 환경오염 배출 기준선을 제시한다. 배출량을 기준선 아래로 달성한 기업은 그 차이만큼 인증권을 부여 받고, 기준선을 넘어서는 배출량을 기록한 기업은 벌금을 내야 한다. 인증권을 받은 기업은 기준선을 달성하지 못한 기업 또는 다른 시장참여자에게 인증권을 판매할 수 있다.

저감인증권 거래방식은 다음과 같은 장단점이 있다.

비용의 확정성

배출되는 오염물질의 집약도를 기준으로 하는 저감인증권 거래방식의 장점은 경제 성장과 무관하게 환경목표를 달성하는 데 필요한 사회적 비용을 비교적 정확하게 예측할 수 있다는 것이다. 앞서 언급했듯이 총량제한 거래방식에서도 가격의 상한을 정해두면 비용을 예측할 수 있다. 따라서 집약도 기준 저감인증권 거래방식은 빠르게 성장하는 개발도상국에 도입하는 데 알맞다.

비용 절감

저감인증권 거래제도는 사회적 비용을 최소화하면서 오염물질의 집약도를 감소시키는 장점이 있다. 기업은 가장 적합한 저감방식을 선택할 수 있으며, 보다 저렴하게 환경오염 물질의 집약도를 감소시키는 기업은 추가적인 기술개발의 인센티브가 주어진다. 환경오염 감축에 대한 인센티브를 주고, 저감비용의 가격을 예측할 수 있기 때문에 장기적인 계획을 가지고 환경오염 저감 노력을 하도록 만든다. 총량제한 거래방식과 마찬가지로 정부가 기준선을 얼마나 강력하게 규제할 수 있는지에 따라 기업의 노력 수준이 결정된다.

그러나 총량제한 거래방식과 달리 저감인증권 거래방식은 소비자들이 친환경 제품과 서비스를 사용할 강한 인센티브를 주진 않는다. 왜냐하면 환경오염에 따른 비용이 배출 총량과 무관하게 기준선과 배출량의 차이에 의해서 결정되기 때문이다. 인증권을 구매해야 하는 입장에 있는 기업들은 생산비용이 증가하지만 인증권을 판매할 수 있는 입장에 있는 기업들은 생산비용이 감소한다. 생산비용 변화가 소비자들에게 어떻게 전가될지는 경우에 따라 다르겠으나, 총량제한 거래방식에 비해 영향이 크지 않다는 것은 분명하다. 소비자들이 환경오염을 줄일 인센티브가 없기 때문에 총량제한 거래방식에 비해 사회적 비용은 더 클 것으로 예상할 수 있다.

총량제한 거래방식과 달리 저감인증권 거래방식은 각 산업 (심지어 각 기업 및 프로젝트)별로 기준선이 정해져야 하기 때문에 시장거래의 장점을 완전히 살리기 힘들다. 산업간 한계저감비용이 다른 경우 경제적 왜곡현상이 크게 나타날 수 있다.

환경보호 효과

저감인증권 거래방식의 단점은 총량제한 거래제도나 명령지시형 규제와 달리 단기적인 환경목표를 확실하게 달성하지 못할 수 있다는 것이다. 이를 위해서는 효과적인 실행과 집행이 요구된다. 따라서 현재 환경대책으로 국제적으로 논의되는 환경목표를 달성하는 데 적합하지 않다. 반드시 어떤 저감목표를 달성해야만 할 경우에 도입하기에 적절하지 않다. 그러나 단기적인 목표를 달성하는 것이 중요하지 않다면 장기적인 관점에서 기준선을 조정하면서 환경목표를 달성할 수 있다.

실행상의 문제점

저감인증권 거래방식은 총량제한 거래방식과 유사한 실행상의 문제점을 안고 있다. 강력한 법 집행, 인증권에 대한 소유의 투명성 및 안정성, 효과적인 거래시장 등이 요구된다. 차이점은 기준선의 결정과 정치적 타협에 있다.

기준선의 결정

저감인증권 거래방식을 효과적으로 운영하기 위해서는 각 기업의 오염물질 배출에 대한 기준선과 실제 배출량에 대한 자료를 확보할 수 있어야 한다. 기준선을 설정하기 위해 필요한 정보가 제공되지 않거나 영업상의 비밀로 제공되지 못할 수 있다. 이는 매우 복잡하고, 시간과 비용이 많이 소요되는 작업이다. 그러나 환경정책이 정당성을 얻기 위해서는 기준선 설정을 정확하게 해야 한다. 예를 들어, 기준선이 약하게 설정되면, 서류상의 환경 성과는 높지만 실제로 배출되는 것은 변하지 않을 수 있다.

기준선을 설정하기 위해서는 우선 생산량당 배출량 또는 매출당 배출량 등 집약도를 측정하는 단위를 결정해야 한다. 매출액을 이용한 단위를 사용할 경우 환율 등 기업이 통제할 수 없는 변화에 의해 변동성이 커질 수 있다. 단위를 결정한 후에는 규제대상 기업에 대해 어떤 기준선을 설정할 것인지 정한다. 일반적으로 기준선은 과거의 배출량 또는 미래 예상 배출량을 기준으로 산출한다. 이 때 기준선은 산업, 기업, 프로젝트별로 다르게 설정할 수 있다. (물론, 프로젝트별 기준선을 다르게 설정할 경우 광범위하게 실행하기 어려울 수 있다.)

잘 알려진 생산활동 또는 기술에 대해서는 실제 배출량과 기준선의 차이를 미리 예상함으로써 실행 비용을 줄일 수 있다.

▌정치적 타협

저감인증권 거래방식은 총량제한 거래방식에 비해 정치적인 저항을 덜 받을 수 있다. 우선, 저감인증권 거래방식은 배출 총량이 아니라 기준선과 배출량의 차이에 대해서만 비용이 발생한다. 결과적으로 소비자 가격에 큰 영향을 주지 않아서 소비자들의 행동변화를 유도하기 힘들다는 단점이 있다. 둘째, 특정 기업들은 애초부터 기준선보다 낮은 배출량을 가지기 때문에 노력 없이 인증권을 받게 되는데 여기에 소요되는 자금을 조달하기 힘들다. 총량한도 거래방식과 달리 정부의 수입이 제한되기 때문에 제도를 실행하기 위한 자금을 다른 예산에서 가져와야 한다. 기준선보다 낮은 배출 집약도를 지닌 기업에게는 인증권이 생산량에 기반한 지원금 제도로 작용한다. 따라서 저감인증권 거래제도는 상대적으로 정치적 저항을 덜 받을 수 있다. 그러나 기업들이 저감인증권의 혜택을 더 많이 누리기 위해 생산량을 늘림으로써 절대적인 환경오염 수준은 더 심각해질 수 있다는 단점이 있다.

2.4. 자발적 상쇄

저감인증권 거래방식과 유사한 제도는 자발적 상쇄 (voluntary offset)제도이다. 자발적 상쇄제도에서는 기업이 정해진 기준선 이하로 배출량을 줄이면 배출권을 부여한다. 그러나 자발적으로 참여하기 때문에 기준선을 넘어서는 경우에 배출권을 구매해서 충족시킬 의무는 없다.

자발적 상쇄 제도는 다음과 같은 장단점을 갖는다.

자발적 상쇄제도는 기업들이 원래 하지 않았을 추가적인 환경보호 노력을 하도록 만든다. 자발적 상쇄는 정부에서 강제하는 제도보다 각 지역의 필요에 맞게 신속하게 조정할 수 있다는 장점이 있다. 그러나 정부의 개입 없이 운영하려면 기업들이 실제로 배출 저감활동을 수행했다는 신뢰가 필요하다. 또한, 기업들이 자발적으로 많이 참여하지 않으면 인증권에 대한 수요가 충분하지 않을 수 있다.

자발적 상쇄제도는 정부 주도의 총량제한 거래제도 또는 저감인증권 거래제도와 연계할 수 있다. 자발적 상쇄제도에서 발생한 인증권이 정부 주도의 제도 하에서도 사용가능한 경우에 가능한 것이다. 이와 같은 연계제도의 장점은 자발적 상쇄제도에서 얻은 인증권을 거래할 수 있는 시장이 보장되며 기업들은 배출권을 확보할 수 있는 추가적인 통로가 확보된다는 점이다.

연계제도 하에서 기업은 자발적 상쇄제도로부터 얻은 배출권을 정부 주도의 제도의 배출한도를 늘리는데 사용할 수 있다. 이렇게 증가하는 배출권을 고려하여 배출한도 또는 기준선을 정할 필요가 있다.

자발적 상쇄제도를 평가할 때 각 프로젝트는 다음의 기준에 따라 평가한다.

- **추가성.** 자발적 상쇄 프로젝트가 없었을 경우에도 오염물질 저감활동이 이루어졌을 것인지 평가한다. 이와 같이 추가적인 효과가 있는지 여부는 규제적 추가성 (법적으로 강제되는 프로젝트인지 여부), 재정적 추가성 (배출권 지원이 없이 가능한 프로젝트인지 여부), 환경적 추가성 (자발적 상쇄 프로젝트가 없이도 이루어졌을 저감활동인지 여부) 등을 구분하여 판단한다. 자발적 상쇄제도가 없었다면 아무런 활동도 발생하지 않았을 것이라는 판단 하에 관련된 모든 프로젝트가 승인된 사례도 있다. 예를 들면, 호주 New South Wales주의 Greenhouse Gas Reduction Scheme이 있다.
- **기준선.** 프로젝트의 환경오염 기준선을 설정하는 것은 매우 어려운 일이다. 이를 위해 자발적 상쇄제도가 없었을 경우의 환경오염 수준을 추정해야 한다. 재조림 사업 등 탄소저장량을 늘리는 프로젝트의 경우 프로젝트 개시 시점의 탄소저장량을 측정하면 되기 때문에 상대적으로 측정이 간편하다.
- **영속성.** 잠재적으로 재발할 가능성이 있는 환경오염에 대해서는 반드시 필요한 평가기준이다. 산림 또는 토양 속에 탄소저장량을 늘리는 프로젝트에는 필요하지만 매립지의 메탄 연소 등에는 필요하지 않다. 프로젝트에 따라 영속성을 평가하는 기간이 다를 수 있다. 산림 조성을 통한 탄소저장의 경우 100년 동안 대기에서 탄소가 줄어드는 것을 가정할 수 있다. 정해진 기간 내에 탄소가 다시 증가하면 획득한 배출권을 반납해야 한다. 장기간 동안 프로젝트를 관리하는 것은 매우 복잡할 것이다. 따라서 임시 배출권을 부여하고 매년 갱신하거나 일정기간 후에 정식 배출권을 부여하는 방식을 택할 수 있다.
- **누출효과.** 기업이 한 사업에서 획득한 배출권을 활용해서 다른 사업의 추가적

인 환경오염에 대한 비용을 부담할 수 있다. 이 때 환경보호 효과를 얻지 못하면서 배출권만 부여하게 된다.

자발적 상쇄제도는 모든 종류의 환경오염 물질에 적용할 수 있다. 그러나 앞서 열거한 평가기준에 따르면 소수의 환경오염 물질에 대해서만 효과를 나타낼 수 있을 것이다.

따라서 몇 가지 특정 목적에만 사용하는 방법이 있다. 예를 들어, 정부 주도의 배출권 거래제도에서 제외된 환경오염 물질에 대해서 적용하거나 에너지 효율 개선 또는 친환경 에너지 프로젝트에 적용할 수 있다. 에너지 효율 개선 프로젝트는 일종의 백색인증서 제도로 볼 수 있으며, 친환경 에너지 프로젝트는 일종의 녹색인증서 제도로 볼 수 있다. 두 종류 모두 다음 절에서 자세히 다룬다.

2.5. 백색인증서 거래제도

백색인증서 거래제도는 일종의 저감인증권 거래제도로 볼 수 있다. 주로 대형 전력기업이 에너지 효율을 개선하도록 하는 작업이다. 각 전력기업은 공급량에 따라 일정 에너지 효율 등급을 규제 받는다.

개별 전력기업은 정해진 기준선 이상의 에너지 효율성을 달성할 때 주어지는 백색인증서를 통해 정해진 쿼터를 채워야 한다. 백색인증서는 전력기업에 직접 배부될 수도 있고 다른 인증기관을 통해 간접적으로 주어질 수도 있다. 일정기간마다 쿼터를 충족하는 백색인증서를 제출하거나 벌금을 물어야 한다.

백색인증서 거래제도는 에너지 효율성 개선을 통한 온실가스 감축, 에너지 절약, 에너지 수요 조절을 통한 에너지 안보 확보 등의 목적에서 실행할 수 있다. 에너지 효율성 개선은 그 자체로 경제적인 선택일 수 있다. 그러나 백색인증서 거래제도를 통해 정보 확산, 자본 조달 등을 촉진함으로써 정부의 직접적인 지원 없이 에너지 효율성 개선을 달성할 수 있다.

백색인증서 제도는 다음과 같은 장단점이 있다.

비용절감 효과

백색인증서 거래제도는 기업이 직접 에너지 효율성을 개선하거나 시장에서 백색인증서를 구입함으로써 가장 효율적인 방법을 선택하여 규제 기준을 달성하도록 한다. 백색인증서를 획득하기 위한 기업들간 경쟁이 사회 전체적인 비용을 최소화하는 선에서 에너지 효율성 목표를 달성하도록 만든다.

시장기반수단을 계획할 때 중요한 요소는 정해진 목표를 달성할 수 있도록 하는 것이다. 효과를 극대화하기 위해서는 시장의 가격 신호가 주어진 환경 문제를 해결하는 데 도움이 되어야 한다. 따라서 백색인증서 거래제도를 도입하면 가장 낮은 비용으로 에너지 효율성을 증대할 수는 있어도 이는 환경오염을 줄이는 가장 효과적인 방법은 아니다. 온실가스를 줄이고자 하는 정책 목표를 달성하기 위해서는 총량제한 거래방식 또는 환경세를 통해 온실가스 배출을 직접적으로 규제해야 한다. 에너지 효율성과 온실가스 배출량은 상관관계는 있으나 에너지 효율성 개선에 대한 시장의 가격 신호로 온실가스 배출을 규제하는 것은 쉽지 않은 일이다.

환경보호 효과

에너지 소비는 온실가스 배출과 대기오염 등 다양한 환경문제와 밀접하게 관련되어 있다. 따라서 백색인증서 거래제도는 에너지 소비 감소뿐만 아니라 기후변화와 대기오염에 대응할 수 있는 수단이다. 그러나 백색인증서는 집약도를 규제하는 것으로 배출되는 절대량을 조절하는 방법은 아니다. 또한, 에너지 효율 개선을 달성하면 추가적인 에너지 소비가 있을 수 있다는 점을 고려해야 한다. 가령, 보온재 설치를 통해 주택의 난방비가 줄어들면 평소보다 난방을 많이 틀어서 실내온도를 높이는 것과 마찬가지 이치이다.

다른 환경정책과의 조화

백색인증서 거래제도는 독립적으로 실행될 수도 있으나 총량제한 거래제도 및 저감인증권 거래제도의 목적과 겹치는 부분이 있다. 이 문제는 다음에 설명할 녹색인증서 거래제도에도 동일하게 발생한다. 기존 제도와 동시에 시행할 때에는 동일한 환경적 성과에 대해서 두 가지 혜택을 모두 누리지 못하도록 막을 수 있다. 그러나 오염물질 감축을 통한 사회적 효용이 충분하다고 판단될 때에는 두 가지 혜택을 모두 누리도록 인센티브를 설정할 수도 있다.

백색인증서 거래제도가 관련된 환경정책이 기존의 배출권 거래제도 등과 동일한 범위에 적용되면 두 가지 결과를 예상할 수 있다. 첫째, 환경오염 저감활동이 보다 광범위한 환경정책을 중심으로 발생한다. 왜냐하면 보다 광범위한 규제에 대응하면서 자연히 백색인증서 거래제도의 환경목표를 달성하기 때문이다. 둘째, 보다 광범위한 규제를 달성하는 데 따른 사회적 비용이 증가한다. 기업의 에너지 효율성 개선 노력이 반드시 가장 경제적인 방법이 아님에도 불구하고 선택되기 때문이다.

백색 인증서 제도는 다음과 같은 실행상의 문제점이 있다.

기준선의 결정

다른 시장기반수단과 마찬가지로 저감인증권 거래방식을 광범위하게 적용할 경우 가장 낮은 비용으로 경제적인 왜곡현상을 피하면서 최대한의 환경보호 효과를 누릴 수 있다 (여기서는 에너지 효율성 개선이 환경정책의 최종적인 목표가 아닌 간접적인 수단이기 때문에 발생하는 문제는 고려하지 않도록 한다). 그러나 광범위한 적용을 시도할 경우 에너지 효율성의 개선을 측정하는 데 따른 비용의 증가가 문제이다.

백색인증서를 지급하는 기준선을 판단하는 문제는 매우 까다롭다. 백색인증서 제도가 없을 경우 에너지 소비자의 행태를 예상해야 하기 때문이다. 예를 들어, 기준선이 결정된 후에 에너지 가격이 증가하면 백색인증서가 없어도 발생했을 에너지 효율성 개선 프로젝트에 인증서를 지급하게 된다. 또한 기준선과 실제 에너지 효율성 수준을 비교 측정하는 것도 많은 비용이 들 수 있다. 특히, 소비자들이 다양한 작은 프로젝트를 실행할 경우 더욱 복잡해진다.

기준선 설정의 비용을 절감하기 위해 산업별, 프로젝트별로 동일한 기준을 적용할 수 있다. 실제 에너지 효율 수준을 측정하는 문제를 해결하기 위해 특정 프로젝트를 실행했을 때의 결과를 미리 계산하는 방법도 있다.

하지만 비용을 절감하기 위해 실제 측정과 검증을 하지 않게 되면 실행되지 않았거나 제도 없이도 실행되었을 프로젝트에 대해 백색인증서를 지급하는 경우가 발생할 수 있다. 정기적으로 기준선을 설정하는 요소를 검증하여 이와 같은 위험을 줄여야 한다.

2.6. 녹색인증서 거래제도

녹색인증서 거래제도는 저감인증권 거래제도의 일종으로 녹색 에너지의 생산을 유도하려는 목적이 있다. 녹색 에너지의 정의는 제도에 따라 다를 수 있다. 주로 태양력, 풍력 등 재생에너지를 포함하며 탄소포집저장 기술까지 포함하기도 한다.

녹색인증서 거래제도는 생산하는 에너지의 일정 비중을 녹색 에너지로 할당해야 한다는 정부 규제에서 출발한다. 녹색 에너지의 비중은 생산자, 공급자, 소비자 수준 등 가치사슬 어디에서나 인정된다. 정해진 기준선 이상의 녹색 에너지를 생산하는 기업은 녹색인증서를 지급받을 수 있으며 이를 충족시키지 못한 기업은 벌금을 부과 받는다.

녹색 에너지가 생산된 이후 전력 그리드로 공급되면 다른 에너지 원천으로 발전된 전기와 구분할 수 없게 된다. 따라서 녹색 에너지에 대한 시장의 신뢰가 매우 중요한 요소이다. 생산과정에 대한 자세한 정보를 공개하고 녹색인증서를 만들고 거래하는 기관을 운영함으로써 신뢰를 구축할 수 있다.

녹색인증서 거래제도는 백색인증서 거래제도와 목적이 유사하다. 온실가스 배출을 줄이고, 대기오염을 감소시키며, 수입의존도 감소를 통한 에너지 안보를 확보할 수 있다. 녹색인증서 거래제도를 통해 녹색에너지 보급에 따른 여러 가지 문제를 해결할 수 있다. 규모의 부족에 따른 높은 비용, 기타 에너지 원천에 대한 보조금, 장기적으로 녹색에너지에 대한 투자를 유치하는 어려움 등에 대한 잠재적 해결책이 될 수 있다.

녹색인증서 거래제도는 장단점이 다음과 같다.

▌비용절감 효과

녹색인증서 거래제도를 도입하면 녹색 에너지를 생산하는 가장 저렴한 기술과 장소가 시장에서 결정된다. 백색인증서 거래제도와 마찬가지로 직접적인 환경 목표를 달성하지 못한다는 단점이 있다. 제도의 효과가 극대화 되기 위해서는 시장기반수단에서 발생하는 가격 신호가 대응하려는 환경문제에 직접적으로 영향을 주어야 한다. 즉, 녹색인증서 거래제도의 도입으로 저렴하게 녹색 에너지를 생산하게 되지만 이것이 환경오염을 줄이는 가장 좋은 방안이 아닐 수 있다. 예를 들어, 녹색인증서 거래제도 하에서 석탄을 이용한 화력발전소에서 가스를 이용한 화력발전소로 전환할 인센티브가 없다. 가스 발전소가 환경오염이 상대적으로 덜하더라도 녹색에너지는 아니기 때문이다.

녹색인증서 거래제도는 인증서에 대한 수요를 고정한 채 시장에서 가격이 정해지도록 한다. 그러나 인증서 공급이 이상기후 (예를 들어, 평년보다 심한 바람)에 의해 가격이 크게 변동할 수 있다. 특히, 특정 기술이 비용절감 효과가 뛰어나서 시장을 독점할 경우 문제가 더욱 심각해진다. 이에 대응해서 녹색인증서를 예금하거나 대출할 수 있는 시스템을 도입하는 방식도 있다.

그리고, 다음과 같은 실행상의 문제점이 있다.

기준선의 결정

대다수의 경우 녹색인증서의 기준선은 영(0)으로 설정된다. 녹색에너지에 대한 투자는 정부의 지원 없이 거의 불가능하기 때문이다. 그러나 수력발전소 등 기존 녹색에너지 생산자들은 정책 목표에 따라 기준선을 다르게 정할 수 있다. 예를 들어, 녹색에너지에 대한 추가적인 투자를 유도하고 싶다면 기존의 생산량은 제외하고 녹색인증서를 지급하면 된다. 기준선을 협상을 통해 정할 수 있으면 기업들이 로비활동을 펼칠 것이다. 기준선이 과도하게 낮게 설정되면 기존 녹색에너지 기업들이 많은 인증서를 받게 되고 가격이 하락하여 녹색에너지에 대한 투자가 저해될 수 있다.

정치적 타협

녹색인증서 거래제도를 도입하면 전력의 생산원가를 높이는 효과가 있다. 이에 따른 전기세 증가는 정치적 저항으로 이어질 수 있다. 특히, 저소득층은 에너지에 소비하는 소득비중이 크기 때문에 가장 크게 영향을 받는다. 정부는 저소득층의 에너지 소비에 대한 지원금 지급을 통해 악영향을 줄일 수 있다. 에너지 집약적 산업도 원가 상승이 예상되는데 이를 소비자들에게 전가하지 못할 경우 (예를 들어, 상품 가격이 국제적으로 결정되는 경우)에는 적절한 지원제도가 필요하다. 그러나 총량제한 배출권 거래제도와 달리 녹색인증서 거래제도는 정부가 추가적인 세수를 거둘 수 없기 때문에 다른 예산으로부터 지원금을 확보해야 한다.

2.7. 아태지역내 배출권 거래제도 현황

표 1은 아태 지역 내 주요한 배출권 거래제도를 나타내고 있다. 개별 프로그램마다 특성이 있지만 다음과 같은 공통점을 짚어볼 수 있다.

① 배출권 거래제도를 시행중인 아태지역 국가는 북미, 남미, 오세아니아 등 아시아 이외에 집중되어 있다. 아시아 국가들은 시장기반수단에 비해 명령지시형 규제를 선호하기 때문일 수 있다.

② 현행 배출권 거래제도는 경제전반을 아우르기보다 특정 부분에 초점을 맞추고 있다. 특정 지역만 적용되거나 (Emissions Trading Program은 미국의 몇몇 주에서만 실행 중) 특정 오염물질에만 (오존 파괴물질에 대응하기 위한 배출권 거래제도 등) 적용하고 있다.

③ 아태 지역에서 총량제한 거래방식과 저감인증권 거래방식 모두 실행 중이다. 오존 파괴 물질에 대응하기 위해서는 총량제한 거래방식이 선호된다. 몬트리올 협약에서 정한 배출한도를 지켜야 하기 때문이다. 이산화황 등 배출총량이 상대적으로 덜 중요한 경우에는 총량제한 거래방식과 저감인증권 거래방식이 모두 사용된다.

표 2는 지난 몇 년간 아태 지역에서 계획중인 배출권 거래제도를 소개하고 있다. 기존 배출권 거래제도와 비교했을 때 몇 가지 차이점을 찾아볼 수 있다.

① 아태 지역에서 배출권 거래제도에 대해 보다 호의적으로 변하고 있으며, 새로 계획중인 배출권 거래제도가 증가하고 있음을 알 수 있다. 또한 기존에는 적극적으로 참여하지 않았던 아시아 국가들의 참여가 기대된다. 그러나 대다수의 경우 초기 계획 단계에 머무르고 있으며, 실제로 운영되려면 더 시간이 지나야 할 것이다.

② 새로 계획중인 거래제도가 두 가지 측면에서 더 포괄적이다. 첫째, 몇 개 지역에 집중하기보다 경제 전반에 적용된다. 둘째, 주로 온실가스 감축에 초점을 맞추고 있다. 따라서, 자연히 광범위한 기업과 가계에 적용되는 것이기도 하다.

③ 새로 계획중인 거래제도는 저감인증권 거래방식보다는 총량제한 거래방식을 선호한다. 이는 기존 EU ETS 제도와 연계하고, 국제협약에 따른 감축목표를 달성하기 위한 것으로 해석된다.

표 1 아태 지역 내 배출권 거래 현황

국가	프로그램	종류	비고
호주	Renewable Energy Scheme	녹색인증서	재생에너지를 이용해 생산한 kWh당 인증서 지급. 인증서 거래를 통해 쿼터를 충족할 수 있음.
	NSW Greenhouse Abatement Scheme	저감인증권 배출권거래	New South Wales의 전력기업과 대규모 소비자들은 배출권을 구입해야 함.
캐나다	ODS Allowance Trading	총량제한 배출권거래	오존 파괴 물질에 대한 배출권 거래제도.
칠레	Santiago Air Emissions Trading	총량제한 배출권거래	Santiago 지역 총부유분진 (TSP)에 대한 배출권 거래제도.
멕시코	CFC tradable permits	총량제한 배출권거래	오존 파괴 물질에 대한 배출권 거래제도.
뉴질랜드	CFC import permit system	총량제한 배출권거래	오존 파괴 물질에 대한 배출권 거래제도로 몬트리올 협약에 따른 배출한도를 적용함.
싱가폴	ODS Permit Trading	총량제한 배출권거래	오존 파괴 물질에 대한 배출권 거래제도.
미국	Acid Rain Reduction	총량제한 배출권거래	이산화황 배출권 거래제도.
	CFC Trading	총량제한 배출권거래	오존 파괴 물질에 대한 배출권 거래제도로 환경세와 복합적으로 적용함.
	Emissions Trading Program	저감인증권 배출권거래	휘발성유기화합물 (VOC), 일산화탄소, 이산화황, 질소산화물에 대한 배출권 거래제도. 참여 기업들은 상계 (netting), 상쇄 (offsetting), 예치 (banking)를 할 수 있음. 상계 (netting)은 기업이 전반적인 감축 목표를 달성하기 위해 여러 사업의 환경성과를 합치는 것이다. 상쇄 (offsetting)은 기존의 배출을 감소시킴으로써 새로운 배출을 허용하는 것이다. 예치 (banking)은 배출권을 아껴두었다가 미래에 사용하거나 다른 기업에 파는 것이다.
	Lead Trading	저감인증권 배출권거래	가솔린의 납 성분에 대한 저감인증권 거래방식으로 정유소 간 거래가 가능함.

표 2 아태 지역 내 계획중인 배출권 거래제도

국가	프로그램	종류	비고	현황
호주	Carbon Pollution Reduction Scheme	총량제한 배출권거래	배출량이 많은 1,000개 기업을 대상으로 하며 총 배출량의 약 75%에 적용됨	의회에서 2번 통과에 실패했으며 2013년까지 결정이 지연됨
북미	Western Climate Initiative	총량제한 배출권거래	캐나다 4개 주와 미국 7개 주가 참여한 온실가스 배출권거래	2012년 도입예정
중국	Energy intensity trading scheme	저감인증권 배출권거래	텐진에서 에너지 집약도 인증권 거래	2010년 2월, 시범거래 개시
일본	Cap-and-trade on carbon emissions	총량제한 배출권거래	내각 승인을 얻은 전국적인 거래제도	의회결정 대기 도쿄는 개별적인 총량제한 거래제도
멕시코	Domestic trans-sector cap-and-trade	총량제한 배출권거래	온실가스에 대한 배출한도 설정. 배출량이 큰 3대 기업에 적용하며 미국 및 캐나다와 연계 가능	2012년 개시예정
뉴질랜드	Emissions trading scheme (NZ ETS)	총량제한 배출권거래	경제전반의 온실가스 배출권 거래제도	2008년 개시 후 적용 산업 추가중
한국	Emissions trading scheme	총량제한 배출권거래	이산화탄소 배출권 거래제도. 중국 등의 거래시장과 연계가능	2012년 개시예정
대만	Cap-and-trade on GHG emissions	총량제한 배출권거래	온실가스 배출권제도	정부에서 법안 발의
미국	Waxman-Markey Bill	총량제한 배출권거래	경제전반의 온실가스 배출권 거래제도	취소됨

2.8. 아태 지역 내 배출권 거래제도의 전망

배출권 거래제도는 이론적으로는 가장 적은 비용으로 환경오염 절감 효과를 거둘 수 있는 방법이지만 실제로는 정치적 타협, 측정의 어려움, 시장 상황 등에 의해 어려움을 겪을 수 있다.

따라서 아태 지역에서 경제 전반에 적용하는 배출권 제도의 전망은 불확실하다. 여러 아태 지역 국가에서 총량제한 배출권 거래제도 관련 법안이 통과되지 못하고 있다. 호주에서는 상원에서 총량제한 배출권 거래제도를 기각했고, 미국은 전국 규모의 총량제한 배출권 거래제도 계획을 포기했고, 일본과 대만에서는 정부에서 관련 법안을 발의한 상태에서 입법부의 결정을 기다리고 있다. 성공적으로 도입된 총량제한 배출권 거래제도는 개별 도시 또는 지역에만 적용된다. 예를 들면, 중국 텐진과 일본 도쿄가 있다.

한 가지 아이러니컬한 점은 민주적인 절차로 당선된 각료들이 입안한 총량제한 배출권 거래제도를 입법부에서 통과시키지 않는다는 것이다. 그 원인은 2009년 코펜하겐 기후회의에서 찾아볼 수 있다. 대다수의 정책이 기후회의 이전에 제안된 것이다. 당시에는 회의에서 세계 각국에 대한 탄소배출량 감축 목표가 설정될 것으로 기대했다. 그러나 기후회의에서 법적 구속력이 있는 목표를 설정하지 못하자 많은 국가에서 총량제한 배출권 거래제도에 대한 정치적 의지가 약해졌다. 따라서 코펜하겐 기후회의 이후 입법부에서 법안을 통과시키지 않게 된 것이다. 이는 아태 지역 국가들의 총량제한 거래제도 도입에는 국제적인 합의가 매우 중요한 요소라는 것을 보여주기도 한다.

아시아 내 국가들에 총량제한 거래제도가 성공적으로 도입되지 못한 또 다른 이유로는 명령지시형 규제에 대한 선호현상을 들 수 있다.

① 역사적으로 환경 규제는 명령지시형 규제방식을 따라왔으며, 배출권 거래제도는 매우 현대적인 개념이다. 따라서 명령지시형 규제방식이 선점 우위를 지닌다.

② 다양한 이익집단이 배출권 거래제도를 거부한다. 기존 명령지시형 규제에 익숙한 관료들은 배출권 거래제도와 같은 시장기반수단을 사용하는 데 익숙하지 않다. 환경단체들은 기업들에게 오염물질을 배출할 권리를 준다는 것이 도덕적으로 옳지 않다고 반대하기도 한다. 실제로 배출권은 기업의 오염물질 배출 권한을 규제하는 것임에도 윤리적 저항을 보이는 것이다. 시장기반수단에 대한 윤리적 저항이 상당히 사라졌으나 완전히 없어지지 않았다고 한다.

③ 아사아 국가들은 중앙집권적 관료제도를 유지하고 있다. 따라서 명령지시형 규제를 선호한다. 배출권 거래제도 등 시장기반수단은 정부의 힘을 약화시킨다고 생각할 수 있다.

④ 명령지시형 규제의 가장 큰 문제점은 제도의 유연성 부족에 따른 비용부담이다. 그러나 이 비용은 겉으로 드러나지 않거나 간접적인 경우가 많다. 따라서 명령지시형

규제에 따른 비용부담이 최종적으로 누구에게 돌아갔는지 판단하기 어렵다. 반면, 환경세와 같은 시장기반 수단은 이해관계자들에게 직접적인 영향을 준다.

이는 기존에 총량제한 거래방식이 환경세 제도보다 정치적 저항을 덜 받은 이유와 같다. 그러나 최근 총량제한 거래방식에 대한 비판적인 언론보도가 늘어남에 따라 대중의 인식도 변하고 있다. (예를 들면, 미국에서는 배출총량 거래제도에 대해 "cap-and-tax"라고 부르고, 호주에서는 "a great big new tax"라고 조롱한다.) 즉, 총량제한 거래방식의 실제 비용부담은 명령지시형 규제에 비해 낮을지 모르나 이해관계자들이 느끼는 비용부담이 상대적으로 크기 때문에 정치적 저항을 받기 쉽다.

배출권 거래제도에 대한 정치적 지원을 받는다 하더라도 실제로 효과적인 제도를 정착시키기 위해서는 많은 문제를 해결해야 한다. 몇 가지 이슈는 제도 구상 단계에서 해결할 수 있다. 예를 들어, 많은 오염원천의 배출량을 측정하는 문제는 가치사슬의 다른 부분에 측정지점을 정함으로써 해결할 수 있다. 규제대상에서 벗어나려는 이익집단을 방지하기 위해 적절한 보상을 하거나 (이 때, 배출량을 줄이기 위한 인센티브는 유지되도록 해야 한다.) 미래의 설비투자에만 적용할 수 있다.

그러나 몇몇 산업과 기업은 배출권 거래제도에서 제외될 가능성이 있다. 이런 경우에는 제외된 산업에 대해서 적절한 규제를 통해 가장 비용부담이 낮은 저감활동을 촉구해야 한다. 그러나 실질적으로 이와 같은 저감활동의 비용을 예측하기는 매우 어려운 일이다.

정부에서 총량제한 배출권 거래제도를 도입하여 녹색에너지 기술의 발전을 도모한다고 하더라도 정보 보급, 화석연료 기술에 대한 최소배출량 규제, 재생에너지 연구개발에 대한 투자 등을 통해 배출권 거래제도를 보완하는 노력이 요구된다.

아태지역에서 국가간 배출권 거래의 전망은 다음과 같다.

교토 의정서 하에서 시행된 청정개발체제(CDM)는 부속서 1 국가 (Annex 1국가: 감축의무에 동의한 국가들을 의미함)들이 온실가스 감축목표를 달성하기 위해 실행된 최초의 성공적인 제도이다. 이는 개발도상국에서 시행하는 온실가스 감축 프로젝트에 대해 투자함으로써 배출권을 얻는 방식이다. 대다수의 국가들이 개별적인 총량제한 배출권 거래제도를 시행하기 위해 자체적인 감축목표를 정했다. 따라서 국가간 배출권 거래제도 연계가 가능한지 살펴볼 필요가 있다. 이와 같은 국제적인 배출권 제도가 도입되면 배출권 제한을 받는 기업이 다른 국가에 환경오염 감축 프로젝트에 투자하거나 다른 국가에서 배출권을 구입할 수 있다. 이와 같은 국제적인 배출권 거래제도를 도입하면 국가별로 도입할 때보다 저감비용이 가장 낮은 대안을 선택할 수 있다는 장점이 있다.

그러나 단기간 내에 이 지역을 아우르는 국제적인 배출권 거래제도가 도입되긴 힘들 것이다. 국제적인 연계를 하기에 앞서 각국에서 제도를 효과적으로 실행해야 한다. 이는 닭이 먼저냐 계란이 먼저냐는 논란으로 이어질 수도 있다. 앞에서 코펜하겐 기후회의에서 다자간 협약에 실패하면서 개별 국가에서 계획 중이던 배출권 거래제도가 힘을 잃었다고 말했다. 반대로, 개별 국가에서 배출권 거래제도를 도입하지 못했기 때문에 국제적인 연계가 이루어지지 못한다고 볼 수도 있다. 그러나 코펜하겐 기후회의에 참여한 국가보다 작은 규모의 지역에서 합의를 이루는 것이 개별 국가의 배출권 제도 도입에 힘을 싣는 계기가 될 수 있다.

몇 개 국가 내에서 합의가 이루어지고, 개별 국가에서 관련 법안을 통과시킨다고 해도 국가간 제도를 연계시키는 것은 여러 가지 문제가 따른다. 국가별 제한 규정, 배출권 거래 관련 기타 규정 (배출권의 대출 및 상쇄에 대한 한도 등), 배출권 가격 제한 폭, 법적 제도의 수준 등이 모두 다르기 때문이다. 또한, 국가별로 고유의 상황을 고려하여 제도를 구상한 경우에 연계시키는 것이 복잡해질 수 있다. 예를 들어, 중국이 배출집약도에 대한 감축목표를 정하면 총량제한 배출권 거래제도와 연계하기 어려워진다.

보다 가능성이 높은 현상은 작은 배출권 시장이 규모가 큰 배출권 시장에 점차적으로 연계되는 것이다. 결과적으로 소수의 대규모 배출권 시장만 남게 될 것이다. 예를 들어, 멕시코는 자국 탄소시장을 국제적인 탄소시장에 연계시킬 계획을 하고 있다. 한국 역시 중국 등 큰 시장과 연계를 고려하고 있다. 현재 계획중인 다국적 탄소시장은 Western Climate Initiative으로 미국 및 캐나다의 여러 주가 참여하는 총량제한 배출권 거래제도이다

3. 시장마찰 완화

시장마찰 완화는 환경 목표를 달성하기 위해 시장이 유연하고 효율적으로 운영되도록 하는 것이다. 시장마찰 완화는 대부분의 환경 문제가 시장실패에 의해 발생한다는 가정 하에 출발한다. 시장실패는 높은 거래비용, 정보 비대칭, 불완전한 소유권 인정 등에 의해 발생한다. 시장마찰을 완화시키면 시장실패를 방지할 수 있고, 더 나아가서는 시장실패에 의해 발생하는 환경문제를 해결할 수 있다.

아주 대표적인 환경문제로 어류 남획을 들 수 있다. 시장원리에 따르면 과도하게 많은 어류를 잡게 되기 때문에 시장실패가 발생한다. 각 어장에서 허용하는 포획량에 대해서 서로 다른 어부들간에 합의를 이끌어내는 데 거래비용이 과도하게 들기 때문에 시장실패가 일어나는 것이다. 하나의 대안으로, 민간단체에 어장에 대한 소유권을 인정할 수 있다. 소유자들은 정해진 어장에 대한 어획권을 가지게 된다. 그러면 어부들이 개별적으로 합의를 이룰 필요 없이 소유권자와 협상을 하면 되기 때문에 거래비용이 줄어든다. 소유권자들은 장기적인 안목에서 어류 남획을 방지하고 지속가능성을 염두에 두기 때문에 시장실패를 방지할 수 있다. 이는 시장마찰 완화에 대한 단순한 사례일 뿐이다. 실무적으로는 어장에 대한 소유권을 배정하는 데 많은 문제가 발생한다. 어장간 경계의 표시의 어려움, 어류가 어장간 이동이 가능하다는 점, 국제수역 내에서 소유권을 보장하는 데 따른 어려움 등이 있다.

시장마찰 완화와 시장기반수단의 차이는 시장실패에 대응하는 방법의 차이에 기인한다. 배출권 거래제도와 재정정책 등의 시장기반수단은 정부의 직접적인 시장 개입을 통해 이루어진다. 그러나 시장마찰 완화는 시장이 잘 기능하도록 함으로써 시장실패에 대응한다.

본 보고서에서는 시장조성, 책임원리 제도, 정보 확산 프로그램 등 3가지 종류의 시장마찰 완화에 대해 논의하기로 한다.

3.1. 시장조성

시장조성은 환경과 관련된 자원과 생산물이 거래될 수 있는 시장을 만드는 것을 의미한다. 기존에 존재하지 않았던 어장, 산림, 생태계, 생수 등과 관련한 거래 시장을 조성하는 것이다.

시장을 조성하기 위해서는 우선 자원과 생산물에 대한 소유권을 명확하게 해야 한다. 이를 통해 소유권자가 단기적인 이익을 위해 자원을 소진하기보다는 장기적인 안목으로 자원을 보존하도록 하는 것이다.

표 3은 환경정책을 위해 사용할 수 있는 시장조성의 사례를 나타낸다. 수자원, 어획권, 환경스왑(debt-for-nature swap), UN 지구환경기금(GEF) 등은 기존에 발생하지 않았을 거래와 활동을 촉진하는 시장을 조성한 사례로 볼 수 있다.

전력산업 구조조정은 이미 존재하는 전력시장에 대한 정책이기 때문에 성격이 조금 다르다. 그러나 이를 시장조성으로 분류하는 이유는 전력시장에서의 소유권을 보다 명확하게 하는 제도이기 때문이다. 이는 여러 가지 방법을 통해 달성할 수 있다. 첫째, 전력시장의 규제완화 및 민영화를 통해 경쟁원리를 도입할 수 있다. 예를 들어, 국영 전력기업이 독점적으로 전력을 공급할 수 있는 권한을 없는 것이다. 둘째, 최근에 주로 사용되는 방법으로 발전차액 지원제도 (FiT)와 신재생에너지 의무할당제 (RPS)를 실시할 수 있다. RPS 하에서 에너지 사업자는 생산량의 일정 쿼터를 재생에너지원으로부터 얻어야 한다. FiT 하에서 재생에너지 생산자들은 고정된 가격에 전기를 공급할 수 있다. 따라서 생산단가가 비싼 재생에너지 전력이 활발히 공급되도록 하는 것이다. 재생에너지를 활성화시키기 위해 사용할 수 있는 세 번째 시장기반수단은 녹색인증서 거래제도이다.

시장조성의 장단점은 다음과 같다.

비용절감 및 환경보호 효과

표 3은 시장조성의 경제적 효과와 환경적 효과를 모두 나타내고 있다. 각 시장조성 방식에 따라 경제적 효과와 환경적 효과가 다르지만 공통점을 찾아볼 수 있다. 예를 들어, 시장조성 정책의 장점은 경제적 효율성을 개선한다는 것이다. 시장조성은 시장마찰을 완화하려는 목적이 있기 때문이다. 대부분의 환경문제는 시장실패에 의해 일어나기 때문에 시장의 효율성 개선을 위한 시장조성 정책을 통해 환경적 효과를 거둘 수 있는 것이다.

표 3 시장조성의 사례

시장	비고	경제적, 환경적 효과
수자원 거래 시장	수자원 소유권을 거래하는 것으로 부동산에 대한 소유권과 수자원 사용 권리를 분리해야 함.	*경제적:* 수자원의 가치를 가장 높게 평가하는 순으로 배분되므로 효율성이 향상됨.
		환경적: 댐 또는 저수지 건설을 하지 않으면서 수자원 수요를 충족시킬 수 있음. 소유권자는 수질 보호 인센티브를 가짐. 습지 보존 등의 목적으로 수자원을 매입할 수 있음.
어획권 거래 시장	특정 어류에 대한 어획권을 거래함.	*경제적:* 어장의 가치를 가장 높게 평가하는 순으로 배분됨. 남획에 따른 비효율성을 방지함.
		환경적: 어장의 지속가능한 관리가 유지됨.
전력시장의 구조조정, 민영화 및 규제완화	국영 전력기업의 민영화를 통한 전력시장 경쟁력 강화	*경제적:* 경쟁 도입을 통해 전력시장의 투자와 운영의 효율성을 개선함.
		환경적: 청정기술의 혁신을 가져옴. 전력시장이 개방되면 다른 시장기반수단의 효과성을 개선할 수 있음. 그러나 가격 하락에 따른 전력소비 증가로 환경에 악영향을 미칠 수 있음.
전력산업 구조조정을 위한 FIT와 RPS	재생에너지를 이용한 전력 발전을 유도함	*경제적:* 재생에너지 발전의 규모의 경제를 달성하면 장기적으로 전력 발전 원가를 낮출 수 있음. 에너지 자원 다각화를 통해 에너지 안보를 향상시킬 수 있음. 정부 당국에서 적절한 기술을 선택하는 것이 어려움. 선택된 기술은 적극적인 지원을 받는 반면, 다른 기술은 외면될 가능성이 있음. *환경적:* 화석연료를 사용한 화력발전으로 인한 환경오염 절감. 환경목표를 달성하는 데 필요한 비용을 증가시킬 우려가 있음.
환경스왑 (Debt-for-nature swaps)	국가 채무를 환경보호에 대한 의무로 대신함	*경제적:* 환경보존은 필요한 만큼 생산되지 않는 공공재이므로 환경보존을 늘림으로써 효율성을 개선할 수 있음. 환경보존 효과를 극대화하기 위한 최적의 스왑 비율을 정하기 어려움.
		환경적: 환경보존의 향상
UN 지구환경기금 (GEF)	UN 자금으로 개발도상국에 대한 투자를 통해 전세계의 환경문제 개선	*경제적:* 생태계 다양성 등 저생산되는 공공재의 생산 증진.
		Environmental: 친환경적 공공재의 생산량 증가.

실행상의 문제점

소유권을 보장하기 위해서는 결정해야 할 사안이 많다. 제도의 운영을 어떻게 할 것인지는 각국의 상황에 따라 다르겠으나 자원을 누구에게 배분할 것이지, 소유권을 부여할 것인지 사용권을 부여할 것인지, 소유권의 거래를 허용할 것인지, 어장 또는 수자원의 경우 소유권의 거래를 허용하면서 일정 사용한도를 부과할 수 있다. 앞서 대기오염에 대한 대책으로 설명한 총량제한 배출권 거래제도와 유사하게 작동한다. 소유권이 영구적으로 유지되는 것인지, 소유권을 개인이 관리할 것인지 공동으로 관리할 것인지 등을 결정해야 한다.

자원을 누구에게 배분할지 정하는 것은 부의 분배와 평등과 관련되기 때문에 매우 민감한 사안이다. 많은 경우 역사적으로 해당 자원의 사용권을 가지고 있었던 이들의 소유권을 인정함으로써 정치적 저항을 최소화하려고 한다. 그러나 가장 높은 가격을 지불하려는 이들에게 경매를 함으로써 정부의 수입을 늘리는 방안도 있다. 이를 통해 다른 세금을 줄이거나 환경문제 대응에 활용할 수 있다.

소유권의 거래를 허용할 것인지 역시 경제적 효율성 및 평등과 관련된다. 거래가 발생할 경우 소유권의 가치를 극대화할 수 있고 효율성을 개선할 수 있다. 그러나 거래되는 소유권이 많지 않을 경우 독점이 발생하고 효율성과 평등이 모두 악화될 수 있다.

소유권의 거래를 허용할 경우, 소유권 거래 경험이 없는 이들이 손해를 보지 않도록 관리할 필요가 있다. 수자원 소유권 거래의 경우 정보가 부족한 소규모 소유권자들이 투기자본으로 제값을 받지 못하고 소유권을 넘기기도 한다. 소규모 소유권자들은 단기적으로 이익을 얻을지 모르나 미래에 더 높은 가격을 지불하게 됨으로써 장기적으로 손실을 볼 수 있다.

전력시장 구조조정의 경우 추가적인 문제가 발생할 수 있다. 전력산업의 민영화를 추진할 경우, 민영기업은 국영기업보다 환경문제에 민감하지 않을 수 있다. 특히, 재생에너지를 활용한 전력 발전에 대한 인센티브가 상대적으로 적을 수 있다.

FiT과 RPS는 이와 같은 위험을 줄일 수 있으나 고유의 문제를 안고 있기도 하다. 재생에너지 지원정책을 얼마나 유지할 것인지, 정부 지원의 규모는 어느 정도 수준으로 할 것인지, 자원배분은 어떻게 할 것인지 (높은 전기 가격에 대해 소비자들에게 보상을 할 것인지 등)와 같은 중요한 정책 결정을 내려야 한다. 재생에너지를 활용한 전력 생산 인센티브를 강화할수록 정책에 소요되는 비용은 증가한다. 예를 들어, FiT 제도는 특정 기술에 대한 수요만 증가시키며 다른 기술의 발전을 저해할 수 있다. 또한, FiT 제도는 배출을 감소시키는 특정 기술의 보급을 확산시키는 동시에 다른 기술의 보급을 어렵게 만든다. 예를 들어, 풍력발전을 확산시키지만 석탄에서 가스로의 전환을 유도하지는 못한다.

보다 본질적인 문제는 시장조성 정책을 펼치면서 국영 자산을 헐값에 매각할 가능성이 있다는 것이다. 이는 국민으로부터 거둔 세금을 민간기업에 넘겨주는 것과 같다. 더구나 민간기업은 단기적인 이익을 극대화하면서 자산의 지속가능성을 고려하지 않을 수 있다. 도산하거나 문제가 생길 경우에 정부가 개입할 것이라고 믿는 도덕적 해이가 발생하기 때문이다. 따라서 재생에너지 활용을 촉진하기 위한 전력시장 구조조정을 실행하기 전에 주의 깊게 계획을 세워야 한다.

FiTs/RPS vs. 녹색인증서 거래제도

FiT, RPS, 녹색인증서 거래제도는 모두 재생에너지 활용을 촉진하기 위한 정책수단이다. 따라서 각 수단의 장단점을 비교해볼 필요가 있다. RPS는 녹색인증서 거래제도에 비해 단점이 부각된다. RPS는 녹색인증서 거래제도와 동일한 정책 목표에 사용되지만 비용부담이 더 크다. 에너지 사업자마다 재생에너지 생산에 따른 상대가격이 다르다는 것을 고려하지 않고 정해진 양의 재생에너지 전력을 구입하도록 하기 때문이다. 이는 해안가에 위치한 에너지 사업자의 경우 풍력발전 전기를 보다 낮은 가격에 구입할 수 있는 등의 차이로 의해 발생한다. 그러나 두 가지 방법 모두 재생에너지로 생산할 전력의 양을 정확하게 정할 수 있다는 장점이 있다.

반면, FiT는 일정 수준 이상의 재생에너지 전력이 생산된다는 것을 보장하지 않는다. 고정가격을 너무 낮게 설정하면 목표를 달성하지 못한다. FiT는 비용부담이 상대적으로 크다. 경제적 비용을 최소화하기 위해서는 재생에너지 종류와 무관하게 전력가격을 일정하게 정해야 한다. 그러나 FiT 제도 하에서 생산단가가 높은 재생에너지는 더 높은 가격을 받는다. FiT 제도의 장점은 재생에너지로 생산한 전기에 대해 고정가격을 보장해줌으로써 장기적인 재생에너지 투자를 유도할 수 있다는 것이다. 이는 장기적인 규모의 경제로 이어질 수 있다. 이와 달리 RPS와 녹색인증서 거래제도와 같은 쿼터 기반의 제도는 불확실성이 항상 존재한다. 재생에너지를 이용한 전력 생산량이 급증할 경우 가격이 폭락할 수 있다.

표 4는 아태 지역 내 실행중인 시장조성 정책을 정리하고 있다. 실행중인 다양한

시장조성 정책의 현황과 전망에 대해 다음과 같이 요약할 수 있다.

① **수자원 소유권 거래:** 수자원 소유권 거래의 경우 기존 제도를 보완할 방법은 있지만 새로운 제도의 도입 가능성은 크지 않다. 물 부족 현상이 발생하는 국가의 경우 이미 수자원 소유권 거래시장이 잘 조성되어 있기 때문이다. 호주, 칠레, 미국의 경우 1980년대부터 제도가 시작되었다. 중국은 도입 초기단계에 있으며, 인도네시아는 평등 원칙에 위배된다는 이유로 수자원 소유권 거래를 금지했다.

② **어획권 거래:** 호주, 뉴질랜드, 미국 등은 수산물 보호를 위해 개별 쿼터를 도입했다. 그러나 이와 같은 제도를 아시아 국가에 그대로 도입하기는 어렵다. 해안가에는 어업을 통해 생계를 유지하는 지역들이 있는데 이들로부터 어획권을 빼앗는 결

표 4 아태 지역 내 시장조성 프로그램 현황

국가	시장	비고
호주	수자원 거래	1982년 도입되어 Murray-Darling Basin의 환경보호 계획으로 이어짐
	리볼빙 펀드	환경 보호 목적으로 부동산을 매입하여 환경보존에 뜻이 있는 투자자에게 매각함
칠레	수자원 거래	1981년 도입되었으나 거래량이 적음
중국	수자원 거래	2000년대에 시범 운영 후 2008년 관련 정책의 도입으로 성(省)간 수자원 거래가 가능해짐
인도네시아	환경스왑	산림 보호 강화를 약속하는 대신 미국에 대한 채무 3,000만 달러 감면
말레이시아	전력시장 구조조정	2001년 이후 재생에너지를 이용해 생산된 전력을 전국적인 그리드를 통해 공급할 수 있게 됨
멕시코	환경스왑	USAID, Conservation International과 13개 환경스왑 계약
	수자원 거래	과도한 수자원 소유권 배분으로 거래가 제한적임
뉴질랜드	어획권 거래	1986년 도입되어 모든 어종에 적용됨
필리핀	환경스왑	미국, 독일, Worldwide Fund for Nature 등과 7개 스왑거래 계약
싱가폴	전력시장 구조조정	2001년 전력산업 민영화
미국	수자원 거래	1980년대 미국 서부에서 도입. 수자원의 공급지인 지방과 수요지인 도시간의 수자원 거래를 활성화시킴
	전력시장 구조조정	1990년대에 전력 생산 및 공급 산업의 경쟁을 강화시킴

과가 발생하기 때문이다. 이와 같은 제도는 정치적 저항이 심각하다. 또한, 어획량을 정확하게 측정할 수 없다는 문제도 있다.

③ **전력시장 구조조정**: 기존의 전력시장 구조조정은 국영기업의 민영화 및 규제완화를 통해 경쟁을 늘리는 방법으로 이루어졌다. 그러나, 아시아 국가들은 재생에너지 전력의 생산을 장려하여 기존 발전소와 경쟁을 유도한다. 중국, 일본, 한국, 대만, 말레이시아, 인도네시아 등에 FiT제도 및 RPS 제도가 도입되었다.

④ 한 가지 흥미로운 점은 아시아 국가들은 녹색인증서 거래제도보다 RPS 제도를 선호한다는 것이다. 이론적으로는 녹색인증서 거래제도가 RPS보다 우수하기 때문이다. 아시아 국가에서 재생에너지 발전이 초기단계에 있기 때문에 RPS 제도를 실행하다가 향후에 녹색인증서 거래제도를 도입하려 할 수도 있다.

⑤ **환경스왑 및GEF**: 아직까지 환경스왑과 GEF는 온실가스 감축 정책에서 큰 부분을 차지하고 있지 않다. 그러나 성장 가능성이 매우 크다. 특히 2009년 인도네시아와 미국이 계약한 환경스왑은 역사적으로 가장 규모가 컸다.

3.2. 책임원리 제도

책임원리 제도 하에서는 오염물질을 배출한 주체가 환경오염에 따른 비용을 모두 부담해야 한다. 과실 책임만 묻는 경우에는 오염물질 배출에 대한 사전적 대비를 충분한 대비를 하지 않았을 때 손해배상의 의무를 지닌다. 그러나 무과실 책임원리 제도 하에서는 기업이 필요한 사전적 대비를 갖추었다 하더라도 환경오염에 대한 모든 책임을 져야 한다.

환경오염은 외부효과를 지니며 오염물질을 배출하는 주체가 그 비용을 모두 감당하지 않는 시장실패에 의해 환경문제가 발생한다. 책임원리 제도는 이와 같은 논리에서 출발한다. 오염물질 생산자는 외부효과를 고려하지 않고 생산량을 결정하기 때문에 시장경제 하에서 오염물질이 사회적으로 최적수준보다 많이 배출된다. 그러나 책임원리 제도를 도입하면 생산자가 환경오염 비용을 전부 부담해야 한다. 생산자는 환경비용을 포함한 모든 비용을 고려해서 생산량을 정하게 되고, 사회적으로 최적 수준의 환경오염만 발생하게 된다.

책임원리 제도는 다음과 같은 장단점을 갖는다.

▌비용절감 및 환경보호 효과

책임원리 제도의 장점은 (여타 시장기반수단과 달리) 환경오염 그 자체보다 환경오염에 따른 피해를 직접적으로 다룬다는 점이다. 책임원리 제도 하에서 기업은 모든 잠재적인 환경 피해를 고려해서 생산을 결정하게 되고, 이는 효율성 개선으로 이어진다. 동시에 책임원리 제도는 보다 정확하게 환경정책의 목표를 달성할 수 있게 한다. 반면, 환경세와 배출권 거래제도는 오염물질 배출량을 줄일 인센티브를 제공하지만 실제로 발생하는 환경 피해를 줄이지는 않는다. 특히, 폐기물 처리와 같이 오염물질의 양 뿐만 아니라 폐기 장소 및 방법이 중요한 경우에 제도상의 큰 차이가 날 수 있다.

책임원리 제도를 실행하는 데 따른 소송비용 및 기업의 파산위험 증가에 따른 사회적 비용이 과다할 경우, 제도를 실행함에 따라 절감할 수 있는 비용부담이 크지 않을 수 있다. 그러나 책임소재가 분명한 환경문제 또는 환경오염에 따른 피해규모가 기업규모에 비해 작은 경우에 책임원리 제도는 매우 효율적인 환경정책이 될 수 있다.

▌실행상의 문제점

책임원리 제도를 구상할 때 누구에게 적용할 것인지 (환경오염 활동의 주체 또는 오염 발생 지역의 소유자), 책임 소재가 어느 기간까지 유효한지, 책임 수준은 어디까지인지 (과실책임 또는 무과실 책임원리), 소급적용을 할 것인지 등을 결정해야 한다. 소급적용을 할 경우 앞으로의 행태 변화에 대한 인센티브는 부여하지 못하지만 환경 복구에 활용할 수 있는 자금을 확보하는 데 유용하다. 반면에 기존에 오염된 지역에 대한 비용부담 증가로 다른 지역에 개발이 몰려 오염을 확산하는 결과를 가져올 수도 있다.

책임원리 제도를 실행하는 데 따른 가장 큰 어려움은 환경피해 금액을 정확하게 추정하고 책임소재를 가리기 힘들다는 것이다. 환경오염이 단기적으로 발생하거나 책임소재가 분명할 경우에는 큰 문제가 되지 않는다. 그러나 환경오염에 의해 발생한 암 환자에 대한 비용 등은 장기적이고 책임소재를 가리기 힘들다.

또 한가지 문제점은 소송비용이 높다는 것이다. 잦은 소송에 따라 책임원리 제도의 거래비용이 급격하게 증가할 수 있다. 이 경우에는 유독성 폐기물과 같이 피해규모가 매우 커서 소송비용이 상대적으로 비중이 낮을 때에만 제도가 운영될 수 있다.

환경오염을 일으킨 기업이 비용부담을 감당하지 못해 파산하는 경우도 발생할 수 있다. 기업의 파산위험을 줄이기 위한 대안으로는 복구비용에 대한 상한선을 정한다든지, 고위험 산업군은 의무적으로 보험 또는 복구비용펀드에 가입하게 만드는 방법이 있다. 그러나 책임을 제한함으로써 환경오염에 따른 피해를 줄이기 위한 인센티브 역시 제한될 수 있다.

마지막으로 책임원리 제도가 효과적으로 운영되기 위해서는 사법 체계가 잘 갖추어져 있어야 한다. 사법 체계가 약한 국가에서 책임원리 제도를 시행할 경우 운영상의 문제가 많이 발생하여 환경정책으로써의 효과가 제한적일 수 있다.

표 5는 아태 지역 내 실행중인 책임원리 제도를 소개하고 있다. 여기서도 몇 가지 공통점을 찾아볼 수 있다.

① 앞선 이론적인 논의에서 예상할 수 있듯이 책임원리 제도는 폐기물 처리 및 오염물질 유출 등의 환경문제에 주로 적용된다. 예외적으로 중국은 Torts Law를 통해 모든 종류의 오염물질에 대해 책임원리를 도입하고 있다.

② 인도네시아와 멕시코 등 개발도상국의 경우 사법 체계가 약해서 책임원리 제도 집행의 어려움을 겪고 있다. 이 때문에 과실책임만 묻기보다는 기업이 충분한 사전적 대비를 갖추었는지 판단할 필요가 없도록 환경오염에 대해 무과실 책임원리 제도를 도입한 것으로 판단된다.

표 5 아태 지역 내 책임원리 제도 현황

국가	책임원리 제도 시행 현황
중국	2010년 7월부터 Torts Law 시행으로 생산자들은 모든 종류의 환경오염에 대해 책임을 부담함
인도네시아	1997 Environmental Management Act에 따라 유해 폐기물에 대한 무과실 책임원리 제도 도입
일본	환경오염 사고 및 불법적인 폐기물 처리에 대해 책임원리 제도 적용
멕시코	환경파괴에 대한 무과실 책임원리 제도 도입
싱가폴	수송과정에서 석유 유출로 인한 환경오염에 대한 책임원리 제도
태국	2009년 12월에 수송과정에서 석유 유출로 인한 환경오염에 대한 책임원리 제도 승인
미국	기업이 폐기물 처리, 기름 유출, 유해물질 유출에 대한 복구 비용을 배상해야 하는 책임원리 제도

③ 이 지역내 책임원리 제도의 도입이 증가하고 있는 추세이다. 가장 최근에 도입한 국가는 중국과 태국이다.

3.3. 정보확산 프로그램

정보확산 프로그램은 생산자, 소비자, 정부간 정보의 양과 질이 향상되도록 하는 제도이다. 불완전 정보에 의한 시장실패를 극복하고자 하는 노력이다. 정보의 양과 질을 개선함으로써 시장 참여자들이 보다 나은 의사결정을 하고, 효율성이 개선되며, 바람직한 환경 성과를 거둘 수 있게 되는 것이다. 정보확산 프로그램은 의무적 프로그램과 자발적 프로그램으로 구분할 수 있다. 본 절에서는 의무적 프로그램을 살펴보고 4절에서는 자발적 프로그램을 논의하기로 한다.

환경정책과 관련된 정보확산 프로그램은 다음과 같다.

① **환경 라벨링:** 소비자들이 제품 구매 시 더 많은 정보를 바탕으로 의사결정을 할 수 있다. 두 가지 종류의 라벨이 있다. 에너지 효율성 라벨은 주로 전자제품의 효율성을 나타낸다. 환경 라벨은 친환경 제품과 서비스에 대한 인증을 한다.

② **모범사례 홍보:** 설문조사, 정부지원 시범사례 등을 보급하여 정보 불균형 해소를 목적으로 한다.

③ **공시의무 강화:** 기업의 환경 리스크와 환경 영향을 정부 또는 투자자들에게 보고하도록 의무화한다.

④ **에너지 외부감사:** 에너지 효율성에 대한 외부감사를 통해 효율성 개선 방안과 에너지 보존 방안을 자문한다. 에너지 외부감사를 통해 얻은 정보는 향후 정책에 반영한다.

정보확산 프로그램은 다음과 같은 장단점이 있다.

▌비용절감 및 환경보호 효과

정보의 양과 질을 개선하는 것이 목적이지만 각 프로그램의 경제적, 환경적 효과는 다를 수 있다. 에너지 효율성 라벨은 소비자들이 제품 구매 시 미래의 에너지 소비를 예측할 수 있도록 한다. 미래 에너지 사용량 제한을 통해 환경오염을 잠재적으로 줄일 수 있다.

환경 라벨은 환경문제에 예민한 소비자들이 친환경 제품을 선호한다는 것에서 출발한다. 환경 라벨은 친환경 기업이 소비자들에게 정보를 전달하는 방식으로, 외부효과를 없애고 시장의 기능을 보완한다. 동시에 다른 기업들도 환경 라벨을 인증 받기 위해 친환경 경영을 하도록 유도한다.

정보는 개개인이 수집할 때의 비용은 크지만 누군가가 수집하여 정보를 제공할 수 있다는 점에서 공공재의 성격을 가진다. 기업간 협회 또는 노조연합 등에서 정보를 수집해서 분석할 수도 있다. 또한, 정부가 개입해서 모범사례를 홍보하거나 설문조사 및 정부지원으로 시범운영 한 후 정보를 보급할 수 있다.

공시의무 강화는 두 가지 근거를 바탕으로 한다. 첫째, 기업에 대한 정보가 소비자와 정부에 잘 전달되면 소비결정 및 정책결정을 향상시킬 수 있다. 따라서 시장의 효율성을 개선하고 환경규제도 보다 효율적으로 이루어질 수 있다. 둘째, 기업이 일반대중의 관심 증대로 자발적으로 친환경 활동을 하게 된다. 따라서 환경비용의 외부효과가 줄어들고 경제적 효율성이 증대된다. 공시의무를 강화하면 필요한 정보를 적은 비용으로 얻을 수 있다는 장점이 있다. 기업의 환경영향은 규제당국보다 기업이 더 잘 파악할 수 있기 때문이다.

마지막으로 에너지 외부감사는 에너지 보존 프로그램에 필요한 정보를 얻을 수 있는 기회가 되며, 에너지 효율성 개선과 에너지 사용량 감소를 통해 환경오염을 줄일 수 있는 계기가 된다.

실행상의 장단점

정보확산 프로그램이 효과적으로 실행되기 위해서는 정보가 완전하고 신뢰할 수 있어야 한다. Tietenberg and Wheeler는 "부정확하거나 부분적인 정보는 정보이용자가 필요이상으로 안심하게 하거나 경계하게 만들 수 있기 때문에 정보가 없는 것보다 못하다."고 한다. 정보는 이용자들이 많은 비용을 지불하지 않고도 쉽게 찾아서 해석할 수 있어야 하며, 최신 정보를 담고 있어야 한다. 마지막으로, 정보가 공개되어 있다는 것을 널리 알려야 정보확산 프로그램이 성공할 수 있다.

프로그램에 따라 실행상의 문제점은 각기 다르다. 환경 라벨링(에너지 효율성 라벨과 환경 라벨)은 라벨에 기술적인 내용이 적고 이해하기 쉬울 때 가장 효과적이다.

공시의무 강화 프로그램을 실행하기 위해서는 기업의 환경오염 정보를 가장 효과적으로 대중에 공개하는 방법을 고민해야 한다. 환경오염이 많은 기업의 경우 정보를 즉시 공시하기보다 일정 기간 오염 수준을 줄일 수 있도록 시간을 제공하는 것도 생각해 볼 수 있다. 인도네시아의 Program for Pollution Control, Evaluation, and Rating (1995~1998)의 경우, 환경성과가 우수한 기업은 발표하고, 환경성과가 낮은 기업은 6개월 동안 시정할 수 있는 기회를 주었다.

표 6은 아태 지역 내 정보확산 프로그램을 요약했다. 이 지역에서 실행 중인 프로그램에서 2가지 특징을 발견할 수 있다.

① 정보확산 프로그램은 아태 지역내에서 광범위하게 도입되었다. 이는 총량제한 배출권 거래제도나 환경세와 같은 포괄적인 제도보다 정치적 저항이 덜하기 때문인 것으로 해석된다. 특히, 공시의무 강화 프로그램은 운영 비용이 낮고, 집행이 간단해서 개발도상국에서 선호하는 제도이다. 인도네시아에서 본 제도를 이용해 낮은 실행비용으로 오염물질을 효율적으로 감축했다. 도입 후 18개월 만에 배출량을 40% 줄였다. 이후 멕시코, 필리핀, 베트남 등이 모델을 도입했다.

② 이 지역에 정보확산 프로그램은 앞으로 더 증가할 예정이다. 환경문제에 대한 인식제고로 고급 정보에 대한 수요가 늘어나 에너지 효율성 라벨 프로그램이 증가할

표 6 아태 지역 내 정보확산 프로그램 현황

프로그램 종류	국가	비고
환경 라벨링	호주, 캐나다, 중국, 인도네시아, 일본, 싱가폴, 대만, 태국, 미국	미국과 호주는 에너지 효율성 라벨 도입. 나머지 국가는 환경 라벨 도입.
모범사례 홍보	모든 국가	재생에너지 산업에 필요한 기후관련 정보의 수집 및 리볼빙 펀드를 이용한 정보 수집 지원 (인도네시아의 경우 지열발전 탐사펀드를 제안함)
공시의무 강화	중국, 인도네시아, 미국, 필리핀, 베트남, 멕시코	멕시코, 필리핀, 베트남은 인도네시아의 정보 공시제도를 모델로 구상함.
에너지 외부감사	호주, 캐나다, 중국, 일본, 멕시코, 한국, 싱가폴, 대만, 미국	중국은 에너지 외부감사에 대한 시범운영 단계임.

것이다. 에너지 효율성에 대한 정책이 늘어나면서 에너지 외부감사 수요가 늘어나 것이다. 재생에너지 산업의 발달로 기상 및 기후에 대한 정보 서비스가 증가할 것이다.

시장마찰완화 제도의 향후 전망은 다음과 같이 정리할 수 있다.

시장조성, 책임원리 제도, 정보확산 프로그램 등 시장마찰 완화는 기후변화와 대기오염 등 중대한 환경정책을 위한 주된 수단으로 사용할 수 없다. 아시아 국가의 환경정책은 배출권 거래제도, 명령지시형 규제, 재정정책 등을 기초로 해야 한다.

시장마찰 완화는 배출권 거래제도 등의 정책을 보완하기 위한 수단으로 보아야 한다. 시장마찰 완화는 이차적인 환경 목표의 달성 (예를 들어, 정보확산 프로그램은 에너지 효율성과 에너지 보존을 목적으로 활용함), 특정 환경 문제에 대한 대응 (예를 들어, 책임원리 제도는 유해성 폐기물에 대응하기 적합함) 등에 유용하다. 따라서 시장마찰 완화는 아시아 국가의 환경문제를 해결하는 데 주도적인 역할을 하지 않을 것이다. 그러나 전력시장 구조조정, 환경 라벨링, 에너지 외부감사 등은 많이 시행될 것으로 보인다.

4. 자발적 참여 프로그램

자발적 참여 프로그램은 기업이 환경오염을 줄이도록 의무화 하지 않으면서 독려하는 것이다. 규제 또는 배출권 거래제도에서도 기업이 환경오염을 감축하도록 강제할 수는 없다. 이와 같은 정책수단은 환경오염을 줄일 인센티브를 제공할 따름이다. 자발적 참여 프로그램의 특징은 제도에 참여하지 않더라도 제재를 받지 않는다는 것이다. 즉, 정부의 '채찍'이 사용되지 않는다. 프로그램 참여는 자발적이지만 정해진 환경 목표를 달성하지 못할 경우 제재가 있을 수 있다. 반면, 의무적으로 참여하는 제도는 불필요한 비용을 발생시키며, '당근'과 '채찍'을 동시에 이용한다. 예를 들어, 배출권 거래제도에서 기업이 배출 한도를 넘어설 경우 배출권을 구입하거나 제재를 받는다. 이는 제도 시행에 따라 추가적인 비용이 발생하는 것이다.

기업이 자발적 참여 프로그램을 시행하도록 유도하기 위해서는 참여할 인센티브를

표 7 아태 지역 내 자발적 참여 프로그램의 종류

국가	프로그램	종류	비고
호주	Greenhouse Challenge	협정	기업들이 정부와 온실가스 배출량 예측 및 저감활동에 대한 협의를 함 (1995~2009)
중국	Energy Conservation Voluntary Agreement	협정	산동지역에서 시범 도입함. 2개 철강기업이 에너지 효율성 목표를 설정함
	Energy Conservation Voluntary Agreement	협정	칭따오 지역 15개 대기업이 이산화탄소 및 이산화황 배출량, 에너지 효율성 목표를 설정함 (2003~)
	Emissions Trading Exchanges	일방적 서약	텐진, 베이징, 상하이의 3개 거래소가 자발적 참여로 이루어짐
일본	Voluntary Emissions Trading Scheme	공공 자발적 참여 프로그램	기업들이 온실가스 감축목표를 설정하고 배출권 거래를 함. 감축목표를 달성할 경우 저감비용의 1/3을 정부가 보조함 (2005~)
멕시코	Voluntary Agreements with tanneries	협정	피혁 공장들이 규제당국과 자발적 협약을 맺고 오염물질 감축에 참여함 (1987~1997)
한국	Voluntary Agreement Programs	공공 자발적 참여 프로그램	온실가스 감축과 에너지 절약을 위한 자발적 협약 (1998~)
미국	33/50	공공 자발적 참여 프로그램	유해 화학폐기물을 감축하기 위한 프로그램 (1991~1996)
	Green lights	공공 자발적 참여 프로그램	온실가스 배출감축을 위해 에너지 효율성 개선 (1991~)
	WaterWi$e	공공 자발적 참여 프로그램	폐기물 감축목표 설정 (1992~)
	Chicago Climate Exchange	일방적 서약	온실가스 배출을 줄이기 위한 자발적 상쇄 프로그램 (2003~)
전세계	Fairtrade	일방적 서약	농산물 생산자 및 노동자들에게 공정한 가격을 보장해 주는 기업들이 Fairtrade 로고를 사용함
	Forest Stewardship Council (FSC)	일방적 서약	산림 보호 활동을 펼치는 기업이 상품에 FSC 로고를 사용함

제공해주어야 한다. 따라서 참여하지 않을 경우 제재('채찍')는 없으면서 참여할 경우 보상('당근')이 주어진다. 자발적 참여 프로그램은 다음 3가지 인센티브를 제공한다.

① **환경수탁책임**: 자체적인 사회공헌 목표를 지닌 기업 등 자발적인 오염배출 감축을 통해 이득을 볼 기업들은 경제적 인센티브가 없더라도 자발적으로 참여할 수 있다.

② **시장기반 인센티브**: 소비자들이 친환경 기업을 선호하면 기업이 자발적으로 오염물질 배출을 줄여서 소비자들을 만족시키려 할 것이다. 자발적 참여 프로그램을 통해 기업은 보다 낮은 비용으로 높은 이익을 얻을 수 있다. 예를 들어, 에너지 외부 감사를 자발적으로 실행할 경우 향후 에너지 관련 비용을 줄일 수 있는 방안을 파악할 수 있다.

③ **정부 인센티브**: 기업들은 정부의 규제를 사전적으로 방지하기 위해 자발적 참여 프로그램을 도입할 수 있다. 이는 자발적 노력을 통해 정부의 규제를 피할 수 있다고 생각할 때 가능하다. 또한, 규제에 따라 제재를 받은 기업이 자발적 참여 프로그램을 도입해서 추가적인 규제를 회피하려고 할 수 있다. 추가적으로 정부에서는 보조금, 지원금, 비용분담 제도 등을 통해 참여를 독려할 수 있다.

자발적 참여 프로그램은 4가지로 분류할 수 있다. 일방적 서약(unilateral action)은 기업이 환경수탁책임과 시장기반 인센티브가 강할 때 가능하다. 사적 계약(private agreement)은 기업과 환경오염에 영향을 받는 이들 간의 계약으로 환경수탁책임이 중요한 요소이다. 협정(negotiated agreement)은 기업과 규제당국 간 계약으로 세 가지 인센티브가 모두 영향을 미친다. 공공 자발적 참여 프로그램(public voluntary program)은 규제당국이 참여 조건을 정하고 기업이 참여 여부를 결정한다. 공공 자발적 참여 프로그램에서는 정부에서 제공하는 인센티브에 따라 참여 정도가 결정된다.

자발적 참여 프로그램의 장단점은 다음과 같다.

비용절감 및 환경보호 효과

여타 시장기반수단과 마찬가지로 자발적 참여 프로그램은 기업이 오염물질 배출을 줄이는 데 유연하게 대처할 수 있는 방안이다. 획일적인 배출규제를 받지 않기 때문에 저감비용이 낮은 기업들은 저감비용이 높은 기업들보다 배출량을 상대적으로 많이 줄일 것이다. 따라서 자발적 참여 프로그램이 명령지시형 규제보다 효율적인 정책수단이 될 수 있다. 그러나 자발적 참여에 의존하기 때문에 저감비용이 낮은 기업이 참여하지 않는 경우가 발생하기도 한다. 여러 기업과 규제당국간에 협정을 이루는 경우 특정 산업군 내에 획일적인 감축목표를 설정할 수 있다. 총량제한 배출권 거래제도 또는 환경세제도가 자발적 참여 프로그램보다는 비용부담 측면에서 우수하다고 볼 수 있다.

자발적 참여 프로그램의 장점은 대다수의 협약이 기업과 합의를 통해 도출되기 때문에 정치적 저항이 적고 비용부담이 크지 않다는 것이다. 추가적으로 인식 제고 및 정보 공유 효과가 발생해서 환경보호에 도움이 될 수 있다.

자발적 참여 프로그램의 잠재적 장점에도 불구하고 OECD 연구에 따르면 환경보호 효과가 크지 않다. 기업들이 필요 이상의 환경보호 노력을 들이지 않기 때문이다. 물론, 목표를 설정하고 달성하지 못하는 경우 제재를 강화한다면 효과가 향상될 수 있다. 그러나 저감비용이 높을수록 프로그램에 참여하려는 기업이 줄어든다. 따라서 자발적 참여 프로그램을 통해서는 환경보호 효과를 크게 기대할 수 없다.

또한, 자발적 참여 프로그램은 그린워시(greenwash) 문제에 직면할 수 있다. 자발적 참여를 통해 기업은 환경문제에 대응하고 있다는 인식을 주면서 실제로는 배출권 거래제도와 같은 더 중요한 환경정책을 회피할 수 있다. 호주에서 Greenhouse Challenge라는 자발적 프로그램 때문에 온실가스를 줄이기 위한 보다 포괄적인 국가적인 정책이 제대로 실행되지 못했다는 의견도 있다.

자발적 참여 프로그램은 다른 시장기반수단과의 연계에 의하여 사용될 수 있다.

자발적 참여 프로그램의 특징 중 하나는 독립적인 정책으로 사용되기 보다 다른 시장기반수단과 연계해서 실행된다는 점이다. 연계는 다양한 방식으로 이루어진다. 첫째, 소수의 기업에 대해서만 적용되는 의무적 배출감축 프로그램에 다른 기업들이 자발적으로 참여할 수 있도록 허용하는 방법이 있다. 2.3절에 자발적 상쇄 프로그램과 의무적 배출권 거래제도가 연계할 수 있는 방안을 설명하고 있다. 예를 들어 미국의 Acid Rain Reduction Program은 배출권 거래에 자발적으로 참여할 수 있도록 허용하고 있다. 둘째, 자발적 참여 프로그램을 통해 시범 운영한 후에 의무 적용할 수 있다. 중국 텐진의 에너지 집약도 거래제도는 자발적인 저감인증권 거래제도이나 향후 총량제한 배출권 거래제도로 발전할 계획이다.

이와 같이 연계를 통해 자발적 참여 프로그램의 장점을 살리면서 단점을 보완할 수 있다. 의무 적용 규제에 대해 자발적 참여를 독려하는 경우에는 환경보호 효과가 제한적이라든지 그린워시(greenwash) 현상을 방지할 수 있다. 동시에 보다 많은 기업의 참여를 유도하고 환경보호 비용을 절감할 수 있다. 자발적 참여 프로그램을 정책 시행 이전 시범운영 수단으로 사용하면 관련 노하우를 습득함으로써 의무 적용 시에 직면할 문제에 보다 잘 대응할 수 있다. 또한, 향후 의무 적용이 목적이기 때문에 그린워시(greenwash)를 사전에 방지할 수 있다.

자발적 참여 프로그램은 성공한 경우도 있고 실패한 경우도 있다.

① **독립적인 자발적 참여 프로그램의 효과:** 일본의 자발적 배출권 거래제도는 현재까지 성공적이며, 모든 참여 기업들이 2년간 감축목표를 달성했다. 호주의 Greenhouse Challenge 프로그램은 절반의 성공으로 평가할 수 있다. 이산화탄소 배출감축 프로그램에 참여한 기업은 감축목표를 달성하고 있으나 전반적인 온실가스 감축 성과는 높지 않다. 멕시코 피혁 기업들의 자발적 협약은 효과적이지 못한 운영과 규제당국의 추진력 부족으로 제한적인 성과를 거두었다. 자발적인 참여 프로그램이었기 때문에 규제당국은 참여 기업들이 목표를 달성하지 못했을 때 적절한 제재를 가하지 못했기 때문이다.

② **연계한 자발적 참여 프로그램의 효과:** 일본과 한국에서는 자발적 참여 프로그램을 기반으로 향후 총량제한 배출권 거래제도의 도입에 박차를 가하고 있다. 그러나 호주에서는 자발적 참여 프로그램이 오히려 보다 포괄적인 배출권 거래제도의 도입에 방해가 되고 있다.

실패한 사례가 있음에도 불구하고 자발적 참여 프로그램은 APEC 국가들에게 매력적인 대안이다. 따라서 향후에 자발적 참여 프로그램이 증가할 것으로 기대된다.

① 의무화된 규제는 법안을 만들고 집행하는 데 따른 어려움이 있기 때문에 자발적 참여 프로그램이 보완적인 역할을 할 수 있다. 특히, APEC 내 개발도상국은 강력한 사법 제도를 갖추지 못하고 있거나 환경법안을 통과시키기 어렵기 때문에 자발적 참여 프로그램으로 대체할 수 있다.

② 자발적 참여 프로그램은 전국 규모의 총량제한 배출권 거래제도 등의 의무화된 제도를 시범운영 하는 방식으로 사용할 수 있다. APEC 내 상대적으로 경제가 발전한 일본, 한국, 대만 등에서 이 전략을 따르고 있다. 대만의 온실가스 감축전략은 3단계로 나누어진다. 총량제한 배출권 거래 법안이 통과되기 이전에 자발적인 참여를 권장했고, 이후 법안이 통과된 이후 저감인증권 거래방식을 운영하다가, 국제적인 협정의 결과로 감축목표가 정해진 이후 총량제한 배출권 거래제도를 본격적으로 도입했다.

그러나 자발적 참여 프로그램에 기대할 수 있는 환경보호 효과는 제한적이다. 특히, 자발적 참여 프로그램이 의무화된 제도를 도입하는 데 방해가 될 가능성도 있다. 자발적 참여 프로그램은 의무화된 제도에 비해 정부의 강력한 집행능력이 요구되지 않는다. 그럼에도 불구하고 일정 수준의 집행능력을 갖추어야 자발적 참여 프로그램을 성공적으로 운영할 수 있다.

총량제한 배출권 거래제도 하에서 배출한도를 넘긴 기업이 배출권을 구입할 수 있는 것과 마찬가지로 자발적 감축 프로그램에 참여한 기업도 자발적 상쇄를 통해 발생한 VER 인증권을 구입할 수 있다 VER 인증권은 온실가스 저감인증 (CER)과 유사하다. 그러나 VER은 교토 의정서에서 요구하는 조건을 모두 충족하지는 못하기 때문에 교토 의정서에서 정한 감축목표를 달성하는 데 사용할 수 없다. 그러나 VER의 신뢰성을 평가하는 Gold Standard가 갖춰져 있기 때문에 자발적 감축목표를 달성하는 데에 활용할 수 있다. Gold Standard에 따라 VER 배출권이 환경보호에 효과적인 활동에 따라 발급된 진품인지 판단할 수 있다.

국가들간에 자발적 참여 프로그램이 점차 증가하면서 국가간 VER 거래도 충분히 가능성이 있다. 특히, 상당수의 국가 내에 VER 거래제도가 갖추어졌기 때문에 발전가능성이 높다. 미국과 중국은 거래시장에서 VER 거래를 개시했으며, 대만은 VER 거래를 준비하고 있다. 자발적 참여 프로그램이 증가하면 VER 거래를 통한 환경보호 효과 및 비용절감 효과가 더욱 증가할 것이다.

그러나 여타 배출권 거래제도와 마찬가지로 국제적인 VER 거래시장을 조성하기 위해서는 여러 가지 문제를 해결해야 한다. 자발적인 배출권 시장이 형성되지 않은 국가들이 많으며, 이를 국제적으로 연계해야 하는 어려움이 있다. 또한, 이와 같은 환경 정책은 온실가스 및 이산화탄소 배출량 감축에만 활용할 수 있다. 수질 오염 등 다른 종류의 오염에 대해서는 운영중인 자발적 참여 프로그램이 적고 VER 식 거래시장을 형성하기 어려울 것이다.

지금까지 배출권 거래제도, 시장마찰 완화, 자발적 참여 프로그램 등 3가지 시장기반수단의 이론과 실제에 대해 검토했다. 분석결과 현재 진행 중인 시장기반수단이 앞으로도 유지될 것으로 판단한다. 일반적으로 시장기반수단은 명령지시형 규제보다 적은 비용으로 환경정책 목표를 달성할 수 있다는 장점이 있다.

시장기반수단은 여러 종류가 있으나 비용절감 효과가 크다는 특징은 공통적으로 적용된다. 배출권 거래제도는 감축목표를 정하지만 이를 달성하는 방법은 개별기업이 선택할 수 있도록 함으로써 비용절감 효과가 나타난다. 시장마찰 완화는 거래비용, 정보비대칭 등 시장실패의 원인을 해소함으로써 시장의 효율성을 개선하고 환경 목표를 달성하는 데 도움을 준다. 자발적 참여 프로그램은 정보의 확산, 즉각적인 환경보호 활동 개시를 통해 환경오염을 효율적으로 줄일 수 있다.

규제당국의 관점에서도 시장기반수단을 이용할 때 두 가지 장점이 있다. 첫째, 다양한 시장기반수단이 있기 때문에 주어진 환경문제에 가장 적합한 수단을 활용할 수 있다. 즉, 기후변화에 대응하기 위해서는 총량제한 배출권 거래제도를 도입하고, 자원고갈에 대해서는 시장조성을 하고, 수질 오염에 대해서는 책임원리 제도를 적용할 수 있다. 또한, 하나의 환경문제에 대해서도 여러 가지 대안을 고려할 수 있다. 예를 들어, 온실가스 감축을 위해서 총량제한 배출권 거래제도, 환경세 등 다양한 정책수단을 활용할 수 있다.

결론적으로 본 장에서 다룬 시장기반수단 중에는 배출권 거래제도와 환경세가 국가들의 환경정책의 중심을 이루어야 한다. 그러나 실제 도입된 제도는 많지 않다. 과거에는 배출권 거래제도를 지역적인 환경문제를 해결하기 위한 수단으로 사용하였다. 최근 배출권 거래제도를 도입하려는 계획은 많아졌으나 실행되지 못하거나 도입이 지연되고 있는 상태이다.

반면, 여러 국가들에서 시장마찰 완화 및 자발적 참여 프로그램의 전망은 밝다. 시장조성 및 정보확산 프로그램 등의 시장마찰 완화는 다수의 국가에서 도입하고 있다.

또한, 전력시장 구조조정 및 책임원리 제도는 최근 증가하고 있다. 자발적 참여 프로그램 역시 실행이 용이하기 때문에 빠른 속도로 증가하고 있다.

그렇다면 시장기반수단이 지닌 장점에도 불구하고 아태지역 국가들이 실행상의 문제를 겪고 있는 것은 왜일까? 특히, 총량제한 배출권 거래제도의 도입이 어려운 것은 어떻게 설명할 것인가? 많은 수의 국가에서 배출권 거래제도를 계획 중인 것으로 보았을 때 시장기반수단의 장점을 인식하고 있음을 유추해볼 수 있다. 따라서 실행상의 어려움과 비용부담이 문제라고 결론지을 수 있다. 비용부담은 규제대상 기업에 대한 지원제도, 측정 기술의 발전 등 구상을 통해 해결할 수 있다.

다음 정책 제언은 본 장에서 다룬 3가지 시장기반수단인 배출권 거래제도, 시장마찰 완화, 자발적 참여 프로그램을 운영하는 데 도움이 될 것이다.

① 환경문제의 성격과 종류에 따라 다양한 시장기반수단을 적용하는 보다 통합적인 환경정책을 구상해야 한다. 이는 획일적인 제도를 적용하는 것보다 효과적일 수 있다. 예를 들어, 총량제한 배출권 거래제도는 대기업에 적합할 수 있으나 중소기업 및 가계에는 정치적 저항 및 측정비용의 문제로 적용하기 힘들 수 있다. 따라서 대기업에 대해서는 총량제한 배출권 거래제도를 실시하고, 중소기업에 대해서는 자발적 상쇄 제도를 적용할 수 있다. 상황에 따라서는 환경세 제도를 도입하는 것이 가장 효과적일 수 있다. 이와 같은 보다 통합적인 환경정책을 통해 개별 환경문제에 가장 적합한해결책을 적용할 수 있다. 최근 기후변화에 대한 관심 증대로 대기오염, 수질오염의 중요성이 부각되지 못하는 문제도 해결할 수 있다.

② 환경정책의 성공적인 운영을 위해 시장기반수단의 실행상의 문제를 해결하는 데 초점을 맞추어야 한다. 본 장에서 각 시장기반수단에 대한 논의 중에 실행상의 문제를 해결하는 방안에 대해 상세히 설명하고 있다.

③ 정치적저항을 줄이기 위해서 시장기반수단의 단계적 실행전략을 고려할수 있다. 예를 들어, 초기 단계에서는 특정 산업만 규제대상에 포함하는 것이다. EU ETS는 전력산업의 온실가스 배출에 대해서만 제도를 도입한 후 적용 산업을 늘려가고 있다. 이와 같은 전략은 2010년 말에 미국에 총량제한 배출권 거래제도를 도입하기 위한 방법으로 제안되었다. 그러나 이미 정치적 추진력을 잃고 난 후였다. 이후, 경

제전반을 아우르는 제도로 확대할수 있다. 또한, 초기에는 지원금을 지급하다가 점차 줄여갈 수 있다. 시장기반수단의 효과에 대해 불확실성이 있을 때에는 자발적 참여 프로그램을 시범운영 하면서 정치적저항을 줄이고, 운영상의 노하우를 축적할 수 있다. 가장 대표적인 사례가 대만의 온실가스 감축 계획이다. 대만은 자발적 참여 프로그램으로 시작해서 저감인증권 거래제도로 전환한 후 최종적으로 경제 전반에 대한 총량제한 배출권 거래제도를 도입할 계획을 하고 있다.

CHAPTER 07

녹색기업을 위한 재정 정책

녹색성장을 촉진하고 친환경 기업을 길러내기 위해서는 보조금, 세제혜택, 세금감면 등의 정책이 필요하다.

(i) 녹색기업과 친환경 제품은 정의 외부효과(positive externality)를 발생시키는데 이는 생산과정 또는 구매의사결정에 반영되지 못한다. 예를 들어, 친환경 생산방식을 도입했을 때 발생하는 모든 이익을 생산자가 누리지 못한다. 소비자 측면에서도 마찬가지로 친환경 제품을 구매했을 때 발생하는 모든 이익을 소비자가 전부 누리지 못한다. 따라서, 친환경 제품의 생산을 촉진하기 위해서는 제품가격에 대한 보조금 또는 세금 감면 등의 인센티브가 필요하다.

(ii) 환경오염 기업이 부의 외부효과(negative externality)를 발생시키기 때문에 이에 대한 과세 또는 적절한 제재가 필요하다. 이를 통해 녹색기업과 환경오염 기업이 효율적으로 분배될 수 있다.

(i)과 (ii) 정책이 없다면 자원이 효율적으로 배분되지 않는다. 녹색기업을 촉진하는 정책을 펼치기 위해서는 정부의 자원과 노하우가 요구된다. 다행히도 몇 가지 성공모델이 존재한다. 그러나 정책 목표를 달성하기 위해서는 재정정책과 적절한 인센티

브 및 제재가 필요하다. 다수의 국가들이 이미 자체적인 정책을 실행하고 있으나, 서로의 경험으로부터 얻을 수 있는 교훈이 있다.

1. 각국의 녹색 부양정책

국가들은 녹색성장을 위한 인센티브의 중요성을 인식하면서 재정정책 등의 정책수단을 녹색기업 촉진에 초점을 맞추고 있다. 대다수의 국가들이 녹색기업 지원 정책을 추진하고 있다. 2009년 녹색산업 부양책 규모는 경기 부양책 전체(3조2020억 달러)의 16%(5210억 달러)를 차지했다. 표 1은 주요 APEC 국가들의 경기부양책 및 녹색산업 지원 규모를 나타내고 있다.

표 1 APEC 국가의 경기부양 규모 및 녹색산업 지원 규모

국가	규모 (10억달러)	GDP 대비 (%)	경기부양 및 녹색산업 지원 정책
호주	43.8	0.99%	에너지 효율성 개선 관련 인프라 투자 법인세 감면 혜택
일본	774	16.4	저탄소 혁명을 지원하기 위한 투자 녹색투자 및 녹색상품 구입에 대한 세제 혜택 주택의 에너지 효율성 개선 설비 소비에 대한 Eco-Point제도 지방의 녹색뉴딜을 통한 금융지원
중국	586	14	에너지 보존 투자 배출량 감축 환경 공학
한국	86	12.8	철도, 환경친화적 차량 구매 등에 대한 투자 4대강 개발을 통한 수자원 보존 폐기물 재활용 투자 에코타운 산림 개발 LED조명 설치
싱가폴	13.8	10.7	일자리 창출에 대한 세액공제 법인세 감면 개인 소득세 감면
말레이시아	18.1	10	공공재, 공공주택, 공공교통 활성화 취업훈련
태국	3.3	1.2	Sufficient Economy Fund 에너지, 교통, 통신 인프라 투자
인도네시아	6.1	1.2	개인소득세 및 법인세 감면 인프라 투자 디젤 차량 보조금 농촌 개발
필리핀	6.5	4.6	일자리 창출 세금 감면 인프라 투자
베트남	17.6	22	중소기업에 대한 보조금 및 대출 인프라 투자 사회보장 확충 수출산업 지원
미국	976.9	6.85%	신재생에너지 발전소 투자 빌딩의 에너지 효율성 개선 주요 산업에 대한 배출 감축 녹색 일자리 창출

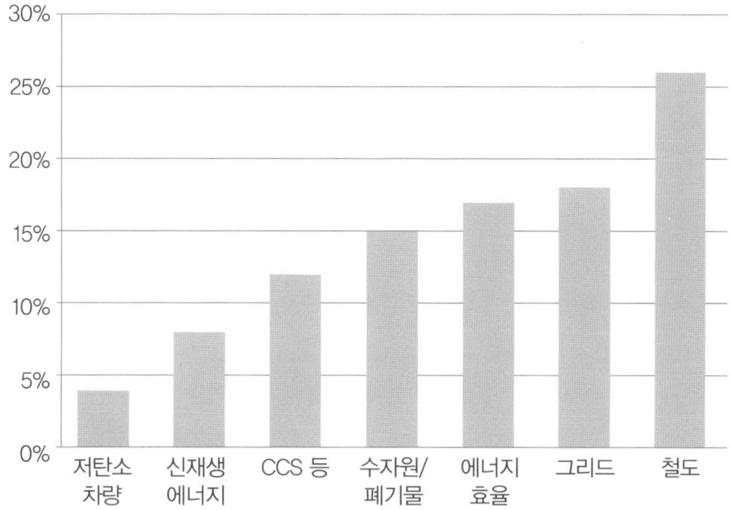

그림 1 **녹색 경기부양책의 부문별 규모 (2010)**

그림 1은 경기부양책 부문별 규모를 나타내고 있다. 녹색 경기부양책 중 철도 및 전력 그리드의 에너지 효율성 개선 투자가 높은 비중을 차지하고 있다. 아태 지역 국가들 중에서 일본, 한국, 중국, 미국이 환경 문제에 대응하기 위한 포괄적인 정책을 추진하고 있다. 이들 국가는 경기부양책의 큰 비중을 환경문제 해결을 위해 사용한다. 또한, 환경정책을 시행하면서 일자리 창출의 중요성을 강조하고 있다. 예를 들어, 한국 정부는 향후 4년간 "녹색뉴딜" 정책을 통해 녹색기술과 녹색산업에 일자리 백만 개를 만들고자 한다. 이 정책은 환경 인프라에 대한 투자 뿐만 아니라 연구개발 및 가계의 에너지 효율성 개선을 위한 세제혜택과 금융혜택을 포함한다. 일본은 2020년까지 환경산업의 일자리가 280만개로 현재의 2배 수준까지 증가할 것으로 예측하고 있다. 중국은 에너지 효율성 증대, 저탄소 에너지 인프라 건설, 저탄소 차량 개발 및 제조 등 저탄소 산업전략을 추진하고 있다.

각국에서 도입한 경기부양책은 인프라 투자, 세금 환급, 하이브리드 차량 교체 등을 포함하고 있으나 각 정책이 환경에 어떤 영향을 미칠지에 대해서는 주의 깊은 평가가 요구된다. 일본과 한국의 경기부양책은 친환경 차량과 가전제품에 초점이 맞춰져 있다. 중국 역시 연비가 낮은 노후차량을 폐차하고 친환경 차량을 늘리기 위한 인센티브를 제공하고 있다.

1.1. 호주

2007년 6월에 교토 의정서에 가입한 후, 호주 정부는 저탄소 사회(LCS)를 건설하고 녹색기업을 지원하기 위한 정책을 도입했다. 탄소오염저감계획(CPRS)을 통해 각종 환경 규제 및 경제적 인센티브를 만들었다. 22억 달러의 예산이 태양열 온수기, 단열처리, 철도 인프라 투자에 사용되었다. 자세한 사례에 대한 논의는 다음과 같다.

▌저탄소 재생에너지 발전소 추진

호주 정부는 2020년까지 재생에너지 공급을 전체의 20%(연간 약 45,000 GWh) 수준까지 늘리는 목표를 설정했다. 이를 위해 186억 달러에 해당하는 재생에너지 펀드를 조성했다. 소규모 재생에너지 프로젝트를 실행하는 기업에 대해서는 재생에너지 인증서(REC)와 발전차액 지원(FiT)이 주어진다. 재생에너지 인증서는 재생에너지 시장을 조성하여 친환경 전력 생산 인센티브를 주기 위해 만들어졌다. 재생에너지 공급자(재생에너지 발전소, 태양열 온수기 설비 일부, 소규모 태양력, 풍력, 수력 발전 시설 등)들은 시장에서 거래할 수 있는 재생에너지 인증서를 받는다. 재생에너지 인증서의 가격은 항상 변동하기 때문에 정부의 지원금이라고 볼 수는 없으나, 재생에너지 생산에

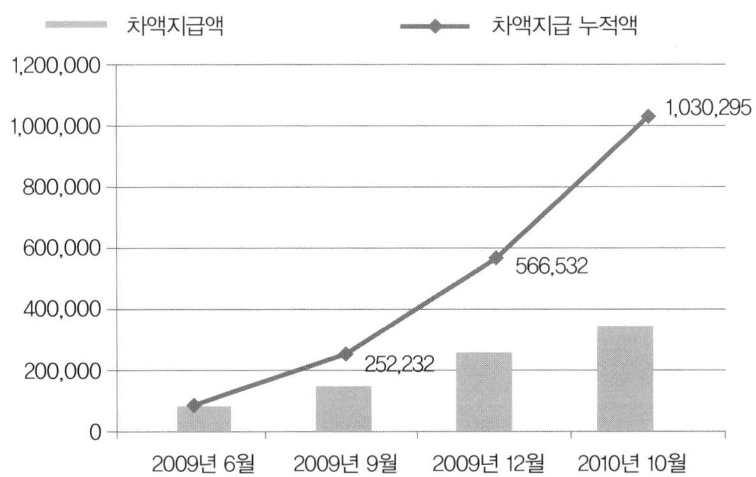

그림 2 **발전 차액지원제도**

차액지불: 2009년 3월 1일~2010년 3월 31일

자료: ICRC, 2010

대한 인센티브를 제공하는 방법이다.

발전차액 지원(FiT)은 재생에너지 생산자들에 대한 인센티브를 주기 위해 만들어졌다. Electricity Feed-in Act 2008에 따라 호주 정부는 향후 2년간 kWh당 최소 0.394 달러를 지급하기로 약속했다. 2009년 3월부터 2010년 3월까지 발전차액 지원을 위해 887,000 달러를 지급했다.

에너지 효율성 개선 방안

호주정부는 2009~2010년 사이 1억 2500만 달러를 기업의 에너지 효율 개선 계획(Early Action Energy Efficiency Strategies as a Business Scheme)에 지원하기로 했다. 이는 기업들이 에너지 효율성을 개선하는 방법을 찾아 이에 대한 투자를 하는 것을 돕는 데 사용된다. 호주 기업들이 에너지 원가를 낮추고 저탄소 저감활동을 도입하도록 하는 것이 목적이다. 일일 0.5 PJ(10,000가구의 에너지 소비량) 이상 사용하는 기업들은 의무적으로 에너지 효율성 개선 방안을 보고해야 한다. 현재 220개가 넘는 기업이 규제대상에 포함된다. 또한, 상업용 빌딩의 에너지 효율 개선을 위해 건축법안을 개정하고, 상업용 빌딩의 환경 등급을 정하는 제도가 향후 4년 이내에 개발될 것이다.

자동차 산업의 탄소 배출량을 줄이기 위해 호주 정부는 2008년 녹색미래를 위한 신 자동차 정책(The New Car Plan for a Greener Future)을 발표했다. 이는 78억 달러를 자동차 산업에 지원하여 저탄소 차량의 경쟁력을 강화하고, 연비가 높고 배출량이 적은 차량을 개발하기 위한 정책이다. 이 정책의 세부내용은 다음과 같다.

- **Automotive Transformation Scheme (2010년 7월 이후)**: 녹색기술에 대한 민간 및 공공 연구개발 프로젝트 지원
- **Green Car Innovation Fund**: 13억 달러 지원을 통해 연료 소비 감축 및 친환경 차량 구입을 지원
- **Automotive Industry Structural Adjustment and Automotive Supply Chain Development Programs**: 1.65억 달러 지원을 통해 자동차 산업의 가치사슬 통합 및 실직자 교육훈련 지원
- **Automotive Industry Innovation Council**: 정부 정책 자문단으로 자동차 산업의 경쟁력을 강화하기 위한 녹색혁신방안 건의

- **Automotive Market Access Program**: 친환경 자동차 기업의 중국, 인도, 한국 등 해외 시장 개척 지원
- **LPG Vehicle Scheme Enhancement**: LPG 차량에 대한 신기술 적용 지원

1.2. 인도네시아

인도네시아의 학계, 정계, 시민사회, NGO 등에서는 기후변화 대응 및 환경 문제에 대한 인식이 높아져 있다. 기후변화 대응 정책은 거시적, 미시적, 전세계적 수준에서 각각 적용되어야 한다.

거시 수준의 정책은 정부의 주도로 인식을 제고하고, 환경문제에 대한 논의를 정책의 중심으로 끌어들이는 것이다. 현재 도입초기 단계에 있는 정책으로 녹색 GDP(Green GDP)와 녹색 예산(Green Budgeting) 정책이 있다. 녹색 GDP는 기존 경제 GDP와 함께 발표하는 지표이다. 녹색 GDP를 발표하는 목적은 환경에 대한 인식을 제고하는 것이다. 녹색 예산은 예산 배정 시 환경에 대한 영향을 고려하고자 하는 것이다. 인도네시아는 이를 위해 가솔린과 등유에 대한 보조금을 줄이고, 에너지 소비에 대한 세금을 부과할 계획이다. 또한, 지역별 산림 유지를 통한 환경보존 효과에 대해 보상을 하고자 산림환경서비스지불제도(PES)를 도입한다.

미시 수준에서 정부정책은 가계와 기업의 행동을 직접적으로 변화시키려는 목적이 있다. 이는 전력에 대한 지원 감축, 연료가격 조정 등의 방안이 있다. 그러나 환경정책은 항상 경제성장과 함께 고려해야 한다. 예를 들어, 전기세 조정은 농촌지역의 전기 보급 정책과 함께 고려해야 하며, 연료가격 조정은 공공교통 시스템 증축과 함께 고려해야 한다. 기후변화 등 모든 환경문제는 본질적으로 국제 협력을 요구한다. 따라서 모든 정책은 인도네시아가 국제적으로 합의한 내용과 일관성을 유지해야 한다.

1.3. 일본

▌금융위기 전 녹색기업 지원제도

일본은 2004년 기준으로 에너지 자원의 94%를 해외에서 수입했다. 자연히 에너지 자원을 확보하는 것이 국가안보상 중요한 요소이다. 에너지 안보 문제는 1970년대 두 차례 오일쇼크와 걸프전을 거치면서 더욱 심각해졌다. 에너지 의존도가 높았기 때문

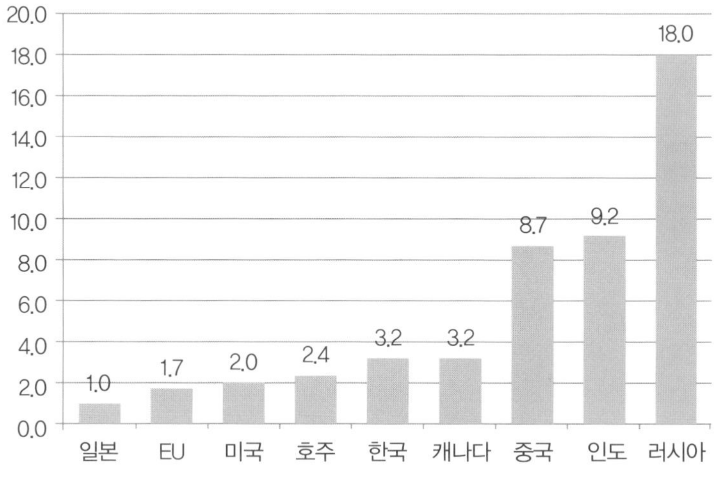

그림 3 GDP당 에너지 사용량 (일본=1)

자료: The Japan Agency for Natural Resources and Energy (2009)

에 일본은 항상 에너지 효율성 개선을 중요시 했다. 모든 기술, 원자재, 생산과정, 사회적 인프라에 에너지 효율성을 강조하다 보니 세계에서 가장 에너지 효율이 높은 국가 중 하나가 되었다. 여태껏 개발한 기술은 일본의 국제 경쟁력 강화에도 도움이 되고 있다.

최근 일본은 친환경 차량 개발로 가장 잘 알려져 있다. 대다수의 자동차 제조업체들이 크고 빠른 차량을 만드는 데 열을 올리고 있을 때, 도요타는 최초로 상용가능한 하이브리드 차량인 프리우스를 개발했다. 이는 1997년 교토의정서가 채택된 해에 세계시장에 소개되었다. 그러나 그 후 한동안 하이브리드 차량에 대한 수요는 미미했다. 2004~2005년이 되어서야 수요가 늘어나기 시작했다.

도요타의 사례는 시장에서 친환경 제품에 대한 수요가 없을 때, 미래를 내다보고 친환경 기술에 투자했다. 오히려 정부의 정책이 시대를 앞서가지 못했다. 이는 경제성장이 2%로 안정적으로 유지되는 시기에 하이브리드 차량에 대한 수요가 없었기 때문으로 해석된다. 하이브리드 차량이 기존 차량을 앞서가기 시작하고 나서야 정부에서 친환경 성장의 가능성을 엿보기 시작했다.

재생에너지 역시 정부정책의 충분한 지원을 받지 못하고 있다. 일본은 수입 에너지에 대한 높은 의존도 때문에 재생에너지에 대한 지원이 정부의 최우선 과제여야 한

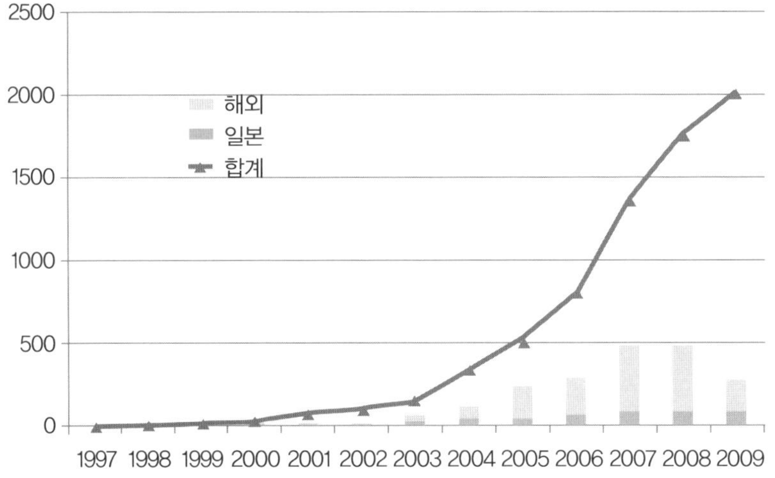

그림 4 **도요타 하이브리드 차량 매출 (1997~2009)**

자료: 도요타 보도자료.

다. 가장 자주 비판의 대상으로 떠오르는 것이 일본의 태양광 발전 산업에 대한 지원이다. 태양광 발전 기술에 대한 수요는 그림 4에 나온 하이브리드 차량에 대한 수요와 유사한 추세를 보인다. 그러나 정부의 지원 부족으로 일본은 태양광 발전 기술은 전세계를 선도하는 위치를 독일에게 내주었다.

▌일본의 경기부양책

2009년 일본 정부는 세계 금융위기의 영향을 최소화하고 기후변화에 대응하고자 다양한 경기부양책을 발표했다. 1540억 달러 규모의 예산을 투입해서 GDP 성장률을 2% 늘리고, 40~50만 일자리를 창출할 계획을 세웠다. 세부 내용으로는 직업훈련 지원, 대출 및 금융지원, 공공부문 프로젝트의 신속한 추진, 저탄소 사회를 위한 혁신 유도, 자원 재활용 증진, 지역 의료 및 아동보호 산업 활성화, 사회 인프라 개조, 연구개발 지원, 관광산업 촉진, 사회보장 개혁, 위기 관리 등이 포함된다.

2010년 7월 현재 일본의 자동차 산업 등은 서서히 흑자로 돌아섰다. 이는 일본의 경기부양책 및 세계 각국의 경제 안정화의 영향 때문인 것으로 분석된다. 경기부양책에 의해 보조금이 주어진 가전제품의 매출 증가도 경기 회복에 중요한 역할을 했다.

▌친환경 자동차 개발을 위한 인센티브

2008년 말에서 2009년 전반기는 전세계 자동차 제조업체들의 위기였다. 특히, 일본 자동차 매출은 과거 40년 대비 가장 낮은 실적을 보였다.

자동차 산업은 직간접적으로 490만 명을 고용하며 일본에서 가장 많은 일자리를 창출한다. 이에 따라 정부는 자동차 산업을 직접 지원하기로 결정했다. 2009년 한 해 동안 친환경 차량을 구입한 소비자들에게 총 21억 달러의 보조금을 지급했다. 친환경 차량 여부는 엔진, 연료, 연비, 배출량, 중량 등에 의해 결정된다. 정부 보조금 지급대상에 포함되는 자동차 모델은 매우 광범위하다. 아직 상용화 되지 않은 Plug-in Hybrid 차량의 경우에도 연구개발을 촉진하기 위해 지원 대상에 포함했다. 다양한 차종을 최대한 포함시키기 위한 정책의 결과이다.

BOX 1 친환경 자동차 지원금 제도

본 제도의 목적은 노후 차량을 친환경 차량으로 교체함으로써 경제적, 환경적 발전을 추구하는 것이다.

보조금 및 지급대상

보조금은 친환경 차량 소비자에게 지급되며, 노후 차량의 교체여부와 무관하게 지급된다 (2009년 4월 10일 이후 구입 시 적용). 지급대상 차량은 자가용, 경차 (엔진크기가 0.66리터 이하), 대형차 (트럭 및 버스) 등으로 지급규정은 다음과 같다.

1. 등록 후 13년 이상 노후차량을 친환경 차량으로 교체할 경우
   - i. 13년 이상 차량 → 친환경 차량 : 승용차는 250,000엔, 경차는 125,000엔
   - ii. 13년 이상 대형차 (트럭 및 버스) → 규정에 정한 대형차 : 3.5톤급은 400,000엔, 8톤급은 800,000엔, 12톤급은 1,800,000엔
2. 노후차량 교체 없이 신규 친환경 차량을 구입할 경우
   - i. 별 4개 인증 및 15% 이상 연비 증가 규정을 만족할 경우 : 승용차는 100,000엔, 경차는 50,000엔
   - ii. 대형차 (트럭 및 버스)가 연비 규정 및 질소산화물 및 PM 10%이상 감축 규정을 만족할 경우 : 3.5톤급은 200,000엔, 8톤급은 400,000엔, 12톤급은 900,000엔.

자동차 취득세, 자동차세, 자동차 중량세를 합하면 자동차 가격의 10% 정도 수준이다. 친환경 차량의 경우 약 6~7%의 세금이 감면된다. 친환경 차량 보조금 정책에 따라 13년 이상 노후차량을 교체할 경우 구입가격이 12~20% 낮아지며, 교체 없이 신규 구입할 경우에도 구입가격이 9~12.5% 낮아진다.

표 2 친환경 차량에 대한 세제 혜택

	중량세	신규	중고
전기차 (연료전지 차량 포함)	면제	면제	2.7% 감면
LPG 차량 A. 중량 <3.5 톤: 인증	면제	면제	2.7% 감면
Plug-in Hybrid 차량	면제	면제	2.4% 감면
디젤차량 1. 중량 <3.5 톤	면제	면제	1% 감면 (0.5% 2009년 10월부)
2. 중량 >3.5톤	75% 감면	75% 감면	3.5–12 톤: 2% 감면
			>12 톤: 2% 감면 (1% 2009년 10월부)
3. 대형차량 인증	50% 감면	50% 감면	No reduction
Hybrid 차량 A. 중량 <3.5 톤	면제	면제	자가용: 1.6% 감면 버스 및 트럭: 2.7% 감면
승인된 고연비 및 저배출 차량 1. 인증	75% 감면	75% 감면	300,000엔 감면
	50% 감면	50% 감면	150,000엔 감면

Eco-Point 제도: 고효율 가전제품

가계와 사무실에서 배출하는 이산화탄소가 일본 전체 배출량의 30%를 차지한다. 이는 교통부문에서 발생하는 배출량보다 많은 수준이다. 이산화탄소 배출량 감축목표를 달성하기 위해서는 가계의 배출량을 줄여야 한다. 일본정부의 녹색 전자제품 촉진정책 또는 Eco-Point 제도에 의해 소비자들의 태도가 변했다. 제도 도입 후 104억 Eco-Point를 배부하였으며, 이 중 77%가 텔레비전 구입에 사용되었다. 1 Eco-Point는 1엔과 동일한 가치를 지닌다. 따라서, 경기부양 예산 중 104억엔(약 1.04억 달러)이 사용된 것이다.

Eco-Point 제도는 일본 경기부양책의 일환으로 도입되었으며, 소비자들이 친환경 가전제품을 구매하여 에너지 효율을 높이고, 제조업을 활성화 시키고, 디지털 TV를 보급하고자 하는 목적이 있었다. Eco-Point 대상이 되는 친환경 가전제품으로는 에어컨, 냉장고, 디지털 TV 등으로 별4개 이상의 에너지 효율등급을 받거나 에너지 효율 인증을 받아야 한다. 2009년 5월 15일~2010년 3월 31일 사이에 친환경 가전제품을 구입하면 Eco-Point가 주어진다. 소매점에서는 Eco-Point로 구입할 수 있는 선급카드, 쿠폰, 친환경 제품 등을 내놓고 있다. Eco-Point 제도로 판매된 TV의 부가가치는 약 4.4억 달러로 추정된다.

그러나 Eco-Point 제도가 TV 구입에 대한 인센티브를 주는지에 대한 논란이 있다. Eco-Point 제도의 이산화탄소 배출감축 효과 등 환경영향은 정책 운영기간이 끝난 후에 평가해야 한다. 짧은 기간 동안 많은 친환경 제품이 팔려나간 원인이 Eco-Point 제도가 아니라 그 동안 에너지 효율 규제에 따라 기업과 소비자의 의식이 변화된 결과일 수도 있기 때문이다. 1979년 에너지 효율 규제가 도입된 이후 일본 가전제품의 에너지 효율성은 지속적으로 개선되었기 때문이다.

일본의 기존 에너지 효율성 개선 정책 및 인센티브 제도

여러 가지 이유로 일본의 에너지 효율성 정책이 변해왔다. 2차 오일쇼크 이후 일본 정부는 에너지의 합리적 사용에 대한 법(Law Concerning the Rational Use of Energy)을 제정하여 에너지 수요를 줄이려는 노력을 해왔다. 최근에는 전력 발전 비용을 줄이고, 가전제품에서 발생하는 이산화탄소를 줄이고자 하는 목적으로 정책이 추진되고 있다.

1988년, 일본정부는 "Top-Runner" 라는 새로운 제도를 도입하여 시장경쟁을 통해 기술혁신을 촉진하고자 했다. 이 제도는 에너지 효율 수준을 시장에서 팔리는 가장 효율이 좋은 제품을 기준으로 정하였다. 다른 제조업체들은 정해진 기간 내에 동일한 에너지 효율 수준을 갖춘 제품을 개발해야 한다. 이 제도는 에너지 효율 기준을 일방적으로 정하는 여타 정책과 차이가 있다. 일본은 "Top-Runner" 제도를 통해 세계에서 가장 에너지 효율이 높은 제품을 만들게 되었다. 일본 소비자들은 최신 제품을 지속적으로 요구하기 때문에 에너지 효율 기준치를 달성하지 못한 제품은 체면을 잃을 뿐만 아니라 시장에서 퇴출된다. 현재 "Top-Runner" 제도가 적용되는 제품군은 21개이다. 이들 제품이 가계와 사무실 에너지 소비의 약 50%를 차지한다. 구체적인 제품군은 다음과 같다.

1. 승용차, 2. 화물차 및 트럭, 3. 에어컨, 4. 냉장고, 5. 냉동고, 6. 전기밥솥, 7. 전자렌지, 8. 형광등, 9. 변기 난방기, 10. TV, 11. VCR, 12. DVD 플레이어, 13. 컴퓨터,

14. 하드드라이브, 15. 복사기, 16. 난방기, 17. 가스렌지, 18. 가스 온수기, 19. 석유 온수기, 20. 자판기, 21. 변압기.

"Top-Runner" 규제는 21개 제품에 각각 적용되며, 시장에서 판매되는 제품의 에너지 효율성을 고려해서 정해진다. 또한, 기술개발 잠재력, 에너지 효율성 개선 시나리오, 원가 및 수요 예측 등이 반영된다. 모든 기준치에 대해서는 목표를 달성할 기간이 주어진다. 이는 모든 제품의 에너지 효율성 수준을 고려해서 정한다. 모든 제조업체 및 수입업체들은 정해진 기간 내에 에너지 효율성 기준을 달성해야 한다. "Top-Runner" 제품의 에너지 효율성 관련 연구를 하는 개인들에게는 지원금을 지급하기도 한다.

"Top-Runner" 기준은 각 제품의 에너지 효율성 개선 추정치를 반영한다. 일반적으로, 3~10년 이내에 정해진 에너지 효율성 기준을 달성해야 하며, 110-160% 효율성 개선이 요구된다. 대다수의 제품은 정해진 기준치를 훨씬 넘어서는 에너지 효율성 개선을 보였다. 예를 들어, 1998년에 냉장고의 에너지 효율성 기준은 30.5% 정해졌는데, 2004년에 55.2% 개선을 달성했다.

"Top-Runner" 제도는 시장 요소와 기술발전 요소를 고려하여 시장기반의 기준을 제시함으로써 정책 목표를 성공적으로 달성했으며, 전자제품 및 자동차의 기술적 발전을 촉진했다. 그러나 소비자들이 기술 혁신에 대한 정보를 알지 못했다면 제조업체들의 기술혁신은 지속가능하지 않았을 것이다. 따라서 일본 정부는 에너지의 합리적 사용에 대한 법(Law Concerning the Rational Use of Energy)에 따라 에너지 효율성에 대한 정보를 제품에 의무적으로 부착하도록 하였다. "Top-Runner"제도 하에서는 두 종류의 레이블이 사용된다. 첫째, 동일한 기준을 적용하여 앞서 언급한 모든 제품에 부착되는 레이블이 있다. 둘째, 별 5개까지 등급으로 자동차, 가전제품, 냉장고에만 적용되는 레이블이 있다.

일본에서의 성공을 바탕으로 "Top-Runner" 정책을 다른 국가에도 도입할 수 있는지에 대한 논의가 이루어져 왔다. 주요 성공 요인은 기업들이 규제에 순응하여 적극적으로 참여한 것으로 분석된다. 이는 목표치를 정하고 인센티브를 제공할 때, 각 제조업체의 기술 수준과 능력을 고려했기 때문이다. 또 다른 연구에 따르면 각 제품군을 분류하여 규제를 적용함으로써 에너지 효율성 기술의 발전이 가능했다.

표 3 녹색산업 지원을 위한 일본 예산 배정

녹색정책	예산 (10억 달러)
고효율 가전제품	2.6
Eco-Point 제도	1.1
저탄소 차량	2.9
환경기술	0.2
저탄소 산업 위치선정	0.3
저탄소 인프라에 대한 연구개발	0.2
총계	7.3

일본은 현재 탄소배출에 대한 의무 규제를 적용하고 있지 않다. 그러나 일본 정부는 가전제품의 에너지 효율성 개선에 대한 정책과 투자를 통해 소비자들의 탄소배출을 감축하였으며, 저탄소 차량 제조 기술도 확보했다. 2009년 추가 예산에서 녹색산업 지원을 위해 10%를 배정했다.

1.4. 중국

1970년대부터 중국은 환경 정책을 통해 산업 오염물질을 줄이기 위한 노력을 해왔다. 에너지 안보를 확보하기 위해 에너지 효율성 개선 및 에너지 수요 감소를 위한 정책도 시행했다. 환경보호법에 의거한 환경세 및 벌금 부과를 주요 정책 수단으로 이용했다. 현재 환경세 수입은 4억 달러 수준이다. 녹색 경기부양책으로는 2009년 말까지 610억 달러를 지출했다.

2009년 중국은 탄소배출을 줄이기 위해 에너지 절약형 조명을 도입했다. 이를 위해 6억 위안의 보조금을 지급했다. 1.2억 개 에너지 절약형 조명이 설치되어 62억 kW의 전기를 절약하고 있다. Philips Electronics NV, Panasonic Corp. 등의 중국 자회사를 포함한 23개 기업에 참여했다. 중국 정부는 620만 톤의 이산화탄소 감축 및 62,000톤의 이산화황 감축을 기대하고 있다.

재생에너지 발전을 위한 대규모 보조금 및 인센티브

2009년 11월, 중국은 2020년까지 2005년 대비 40~50%의 GDP당 이산화탄소 감축

목표를 설정했다. 이를 위해 다양한 정책이 이산화탄소를 배출하는 기업에 도입되고 있다. 아직 도입하지 않았으나 탄소세를 고려하고 있다. 또한, 에너지 효율성 개선을 위한 투자는 법인세 산정 시 세제 혜택이 주어진다. 내구재 상품에 대해서는 환경 레이블과 에너지 효율성 표기를 하도록 요구한다. 풍력발전소에 대해서도 발전차액 지원(FiT) 제도를 적용하는 등 각종 재생에너지 발전을 지원한다. 풍력발전 전기를 사용하는 지역은 발전차액 지원이 되며, 풍력 전기 소비자들에게는 관련 부가가치세를 통상적인 17%가 아닌 8.5%만 부과한다.

중국은 2009년 3,800 MW의 태양광 발전을 했다. 이는 2년 연속 세계 최대 규모를 기록한 것이다. 세계 1위 중국과 3위 대만은 전세계 태양광 설비 제조의 49%를 차지했다. 관련 기업의 빠른 성장에 따라 규모의 경제를 확보하고 더 많은 시장점유율을 기록할 것으로 예상된다. 2009년 태양광 설비 제조 순위는 일본 2위, 독일 4위, 미국 5위를 기록했다. 전통적인 제조 강국임에도 불구하고 중국과 대만의 성장에 따라 시장점유율을 잃어가고 있다. 일본은 2004년까지 세계시장을 지배했으나 2009년에는 14%로 점유율이 떨어졌다. 그러나 중국의 태양광 발전 설비 산업은 중국 정부의 공격적인 지원정책에 의존하고 있다.

Box 2에는 정부 정책을 통한 산업 발전 성공사례를 담고 있다.

BOX 2 대규모 지원금을 통한 재생에너지 산업 발전

Hunan Sunzone Optoelectronics Energy는 설립 2년째인 태양광 패널 제조업체로 약 95%를 유럽에 수출한다. 2011년 미국 진출을 앞두고 뉴욕, 시카고, L.A.에 영업사무소를 열었다. Sunzone을 돕기 위해 지방정부는 도심지역 부동산 9헥타르를 시가의 1/3 가격에 넘겼다. 이는 기업에 상당한 원가 절감 효과로 나타나서 투자자들에게 더욱 가치가 높아졌다. 동시에 국영 은행에서 저리의 대출을 제공했고, 지방정부에서 이자비용을 환불해주는 정책을 통해 Sunzone의 사업확장을 지원하고 있다. 국영은행을 통한 저리의 대출은 장치산업인 태양광 패널 제조업에 큰 도움이 된다. 중국에서 Sunzone같은 수출업체에게는 토지와 대출을 염가에 제공해주는 것은 예외적인 것이 아니라 당연한 것이다. 정부의 도움으로 Sunzone은 사업승인 받은 지 3개월 만에 공장 설립에 필요한 자금과 허가를 모두 확보했다. 미국에서 태양광 패널 공장을 건설하려면 14~16개월이 소요된다. 또한 여러 허가를 받는 데 수 년이 걸리기도 한다. 중국에서는 8개월 만에 공장 건설이 완료된다. Sunzone이 2010년까지 생산능력을 두 배로 확장하기로 계획하자 중국 국영은행과 지방정부는 도울 준비를 하고 있다. 잠정적으로 직원을 600명으로 늘리기 위해 1100만 달러를 대출하려고 한다. 은행은 약 6% 이자율에 자금을 대출해 줄 것이다. 그러나 지방정부에서 이자비용 절반 이상에 대한 환급금을 지급할 것이다.

중국 정부는 환율 시장에서 매일 약 10억 달러를 투입해서 중국 수출상품의 세계시장 가격경쟁력 확보를 위해 노력하고 있다. 또한, 중국 정부에서 태양광 패널과 풍력 터빈에 필요한 희토류 수출을 급격하게 줄이면서 국내 제조기업들은 이익을 보고 있다. 중국은 전세계 유일한 희토류 생산국이다. 중국산업은행은 3개 태양광 패널 수출기업과 1개의 풍력 터빈 수출기업에 총 230억 달러를 대출해주고 있다. 중국산업은행은 국영은행으로 전략적 우선순위에 따라 자금을 공급한다. 중국은 철저한 보호정책으로 풍력 터빈과 태양광 패널을 수입하지 않는다. 예를 들어, 중국은 풍력 터빈의 70%, 태양광 패널의 80% 이상이 중국 내에서 생산된 부품으로 제조하도록 하고 있다.

그러나 국민들에게는 태양광 설비 구입에 대한 보조금 지원이 많지 않다. 대신 수출기업을 지원함으로써 다른 나라에서 경기부양책으로 도입한 태양광 설비 보조금 프로그램에서 지급된 자금을 벌어들이고 있다.

International Herald Tribune, September 10, 2010

중국에서 풍력터빈산업이 빠르게 성장하고 있다. 중국의 국영 전력기업들은 국내기업과 계약을 맺고, 부품의 70% 이상을 중국에서 제조하도록 요구하고 있다. 중국의 수출지원과 산업성장 전략이 재생에너지의 가격을 전세계적으로 낮추는 효과를 보이고 있다. 태양광 패널의 가격은 2년 사이 절반으로 하락했고, 풍력터빈의 가격은 같은 기간 25% 정도 하락했다. 이는 세계금융위기의 여파 때문이기도 하지만 중국의 급격한 확장에 기인하기도 한다. 중국의 대형 풍력터빈은 MW당 685,000달러에 팔리는데 반해, 서양의 풍력터빈은 MW당 850,000달러에 나오고 있다.

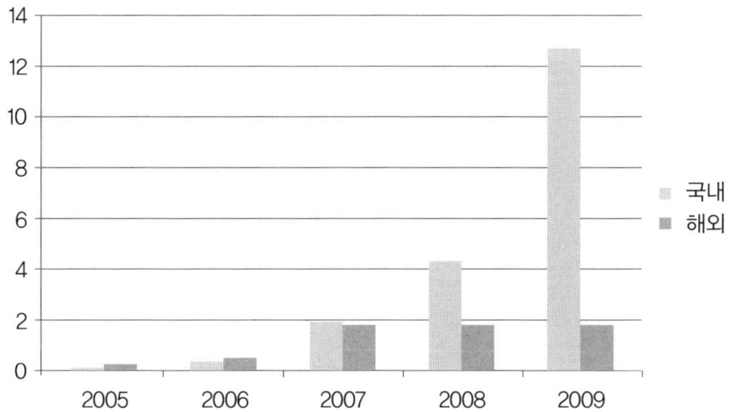

그림 5 **중국의 풍력터빈 생산량 및 판매량**

MW 기준

자료: HIS Emerging Energy Research

그러나 중국의 수출기업에 대한 보조금 정책은 중국을 비롯한 세계 대다수의 국가가 동의한 국제통상 규정을 어길 가능성이 있다. 환율 시장 개입을 통한 수출 경쟁력 확보 역시 산업 경쟁력에 악영향을 미칠 수 있다.

에너지 효율성 개선 인센티브

차량 연비를 늘리기 위해 2006년 중국의 재정부와 국가세무총국은 엔진규모에 따른 소비세를 도입하겠다고 발표했다. 차량 소비세는 1~40%까지 정해져서 소형차 이용을 권장하고 있다.

표 4 중국의 자가용 차량 소비세율

엔진규모 (리터)	2008년 9월 이후 세율 (%)
1	1
1 ~ 1.5	3
1.5 ~ 2.0	5
2.0 ~ 2.5	9
2.5 ~ 3.0	12
3.0 ~ 4.0	25
4	40

1999년, 중국은 CNG, LPG 등 대체에너지 소비를 증진시키기 위한 정책을 도입했다. 현재 중국 대도시에는 CNG, LPG를 이용한 택시와 버스가 늘어난 상태이다. 베이징 시정부는 수소버스 운영을 통해 수소연료 생산을 권장하고 있다. 이외에도 기술개발 및 대체연료 자동차 개발을 위해 15억 달러를 자동차 산업에 지원할 계획이 검토 중이다.

1.5. 한국

한국은 교토 의정서의 온실가스 감축목표 달성 의무가 없다. 그럼에도 불구하고 녹색성장 및 기후변화 대응을 위한 공격적인 정책을 시행하고 있다. 녹색성장 정책 하에서 "녹색뉴딜"은 2009~2012년 간 381억 달러 규모의 금융, 재정, 세무 정책을 포함하는

표 5 녹색 뉴딜 주요정책

정책	예산비중 (%)
국가 녹색정보 인프라 구축	0.7
친환경 건축	1
자원 재활용	1.8
수자원 관리	1.9
친환경 차량 및 재생 에너지	4.1
산림 복원	4.8
에너지보존	16
친환경 교통 수단	19.2
기타 관련 프로젝트	21.8
4대강	28.7

자료: 기획재정부, 2009

경기부양책이다. 한국 정부는 에너지 안보, 온실가스 배출감축, 주요 산업의 에너지 효율성 개선 등을 주요 실행계획으로 정했다.

한국정부는 최근 재생에너지 의무할당제를 도입하여 2015년까지 전체 전력의 4%, 2022년까지 전체 전력의 10%를 재생에너지로 충당하기로 했다. 이 정책은 2012년 시행되기 시작해 2016년까지 재생에너지 발전규모를 매년 350 MW 증가시키고, 2022년까지 매년 700 MW 증가시키는 계획이다. 이 정책을 지원하기 위해 법적으로 재생에너지 전력의 매입과 매입가격을 정하고 있다. 전통적인 재생에너지원에 대한 고정지원금을 보장하고, 내년부터는 연료전지도 지원대상에 포함된다. 가격은 태양광 발전의 경우 kWh당 0.70 달러에서 매립지 가스발전의 경우 kWh당 0.06달러까지 다르게 책정된다.

2008년 국가에너지기본계획에서 에너지 효율성을 46% 개선하는 목표를 정했다. 이 목표를 달성하기 위해 정부는 에너지 효율성 개선에 투자하는 기업에 대한 인센티브로 총 9.3억 달러를 지급했다. 이에 해당하는 사업은 에너지관리시스템 구축, 전력 IT, 에너지 저장, 친환경 차량, 고효율 전등 등의 핵심 기술을 포함한다. 본 계획 하에서 제조기업에 대한 인센티브와 고효율 제품을 구입하는 소비자들에 대한 인센티브를 제공했다. 예를 들어, 에너지효율 라벨 프로그램은 에너지 효율을 1부터 5까지 표시하도록 하며, 고효율 전자제품 프로그램은 평균이상의 에너지 효율을 가진 제품을 인증하며, 에너지 절약 사무용품 및 가전제품 프로그램은 정부와 제조업체의 파트너십을 통해 자발적인 에너지 절약 제품을 제조하도록 한다.

추가적으로, 한국 정부는 4차 에너지이용합리화 기본계획(2008~2012)을 위해 183억 달러의 예산을 배정했다. 이는 공업 및 상업용 빌딩의 에너지 효율성 개선에 대한 세제 혜택을 주는 제도를 포함한다. 한국 정부는 최근 자동차 연비를 2012년부터 2015년까지 리터당 5.88km까지 늘리는 목표를 정했다. 18억 달러의 예산이 소비자들의 하이브리드 자동차 및 전기 자동차 구입 인센티브로 배정되었다. 친환경 차량을 구입하여 노후차량을 교체하려는 소비자들은 최대 1,600달러까지 보조금을 받을 수 있다.

1.6. 미국

에너지 가격의 상승, 석유의 수입의존도 증가, 에너지 사용 증가에 따른 환경문제 등의 이유로 많은 기업이 친환경 정책을 도입하고 있다. 연방정부 및 주정부는 세제 혜택, 보조금 등을 통해 재생에너지 생산을 유도하고 있다. 대다수의 세제 혜택과 인센티브는 재생에너지원을 활용하도록 하는 목적이 있다.

기업을 위한 인센티브

- **고효율 빌딩 세액 공제:** 신규 또는 기존 건물에 옥내 조명, 냉난방시설, 온수시설을 설치할 때 평방피트 당 1.80달러까지 세액공제를 받을 수 있다. 이외에도 기준치의 50% 이상 전력사용을 절약할 수 있도록 설치하는 창, 문, 지붕, 기초공사, 외장재, 바닥 공사 등에도 동일하게 적용된다. 인증을 받아야 하며 2013년까지 유효하다.
- **기업 에너지 투자 세액 공제:** 기업은 자체 전력발전을 목적으로 대체에너지에 투자할 때 10% 세액 공제(지열, 소형 가스터빈, 열병합 발전) 또는 30% 세액 공제(태양력, 연료전지, 소형 풍력터빈)를 받을 수 있다. 공제 대상으로는 태양광 발전 기기, 지하수를 이용한 냉난방 기기 등이 있을 수 있다. 국세청(IRS)에 신청해서 세액 공제 대신 보조금 형식으로 받을 수 있다.

- **친환경 차량 세액 공제:** 세법이 개정되어 연료전지, 하이브리드, 고연비 엔진, 대체연료 차량 구입에 대해 2400달러까지 세액 공제를 받을 수 있다. 차량 모델과 생산시기에 따라 일정기간이 지나면 세액 공제 대상에서 제외된다.
- **Plug-in 전기차 세액 공제:** Plug-in Hybrid 차량 구입 또는 리스 시 세액 공제 3가지 형태로 제공한다. 자동차 및 트럭에 대한 최대 7500달러 세액 공제, 저속차량, 오토바이, 3륜차에 대한 최대 2500달러까지 10% 세액 공제, Plug-in Hybrid 차량으로 개조 시 최대 4000달러까지 10% 세액 공제가 주어진다.
- **대체 에너지 충전 설비 세액 공제:** 사업 목적상 친환경 차량의 충전 설비를 설치할 때, 최대 50000달러까지(수소연료의 경우 최대 200,000달러까지) 50%(수소연료의 경우 30%) 세액 공제를 제공한다. 친환경 연료로는 85% 이상 에탄올, 천연가스, LNG, LPG, 석유가스, 수소, 또는 20% 이상 바이오디젤을 포함한 혼합유를 인정한다.
- **재활용 및 재사용 설비의 추가 감가상각:** 재활용 및 재사용 제품의 수집, 배포, 재활용에 필요한 설비를 사용하면 추가 감가상각을 허용한다. 이 설비를 운영하는 데 필요한 소프트웨어에 대한 감가상각도 인정된다.
- **소득세를 부과하지 않는 부가 혜택(fringe benefits):** 자전거 통근 근로자들에 대한 월 20달러의 부가 혜택에 대해서는 소득세를 부과하지 않는다. 2009년에 최대 지급금액을 120달러에서 230달러로 증가시켰다. 현금 급여 부가 혜택간에 선택권이 주어지더라도 소득세를 부과하지 않도록 규정했다.

에너지 자산에 대한 감가상각 혜택은 다음과 같다.

- 태양력, 소형 풍력, 지열, 연료전지, 소형 터빈, 열병합 발전 설비에 대한 5년 가속상각을 인정한다.
- 위와 같은 조건을 만족하는 설비를 2009년에 도입하면 첫 해에 50% 추가 감가상각을 인정한다.
- 2014년 1월 1일 이전에 건설한 상업용 빌딩은 에너지 효율성 개선 관련 비용에 대해 세액 공제를 받을 수 있다. 최대 한도는 평방피트 당 1.80달러이다. 옥내 조명, 냉난방시설, 온수시설이 기준치의 50% 이상 전력사용을 절약하거나

ASHRAE 90.1-2001에 따른 기준을 만족해야 한다. 기준치의 16.66% 이상 에너지 효율성을 달성한 경우에는 평방피트 당 최대 0.60달러의 세액 공제가 가능하다.

제조업 인센티브

- **고효율 가전제품 세액 공제:** 에너지 효율성이 높은 세탁기(75~250달러), 식기세척기(45~75달러), 냉장고(50~200달러)에 대한 세액 공제를 제공한다.
- **고효율 신규주택 세액 공제:** 에너지 효율성이 높은 신규주택의 건설업체 및 개발자에 대해 최대 2000달러의 세액 공제 혜택이 주어진다.
- **알코올(에탄올) 연료 생산 세액 공제:** 연료 또는 혼합연료용 알코올 생산 시 190 proof-gallon 당 0.60달러의 세액 공제가 주어진다. 동일한 목적으로 에탄올 또는 셀룰로오스 바이오연료를 생산 시 추가 0.10달러의 세액 공제가 주어진다.
- **바이오디젤 및 재생디젤 세액 공제:** 세법에 따라 바이오디젤 및 재생디젤 생산 갤런 당 1달러의 세액 공제 혜택을 제공한다. 세액 공제 대신 소득 공제 또는 보조금 형태로 지급받을 수 있다.

개인 인센티브

- **주택 에너지 효율 개선 세액 공제:** 개인이 주택에 온수기, 난방기, 보일러, 열펌프, 에어컨, 단열 처리, 창, 문, 지붕, 환풍기 등 에너지 효율 개선을 위해 구입하는 설비에 대해 최대 1500달러까지 30% 세액 공제 혜택을 준다.
- **고효율 주택 세액 공제:** 개인이 태양광 온수기, 지열 펌프, 연료전지, 풍력 터빈 등의 설비를 구입하면 30% 세액 공제 혜택을 준다.

지방정부 인센티브

재생에너지의 생산과 활용을 촉진하기 위한 정책은 주(州)에 따라 크게 다르지만 대체로 법인세의 세액 공제, 세액 감면 등의 형태를 띤다. 주 정부는 재산세 감면 또는 면제, 판매세 면제 또는 환급, 보조금 지급 또는 환급 제도를 운영한다. 주 정부 인센티브에 추가적으로 지역 전력 기업에서도 인센티브를 제공한다. 설비 개조, 옥내 조명, 상하수도 시스템 개선을 통해 에너지 효율성을 향상시키려는 소비자들에게 각종 혜택을 준다. 에너지 효율성이 높은 신규주택을 건설하는 경우에는 보조금 지급이 가능하다.

미국에서는 태양력 발전 및 풍력 발전 전력 생산량이 매년 2배 증가하고 있으나 국가 차원의 발전차액 지원(FiT) 제도가 없다. 대신 연방 세액 공제, 각종 주정부 및 지역 지원제도, 재생에너지 의무할당제 등을 통해 재생에너지 발전을 촉진해왔다. 재생에너지 의무할당제에 따라 2020년까지 전력 생산량의 33%가 재생에너지원으로부터 생산되어야 한다. 캘리포니아 주는 미국에서 생산되는 태양광 발전 전력생산량인 1260 MW 중 60%를 생산하고 있다. 캘리포니아 주가 선두를 달리고 있으나 다른 주들도 빠르게 따라 잡을 것이다. 25MW 규모의 미국 최대 DeSoto 태양광 발전소가 위치한 플로리다 주를 비롯해서 5개 주에서 2009년 한 해 동안 태양광 생산능력이 두 배 증가하였다.

2. 화석연료 보조금에 대한 논의

APEC 국가들은 항상 석유 가격이 높다고 탓한다. 그러나 석유 시장이 수요와 공급에 따라 민감하게 반응하고 있다는 것을 고려하지는 않는 것처럼 보인다. 지난 몇 년간 많은 APEC 국가에서 석유 보조금을 줄였거나 줄일 계획을 발표했다. 인도네시아는 석유 가격을 30% 올릴 계획이며, 말레이시아도 유사한 정책을 펼칠 것이다. 중국도 인플레이션 압력이 완화되고, 시촨성 지진의 여파가 줄어들면 석유 보조금을 줄일 것으로 보인다.

말레이시아 정부는 작년 한 해에만 120억 달러를 석유 보조금으로 지출했다. 이는 정부 지출의 25%에 해당하는 금액이다. 올해 석유 보조금 규모는 150억 달러를 넘어설 가능성이 있다. 말레이시아의 국가 신용등급, 많은 외한보유고, 예산 흑자가 모두 위협을 당하고 있다. 석유 가격이 현재 수준을 유지한다면 2007년 100억 달러 수준이었던 석유 보조금은 올해 150억 달러 수준을 달성할 것으로 보인다. 중국은 석유와 에너지 보조금을 감당할 능력이 있으나, 보조금 정책으로 인해 국영 전력기업, 제련기업, 에너지기업의 효율성이 저해된다. APEC 국가들은 전세계 석유 소비량의 60%를 차지한다. 그러나 연간 석유 소비증가분의 2/3를 차지하며, 석유 수입증가량에 대해서는 더 큰 비중을 차지한다. APEC 이외 지역에서는 석유 수출국인 러시아, 중동 등 석유가격이 낮고 경제가 빠르게 성장하는 곳에서 석유소비가 늘고 있다. 유럽의 석유 소비는 점차 줄어들고 있다. 보조금 지급은 생산자의 이익을 늘리고, 소비자들이 지불하는 가격을 낮춤으로써 가격을 왜곡하는 효과를 낳는다. 따라서 석유의 과다 소비를 발생시켜 환경에 악영향을 미칠 가능성이 있다. 개발도상국에서는 통상적으로 경제성장과 빈곤퇴치를 위해 에너지의 소비자가격을 시장가격보다 낮게 유지한다. 예를 들어, 유류세 환급 및 낮은 에너지 가격은 화석연료 사용을 증가시키고, 자동차 구입에 대한 보조금 지급은 교통 체증과 대기 오염을 발생시키고, 농업 보조금은 과도한 살충제와 화학비료 사용으로 이어진다.

에너지 보조금에 대한 최근 IEA 보고서에 따르면 화석연료에 대한 보조금은 2008년 5570억 달러를 기록했고 이 중 4000억 달러가 비 OECD 회원국이 차지했다. 연구에 따르면 에너지 보조금은 재정 적자로 이어진다. 그림 6에 의하면 러시아, 중국, 인도네시아 등 부채가 많은 국가에서 에너지 보조금에 대한 예산 비중이 더 높다.

반면, 베트남과 태국 등 에너지 보조금 예산에 적은 국가는 부채가 많지 않다. 보조금을 50% 줄였을 때, 보다 효율적인 자원배분으로 부채가 38% 감소할 것으로 예측된다.

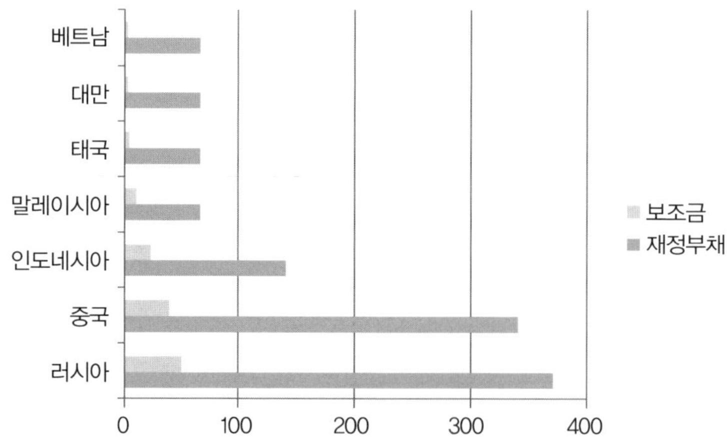

그림 6 아시아 국가의 에너지 보조금 및 재정부채 규모

자료: IEA, 2009, CIA, 2009

화석연료에 대한 보조금은 자원 고갈과 이산화탄소 배출 증가로 이어지기도 한다. 화석연료 보조금을 제거하면 에너지 가격 상승으로 이어져서 에너지 소비 감소 및 온실가스 배출감축 효과가 있을 것이다. OECD 예측에 따르면 2020년까지 모든 화석연료 보조금이 철폐되면 2050까지 BAU 대비 10% 온실가스 배출감축을 달성할 수 있다. 환경오염을 발생시키는 활동에 대한 보조금을 지급하기보다 에너지 효율이 높은 제품 및 재생에너지 개발에 투자하는 것이 장기적으로 녹색성장에 기여하는 방법이다.

그러나 보조금을 줄이는 개혁을 하기 위해서는 주의 깊은 정책 추진이 요구된다. 보조금 감소에 따른 환경적, 경제적 영향을 평가해야 한다. 중국, 말레이시아 등 내수를 통해 둔화되는 수출 성장을 보완해야 하는 경우에는 석유 가격 급등에 따른 경기 침체가 발생할 수 있다. 그리고 단기적으로 보조금 지급은 여러 가지 장점을 지니기도 한다. 저소득층은 등유로 요리를 하거나 오토바이로 출근을 한다. 농산물 생산량을 유지하기 위한 비료 보조금도 필요할 수 있다.

화석연료를 요리 및 난방에 사용하는 지역에서는 보조금 철폐에 따른 산림 황폐화 및 실내 공기 악화로 이어질 수 있다. 또한, 사회적으로 악영향을 미칠 수 있다. 보조금은 저소득층을 지원하는 목적으로 지급되는 것인데, 이들은 보조금 철폐에 따른 식품, 원자재 가격 상승에 따른 타격이 클 수 있다. 그러나 석유를 비롯한 에너지원에 대한 보조금은 주로 고소득층 또는 자본집약적 산업에게 이로운 제도이다. 따라서 전반적인 경제성장 보다 소득 격차와 일자리 창출이 더 중요한 시기라는 것을 고려할 필요가 있다.

인센티브와 재정정책 개혁의 관계

최근 몇 년간 APEC 국가들이 녹색성장 정책을 추진하면서 보조금, 세금, 세액 공제 등이 늘어나고 있다. 이는 각종 인센티브, 세금 감면, 보조금 등을 통해 기업의 행동을 변화시키려는 노력이다. 그러나 재정적인 측면에서 이와 같은 정책은 예산 부족으로 이어질 수 있다. 따라서 장기적으로 지속가능한 녹색투자를 위한 자금을 확보하는 것이 큰 과제이다. UNEP 보고서에서도 각국이 자체적인 자금을 이용해 환경 투자를 하는 것의 중요성을 강조하고 있다. 이 보고서는 WaterAid(UK)의 연구를 다음과 같이 인용하고 있다. "전세계 수자원 관리에 소요되는 비용의 70%는 공공자금, 20%는 국제원조, 10%는 민간부문이 부담하고 있다. 민간부문이 부담하는 10% 중 7%는 글로벌 기업이 차지하고 있으며, 3%만 국내 민간부문이 차지한다."

환경재정개혁(EFR)이라는 개념은 수 년간 정치적 논란이 되어왔다. 환경재정개혁의 의미는 개발도상국이나 선진국 모두 동일하게 사용한다. OECD의 최근 보고서에 따르면, "환경재정개혁(EFR)은 환경 목표를 달성하면서 세금과 가격 정책을 통해 재정수입을 늘리는 것이다." 국제기구의 최근 보고서에서도 환경재정개혁(EFR)은 환경정책과 재정정책이 합쳐진 개념으로 선진국 뿐만 아니라 개발도상국에서도 실행가능한 개념으로 설명하고 있다. 그러나 선진국과 개발도상국간 환경재정개혁(EFR)을 실시하는 근본적인 이유가 다를 수 있다. 구체적인 정책은 각국의 경제적, 사회적, 제도적, 정치적 상황과 환경재정개혁(EFR)의 목적에 따라 다를 것이다. 이는 선진국에서 조세이동(tax shifting)이라고 부른다.

EU 회원국에서 실행한 조세이동은 세수중립(revenue neutral) 원칙을 기반으로 한다. 세수중립이란 환경세로 인해 세수가 늘어난 만큼 다른 세금을 줄이는 것을 의미한다. 따라서 국가 전체 수준에서 전반적인 세금 부담이 변하지 않는다. 그러나 개별 경제주체에 따라 세금 부담이 늘어날 수도 있고 줄어들 수도 있다. 환경보호 효과뿐만 아니라 경제적 효과도 기대할 수 있다. 근로소득세를 줄인다면 일자리 창출 효과가 있을 수 있다. 독일과 같은 국가에서는 높은 근로소득세 때문에 실업률이 높기 때문이다. 인센티브, 세액 공제, 보조금 등을 정책수단으로 고려한다고 해서, 명령지시형 규제를 반드시 배척할 필요는 없다. 정부의 정책을 추진하는 데 인센티브, 시장기반수단, 규제는 모두 중요한 정책수단이며, 시장이 효과적이고 효율적으로 기능하는데 각각의 역할이 요구된다.

저탄소 녹색성장에 필요한 자금을 확보하기 위해 펀드를 조성할 수도 있다. 중앙은행, 국부펀드, 민간 투자자 등 달러 보유가 많은 경우에는 다른 외환으로 위험을 분산시키고자 하는 수요가 있다. 달러 보유고가 200조 달러에 달하는 상황에서 APEC 수준의 펀드 조성을 통해 보유한 달러의 일부를 특별인출권(SDR)으로 보관할 수 있다. 달러로 다른 외환을 사고 팔 때 발생하는 환율변동을 피하면서 여유 달러 자금을 보관할 수 있는 것이다. 여기서 발생하는 사용료 등을 녹색산업 투자에 활용할 수 있다.

활용중인 녹색기업 활성화 인센티브

재생에너지 전력 생산자들에게 가장 중요한 인센티브는 발전차액 지원(FiT) 제도 이다. 개인, 사기업, 전력회사 모두 생산하는 전력을 kWh 당 고정가격에 팔 수 있도록 하는 것이다. 에콰도르, 이스라엘, 일본, 캐나, 파키스탄, 태국, EU 회원국 대다수 등 50여 개 국가에서 도입하고 있는 제도이다. 2008년까지 설치된 태양광 발전기의 75%가 발전차액 지원(FiT) 제도의 영향이라고 판단하는 이들도 있다.

이 제도의 효과가 가장 잘 나타난 국가는 독일이다. 독일은 구름 많기로 유명한 시애틀만큼의 일조량 밖에 없는데도 불구하고 발전차액 지원(FiT) 제도를 통해 태양광 발전 설치가 늘어났으며, 태양광 산업도 연매출 100억 유로(130억 달러) 규모로 성장했다. 2009년 태양광 패널의 가격이 30% 하락하면서 독일 정부는 2010년 중반부터 가격을 통제하겠다고 나섰다. 지원금 규모를 줄이고 시장가격에 가까운 수준으로 발전차액 지원(FiT)를 낮추겠다고 했다. 일자리 감소와 수요 감소를 우려하는 이들도 있으나 대형 발전소의 발전차액 지원(FiT) 제도 참여 허용 등을 통해 추가 성장이 가능하다고 보고 있다. 2013년까지 독일의 태양광 발전 가격이 낮아져서 일반 전기 가격과 동일해지는 그리드 패리티(grid parity) 현상이 나타날 것으로 기대된다.

선진국에서 소형 태양광 발전 설비에 대한 관심이 늘어나고 있는 상황이지만, 태양광 발전 산업은 대형화 추세로 나아가고 있으며 MW급 태양광 발전 공원을 조성하고 있다. 2010년 9월 캐나다 온타리오에 설치된 80 MW 태양광 발전 설비가 스페인을 제치고 세계최대 규모를 자랑하게 되었다. 스페인과 독일이 세계 10대 발전소 중 8개를 보유하고 있다. 중국은 2009년 말까지 300 MW 규모이지만 총 12,000 MW 까지 확장할 계획을 진행하고 있다. 미국은 100-5000 MW 급 태양광 발전 시설 23개를 건설하고 있다.

3. 아시아의 탄소세와 유럽의 교훈

아시아 국가들은 에너지 수요를 감당하기 위해 화석연료에 의존하고 있으며, 세계 화석연료 자원의 큰 비중을 소모하고 있다. 재생에너지와 에너지 효율성 개선 정책을 통한 노력에도 불구하고 2030년까지 아시아 국가들의 화석연료 수입의존도는 34% 증가할 것으로 예상된다. 이 추세가 계속되면 에너지 안보 및 지구 환경을 심각하게 위협할 것이며, 아시아 국가들은 석유가격 변동에 크게 영향을 받게 될 것이다.

최근에 탄소세가 에너지 안보, 경제 성장, 기후변화 대응의 방안으로 제시되고 있다. 탄소세는 화석연료의 탄소 함유량에 따라 세금을 부과하는 시장기반수단으로 온실가스 배출감축에 따른 한계비용과 기후변화 대응에 따른 한계수익을 동일하게 하려는 수단이다. 탄소 함유가 높은 화석연료에 대해 보다 높은 세금을 부과함으로써 보다 에너지 효율이 높고, 친환경적인 기술 개발을 독려하는 한편, 저탄소 재생에너지로 전환하도록 유도한다.

탄소세는 시장기능을 이용해 탄소배출을 감축하는 방안이다. 세금은 직접적 및 간접적 인센티브 효과가 있다. 환경오염 활동에 따른 비용을 증가시키고, 환경보존을 강조하고, 에너지 효율성 개선 투자를 유도하고, 친환경 에너지로 전환을 유도하는 한편, 재정 수입을 통해 앞서 열거한 활동을 보다 촉진할 수 있기 때문이다.

탄소세의 이론적 강점에도 불구하고 서양 몇몇 국가에서만 성공적으로 탄소세를 도입했으며, 다른 종류의 에너지 세금 정책은 실패했다. 이로부터 어떤 교훈을 얻을 수 있을까? 아시아-태평양 국가들은 어떻게 탄소세를 도입하여 환경세 개혁(ETR)을 실행할 수 있을까? 아시아 국가들에서 시도된 사례는 무엇인가? 본 절에서는 아시아-태평양 국가의 탄소세 도입 경험을 알아보고, 이를 도입하는 데 대한 정책제언을 제공한다.

3.1. 아시아-태평양 국가의 탄소세 트랜드 및 전망

아시아 국가의 탄소세 도입은 환경세 개혁(ETR)을 이루는 아주 더딘 과정이다. 첫 단계에서 정부는 화석연료의 소비를 증가시키는 화석연료 소비 및 오염활동에 대한 보조금(예를 들면, 석탄 화력발전소에 대한 지원금 제도)을 줄이는 데 초점을 맞춰야 한다. 다음 단계에서 환경에 악영향을 미치는 제품과 활동에 대한 세금을 부과함으로써 환경오염의 외부효과를 내재화해야 한다.

아시아-태평양 국가들은 대부분 환경정책 개혁의 첫 단계를 실행하고 있다. 이들은 화석연료에 대한 보조금을 철폐하고 시장을 교란시키는 보조금을 줄이고 있다. 과거 아시아 국가들은 에너지 공급을 늘리고, 저소득층을 지원하기 위해 전력발전, 요리, 난방, 교통에 필요한 화석연료에 보조금을 지급했다. 그러나 최근에는 각종 보조금이 줄어들고 있는 추세이며, 환경오염에 따른 외부효과를 소비자 가격에 내재화하고 있다. 예를 들어, 중국, 말레이시아, 인도네시아는 최근에 석탄 및 등유 지원금을 줄이기로 발표했다.

다음 단계에 들어선 몇몇 국가들은 탄소세 도입을 논의하고 있다. 탄소세 논의는 초기단계에 있으며 어떻게 도입할 지에 대한 논란이 진행되고 있다. 정보의 부족과 탄소세가 경제와 환경에 어떤 효과를 미칠지에 대한 불확실성 때문에 진행이 더디다. 그럼에도 불구하고 아시아-태평양 국가에서 탄소세를 도입하기 위해 어떤 정책을 펼치고 있는지, 어떤 효과가 기대되는지 다음과 같이 요약했다.

호주에서는 2008년 생산성 위원회(Productivity Commission)의 탄소세 도입 건의와 함께 논의가 시작되었다. 이후 기후변화가 경제에 어떤 영향을 미칠지, 온실가스 배출감축을 위해 어떤 정책이 필요한지에 대한 연구가 계속되어 왔다. 그 결과 여러 시장기반수단(탄소세, 총량제한 탄소배출권 제도 등)이 제안되었으나 국회에서 부결됐다. 최근 호주 녹색당은 향후 2년간 톤당 21달러(23 호주달러)의 탄소세를 제안하면서 정치적 논의가 재기되었다. 곧 위원회가 구성되어 제도의 실행가능성을 평가할 것이다.

일본 정부는 환경정책의 일환으로 시장기반수단을 1990년대부터 고려해왔다. 학계와 정책입안자들이 함께 가장 효과적인 시장기반수단을 찾기 위한 노력을 해왔다. 2005년 환경성은 42억 달러의 세금 수입이 기대되는 톤당 28달러의 탄소세를 제안했다. 탄소세로 거둔 자금은 빌딩의 에너지 효율성 개선, 친환경 차량 개발, 산림 확충을 통한 탄소감축 등의 프로젝트에 사용할 계획이다. 아직도 환경부는 탄소세 도입을 연기하라는 압박을 받고 있으며, 탄소세 도입은 정치적으로 중요한 사안으로 인정받지 못하고 있다. 특히, 산업과 관련된 산업경제성, 국토교통성 등의 부처에서 탄소세가 경제에 악영향을 미칠 것이라며 반대를 하고 있다.

한국은 아시아 최초로 탄소세를 녹색성장 전략의 일환으로 도입하기로 결정했다. 그러나 아직까지 자세한 도입시기를 발표하지 않았다. 현재 온실가스 감축목표를 달성하기 위한 수단으로 탄소세, 총량제한 배출권거래 등을 분석하고 있다. 국무총리는 탄소세 수입으로 현행 교통세를 충당할 것이라고 발표했다. 톤당 27달러(31,828원)의 탄소세를 적용할 때, 79억 달러의 재정 수입이 늘어나서 법인세와 개인 소득세를 충당할 수 있을 것으로 기대된다.

중국과 대만은 2011에 탄소세 도입을 고려하고 있다. 두 정부 모두 저탄소 기술의 연구개발을 지원하기 위한 시장기반수단과 보조금 등을 계획하면서 환경정책을 재조정하고 있는 상황이다. 중국에서 탄소세 수입은 5~21억 달러 규모에 이를 것으로 예상되며, 중앙정부와 지방정부가 친환경산업과 저탄소 기술개발을 지원하는데 활용할 것이다.

표 6는 주요 아시아-태평양 국가에서 계획 중인 탄소세를 정리했다. 탄소함유량에 따라 각 연료가 다른 세율을 적용 받는다. 즉, 석탄, 휘발유, 디젤 등이 천연가스보다 높은 세율을 적용 받는다.

국가별로 세율이 다르다는 것도 볼 수 있다(중국 정부는 다른 국가에 비해 80% 이상 낮은 탄소세를 계획하고 있다). 탄소세가 모두 도입되고 나면, 지역별로 탄소배출에 대한 비용이 달라진다. 이를 피하기 위해 지역 수준 또는 세계 수준의 탄소세가 가장 효과적일 수 있다. 따라서 여러 국가들은 협조를 통해 각국의 상황을 고려한 포괄적인 탄소세 제도를 구상해야 하겠다.

EU 회원국들의 환경정책 개혁은 지역 협력의 모범 사례이다. 스칸디나비아 및 중앙 유럽 국가들이 주축이 되어 1990년대 중반 이산화탄소 배출량을 고려해서 액체연

표 6 아시아-태평양 국가의 에너지원 관련 세율

국가	석탄	휘발유	석유	디젤	등유	천연가스	전기	탄소
	U$/kg	U$/L	U$/L	U$/L	U$/L	U$/$m^3$	U$/kWh	U$/toncarbon
호주	0.015	0.016	0.013	0.015	0.014	0.012	4.99	21.0
중국	0.002 ~ 0.005	0.002 ~ 0.006	0.002 ~ 0.005	0.002 ~ 0.005	0.002 ~ 0.005	0.002 ~ 0.004	0.69	3.0~7.4
일본	0.020	0.021	0.017	0.020	0.019	0.016	4.05	28.0
한국	0.072	0.076	0.061	0.072	0.066	0.057	15.14	99.0
대만	0.045	0.047	0.038	0.045	0.041	0.035	11.86	61.8

료 및 전기에 대한 세금을 도입했다. 탄소세가 성공적으로 도입될 수 있다는 것을 보여주는 사례로 아시아 국가들은 이들의 경험으로부터 교훈을 얻을 수 있다.

BOX 3 EU 환경세 개혁과 탄소세

EU의 환경세 개혁은 1990년대에 환경세를 점차 도입하고, 왜곡된 다른 세금을 줄여가면서 이루어졌다. EU 회원국들은 연료의 탄소함유량에 따른 탄소세를 적용했다. 환경세 도입과 더불어 직접소득세 감면, 사회보장제도 확충 등을 실시했다. 이와 같은 포괄적인 개혁은 환경문제에 대응할 뿐만 아니라 경제성장을 촉진한다.

먼저 스칸디나비아 국가들이 재정정책에 에너지, 교통, 환경오염 세금을 포함시켰으며, 남부 유럽 국가들이 그 뒤를 따랐다. 현재 에너지 및 교통세가 전체 환경세의 95% 이상을 차지한다. 재정수입에서 환경세가 차지하는 비중은 약 5%로, 환경세 중에서는 에너지 세금이 가장 비중이 크다.

2005년에는 EU ETS(배출권 거래제도)가 도입되었다. 이는 EU 온실가스 배출량의 40%에 해당한다. EU ETS 하에서 에너지 집약산업들은 온실가스 배출한도가 정해졌고, 배출권 거래가 시행됨에 따라 이산화탄소 배출감축에 대한 인센티브가 주어졌다. 현재 배출권 거래제도는 2단계에 들어섰으며, 이는 2012년까지 지속된다. 2013년부터 2020년까지는 3단계 정책에 돌입한다. EU ETS는 초기에 몇 가지 어려움을 겪었으나 지역범위에서 도입한 시장기반수단의 성공사례로 꼽힌다.

최근에는 2013년까지 지역범위의 탄소세 도입이 논의되고 있다. 이 제도가 성공적으로 도입된다면, EU ETS가 포함하지 않는 농업, 교통, 가계 등의 부문에서 톤당 5.2~39.1달러(4~30유로)의 탄소세를 부담하게 된다.

3.2. 탄소세의 영향

환경에 대한 영향, 세수에 대한 영향

탄소세 도입을 주장하는 주된 이유는 이산화탄소 감축과 화석연료 소비 감소 등 환경보호 효과 때문이다. 연료의 가격을 높이면, 시장 수요가 줄어들고 보다 효율적인 연료 소비를 유도하게 되고, 그에 따른 환경오염도 줄어들게 된다. 추가적으로 화석연료로 인해 훼손된 공기의 질도 개선할 수 있다.

탄소세 도입의 부차적인 장점은 세수를 활용할 수 있다는 것이다. 재정 수입을 재생에너지 보조금 지급, 에너지 효율성 관련 연구개발 프로젝트 지원에 사용하면 환경보호 효과가 더욱 커질 수 있다. 정부는 탄소세 수입 배분을 통해 여러 가지 효과를 거둘 수 있다. 이는 각국의 상황에 따라 다르게 적용할 수 있다. 법인세 및 개인소득세를 낮출 수도 있고, 다른 환경정책을 시행하는 데 사용할 수도 있고, 환경세의 타격을 받

표 7 탄소세 세수

국가	탄소세 세수 (10억 달러)	녹색투자금액 (vi) (10억 달러)	탄소세 / 녹색투자금액 (10억 달러)	탄소세 활용 계획
호주	9.3 (i)	7.9 (vii)	117.7%	-
중국	0.5～2.1 (ii)	31.0 (viii)	1.6～6.8%	배출감축, 친환경산업 지원
일본	4.2 (iii)	18.8 (ix)	22.3%	온실가스 감축 수단 지원
한국	7.9 (iv)	13.7 (x)	57.7%	법인세 및 소득세 감면, 교통세 부담 완화
대만	7.3 (v)	n/a		저소득 가정 및 공공교통수단 지원

는 저소득층을 지원할 수도 있다. 아시아 국가들은 이와 같은 사항을 탄소세 정책에 반영하여 사회적, 환경적으로 바람직한 프로젝트에 지원할 계획이다.

경쟁력에 대한 영향

탄소세를 반대하는 가장 중요한 이유는 시장 경쟁력을 악화시킬 수 있기 때문이다. 환경세는 기업에 추가적인 부담을 주기 때문에 수익 달성 및 이를 통한 환경성과 향상을 방해한다. 실증연구에서도 환경규제와 경쟁력의 반비례 관계를 보여주고 있다. 친환경 기술에 투자하는 것이 수익성이 없는 경우에는, 환경규제에 순응하는 데 따른 비용이 수익보다 클 수 있다.

이와 반대로, 환경정책을 잘 구상하면 혁신을 유도함으로써 규제대상이 아닌 산업보다 경쟁력을 갖출 수 있다고 한다. 탄소세 정책을 도입할 때 아시아-태평양 국가들은 경쟁력에 대한 영향을 반드시 고려해야 한다. 탄소세의 영향을 완화하기 위해서 환경적으로 최적 수준보다 낮은 세율을 적용하거나, 가치사슬 아래에 있는 소비자들에게 세금을 부과하거나, 각종 감면 제도, 자발적 환경협약, 보조금을 이용할 수 있다.

분배에 대한 영향

개발도상국에서 탄소세 도입을 반대하는 가장 큰 이유는 불균등한 분배 효과가 나타나기 때문이다. 몇몇 실증연구에 따르면 탄소세는 소득 중 에너지에 소비하는 비중이 큰 저소득층에 더 큰 부담을 준다. 미국, 영국, 아일랜드 등에서도 유사한 사례를 발견할 수 있다. 아시아 국가에 대해서는 탄소세의 분배 효과에 대해 이루어진 연구가 많지 않다. Yusuf and Resosudarmo는 인도네시아에서 탄소세의 분배 효과에 대한 포괄적인 연구를 수행했다. 선진국에서 수행한 다른 연구와 달리 인도네시아에 탄소세 도입에 따른 불균등 분해 현상이 발생하지 않았다.

탄소세의 역진적인 효과를 완화하기 위해서는 탄소세 수입을 보조금으로 되돌려 주는 것이 필요하다. 두 가지 방안이 제시될 수 있다. 첫째, 소득에 따라 보조금을 차등 지급할 수 있다. 둘째, 소득세율을 낮추고 사회보장제도를 강화할 수 있다.

3.3. 환경세와 재정정책 개혁: 녹색산업에 대한 인센티브인가?

탄소세 등의 환경세는 산업에도 영향을 미치지만 세금제도에도 영향을 미친다. 유사한 환경보호 목적으로 추진되지만 국가의 재정수입을 늘리지 않는 여타 정책과 달리 환경세는 재정수입을 재활용하는 효과가 있다. 즉, 환경 규제의 실행비용을 고려했을 때 탄소세 도입에 따른 사회적 비용은 다른 환경 정책보다 낮을 수 있다.

세수 재활용 효과

자본과 노동에 세금을 부과하면 기업의 행동을 왜곡할 가능성이 있다. 예를 들어, 소득세를 부과하지 않으면 노동자의 임금은 노동자의 한계생산성과 같아진다. 소득세를 부과하면 노동자는 자신의 한계생산성 보다 낮은 임금을 받게 되기 때문에 노동자가 열심히 일하지 않거나 아예 노동시장에 참여하지 않을 수도 있다. 그러면 사회적 효용이 감소한다. 노동자의 노동에 따른 사회적 효용에는 세금이 영향을 미치지 않기 때문이다.

환경세를 부과하면서 경제적 왜곡 현상을 막을 수만 있다면, 다른 환경 규제를 도입하는 것보다 환경세를 부과하는 것이 상당히 효율적인 방안이다. 늘어난 세수를 활용해서 다른 세금을 줄이거나 국가 부채를 상환할 수 있다. 전반적인 세수는 동일한 상태에서 소득세를 낮추면, 사회 전체적인 효용이 증가할 수 있다. 미국의 탄소세의 경우, 재정수입을 다른 세금을 줄이는 데 활용함으로써 규제 비용을 2/3 감축하는 효과가 있다.

기업들은 정부가 늘어난 세수를 잘 활용할 것인가에 대한 우려를 표하곤 한다. 환경세로 인한 세수를 잘못 활용하면, 세금 재활용에 따른 효과가 낭비된다. 늘어난 세수를 다른 세금을 줄이거나 사회적 효용이 큰 지출에 활용하지 않으면 세금 재활용 효과가 없어진다.

탄소세의 직접비용

환경세는 환경보호 효과가 있을 뿐만 아니라 경제 전반의 효율성을 증대시키고, 세수도 늘린다. 그러나 경제적 비용도 따른다. 탄소세는 환경오염의 가격을 높임으로써 환경보호 효과를 가져온다. 이 때, 기업이 저감기술에 대한 완전한 정보와 관련 투자를 할 자본에 대한 접근성이 있다면 사회적 비용을 최소화 하면서 환경보호 효과가 나타날 것이다. 다른 어떤 환경 규제라도 평균적으로 이와 같은 수준의 사회적 비용을 발생시킨다. 사회적 비용이 자중손실(deadweight loss)와 생산자 및 소비자의 비용으로 차별적으로 배분될 수 있다. 사회적 한계비용이 동일하더라도 평균비용은 더 높을 수 있다.

그림 7은 세금 부담이 기업에서 노동자, 자본가, 소비자 등으로 어떻게 이전 되는지 보여주고 있다. 세금은 정부에서 거둔다. 이는 소득세, 법인세, 부가가치세 등을 감면하는데 활용하거나 국가 부채를 상환할 수 있다. 어떤 방법을 선택하든지 효율성은 증대된다. 단순하게 생각하면 환경보호에 따른 효익이 직접비용보다 크면 잘 만들어진 규제이다. 세금이 늘어나더라도 직접비용이 줄어들면 과도한 환경세 부담도 정당화 될 수 있다. 그러나 규제는 다른 가격에도 영향을 미치며, 다양한 간접적인 영향이 비용 부담을 늘릴 수 있다.

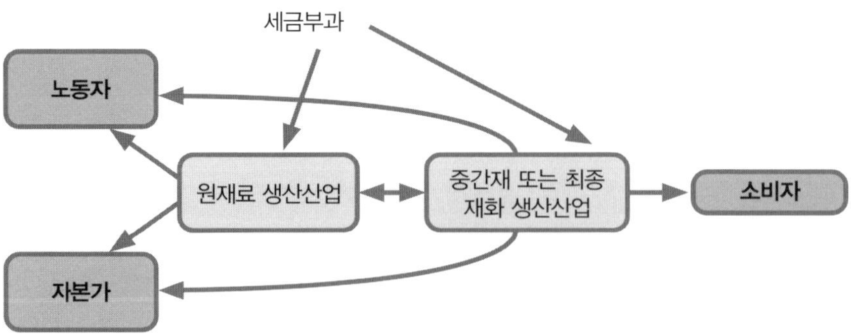

그림 7 **세금의 흐름**

▍기존 세금과의 상호관계

기존 세금과의 상호관계 때문에 규제에 따른 비용이 겉으로 보이는 것보다 클 수 있다. 예를 들면, 환경세 부과에 따라 소비재 가격이 오르면 노동자들은 동일한 소득으로 소비를 줄일 수 밖에 없다. 이 때문에 일할 인센티브가 줄어든다. 근로세도 일할 인센티브를 줄이는 효과가 있는 데 그것이 더 강화된다. 이는 환경세 부담이 늘어날수록 심각해진다. 기존 근로세가 이미 높은 수준이었다면 탄소세 도입에 따른 사회적 비용은 매우 커질 수 있다. 같은 이치로, 환경세 부과에 의해 자본비용이 늘어나면 기업의 투자수익률이 낮아지고 사회적 비용이 증가한다. 어떤 재화의 가격이 상승하면, 기존에 있던 경제적 왜곡이 더 두드러진다. 환경세 부과에 다른 재화의 가격 상승도 마찬가지의 영향을 미친다. 다만, 환경세는 정부에서 통제할 수 있다는 차이점이 있다. 기존 세금에 대한 영향이 환경세 도입 비용에 영향을 미칠 수 있기 때문에 세율을 정할 때 이를 고려해야 한다. 그러나 기존 세금에 대한 영향은 어떤 형태의 규제방식을 선택하더라도 반드시 발생한다.

▍환경세를 이용한 친환경 기업 정책: 이중 배당에 대한 논란

아주 극단적인 주장을 하는 사람들은 탄소세가 환경보호 효과가 없다고 하더라도 조세제도를 개선하는 효과가 크기 때문에 도입해야 한다고 주장한다. 세금 부담이 과도한 부문으로부터 세금 부담이 상대적으로 적은 부문으로 옮겨갈 경우에는 가능한 논리이다. 예를 들어, 소득세보다 근로세가 더 세금 부담이 크다면, 노동자본에 대한 세금 부담이 탄소로 옮겨가기 때문에 조세제도의 효율성을 개선하는 효과가 있다.

이중 배당(double dividend)이란 환경세 도입으로 인한 환경보호 효과뿐만 아니라 조세제도의 효율성 개선 효과가 있다는 의미이다. 따라서 환경보호 효과가 충분히 크지 않더라도 세수 재활용을 통한 조세제도 효율성 개선 효과가 있기 때문에 환경세를 도입해야 한다는 주장이다. 이는 매우 극단적인 주장이라고 볼 수 있다. 이 주장이 정당화 되기 위해서는 세수 재활용에 따른 효율성 개선 효과가 저감비용과 세제간 상호작용(tax interaction effect)을 합친 값보다 커야 한다.

세제간 상호작용은 도입하려는 세금의 규모가 클 때에만 문제가 된다. 세제간 상호작용은 기존 세율이 아주 높거나 새로 도입하는 세금의 부과대상이 이미 높은 세금 부담을 가지고 있을 때 발생한다. 예를 들어, 에너지에 대한 환경세를 부과하면 농업과 제조업이 큰 영향을 받는다. 이미 농업과 제조업의 세금 부담이 높다면 환경세로 인해 더 큰 부담을 안게 된다. 반대로 유럽 국가들은 근로세가 상대적으로 높다. 따라서 탄소세를 도입했을 때 자본에 대한 세금 부담이 늘어나고, 이로부터 거둔 세금으로 근로세를 감면하여 실업률을 낮추고 노동시장 참여 인센티브를 증가시켰다는 연구도 있다. 탄소세는 에너지 가격을 높이기 때문에 세제간 상호작용으로 인한 규제비용이 늘어날 수 있지만, 근로세 감면을 통한 경제 전반의 효용 증가가 더 클 수 있다.

세제간 상호작용을 고려하면, 탄소세가 좋은 제도임은 분명하지만 환경정책을 추진할 때에는 이미 복잡한 조세제도에 더 많은 이슈를 일으키기 보다는 환경보호 효과가 있는지 여부를 먼저 따져야 한다는 교훈을 얻을 수 있다. 세제간 상호작용 효과의 크기는 환경세 부과대상이 무엇인지, 전반적인 조세제도의 특징이 무엇인지에 따라 결정된다. 그러나 이미 규제를 실시하기로 결정했다면, 재정수입을 늘리고 다른 세금 부담을 완화시킬 수 있는 방안을 고려해볼 필요가 있겠다.

▍탄소세의 환경보호 효과

탄소세와 같은 환경세의 환경보호 효과는 과세대상의 특성에 따라 달라진다. 즉, 오염물질의 확산범위와 지속성에 따라 결정된다. 오염물질이 균등하게 확산되고 지속적으로 누적되거나, 배출에 따른 피해규모가 급격하게 늘어나지 않는 경우에 환경세의 효과가 크다. 특히, 오염물질이 넓은 지역에 균등하게 확산될 때 유용하다. 이와 같은 오염물질은 오염원이 어디에 위치해 있는지는 중요하지 않다. 공기 중 또는 수중에서 균등하게 퍼져서 넓은 범위에 영향을 미친다. 예를 들면, 온실가스, 오존파괴 물질 등이 있으며, 폐기물 및 폐수도 이런 특성을 어느 정도 나타낸다. 반면, 좁은 지역에 국한된 공기오염, 특정 하천 또는 해변의 수질오염, 몇몇 동식물의 생태계 파괴는 이와 같은 특성을 나타내지 않는다. 환경세는 오염원을 구분하지 않기 때문에 과세대상 오염물질이 균등하게 확산되는 특징을 지니는 것이 중요하다.

오염물질의 지속성도 중요한 특성이다. 장기적인 관점에서 오염물질에 의한 피해가 누적적으로 나타나며, 단기적인 배출량의 영향은 크지 않을 때 환경세의 효과가 크다. 누적되는 특성을 지닌 오염물질에 대해서는 배출 시기가 중요하지 않다. 이와 같은 특성을 지닌 오염물질로는 온실가스, 유독성 폐기물, 산림파괴 등이 있다. 반면, 대기오염, 생활하수 오염, 소음공해 등은 누적적 특성이 약하다. 환경세는 정해진 기간에 환경보호 효과가 얼마나 발생할 지 예측할 수 없으며, 경제주체들이 어떻게 반응하느냐에 따라 효과가 달라질 수 있다. 환경세의 영향으로 오염물질 배출량이 도입 시 예측한 것 이상으로 줄어들 수도 있다. 전체 오염 규모에 비해 현재 배출되는 오염물질의 양이 작을 때는 환경세 도입이 효과적일 수 있다. 그러나 오염물질이 지속적이지 않거나 환경에 급격한 영향을 줄 수 있을 때에는 효과적이지 않다.

정부 능력 및 자원의 한계

정부는 규제를 도입할 때 능력과 자원의 한계에 부딪히곤 한다. 특히, 행정적으로 부담이 적은 규제를 선호하는 경향을 보이기도 한다. 탄소세를 효과적으로 도입하기 위해서는 배출량을 측정하는 방식을 결정해야 한다. 이 때, 편리하게 측정해서 단위당 정해진 세율을 적용하는 방식을 선택해야 한다. 배출량을 직접 측정할 수 있거나 완벽한 대용치가 있다면 이를 기준으로 과세할 수 있다(예를 들어, 이산화탄소 배출량을 측정하는 좋은 방법은 연소된 화석연료의 양을 측정하는 것이다). 그러나 배출량을 직접 측정할 수 없고, 완벽한 대용치가 없다면 불완전한 대용치를 적용해야 한다. 불완전한 대용치로 배출량을 측정하면 경제주체들이 규제를 피해갈 가능성이 생긴다. 예를 들어, 축산 농가에서 발생하는 메탄의 대용치로 양, 소, 돼지의 숫자를 사용할 수 있다. 보다 정확하게 측정하려면 품종, 사료 등을 고려할 수 있다. 큰 비용을 들이지 않고 측정할 수 있는 적당한 대용치가 없다면, 환경세 외의 대안을 고려해봐야 한다.

정부에서 불완전한 대용치를 이용해 환경 규제를 할 수도 있다. 예를 들어, 화석연료에서 발생하는 오염물질을 줄이기 위해 재생에너지를 이용한 전기 발전을 일정비율 이상 의무화할 수 있다. 그리고 정해진 쿼터를 채우기 위해 전력발전소간 교환을 허용하면 가장 효율적으로 재생에너지 비중을 늘릴 수 있다. 거래를 통해 효율성을 개선할 수는 있으나, 불완전한 대용치를 규제하는 것이기 때문에 가장 효율적인 저감방식이라고 할 수 없다. 폐기물 처리에 대한 과세는 처리방식에 따라 환경에 미치는 영향이 다르기 때문에 폐기물의 중량을 기준으로 과세하는 것은 효율적이지 않을 수 있다. 예를 들어, 지정된 구역에 유독성 폐기물을 버리는 것과 일반 매립지에 배럴에 담아 버리는 것은 환경에 대한 영향이 다르다.

또한, 정부는 어느 단계에서 과세를 할 것인지 정해야 한다. 가장 좋은 대안은 최소한의 경제주체를 규제하면서 발생 오염물질을 최대한 과세할 수 있는 단계를 찾아내는 것이다. 최종소비자 단계에서 과세할 경우 배분효과, 단기적 효율성 개선, 혁신 가능성 모두 기대할 수 없다. 또한, 소수의 경제주체에 대한 규제를 통해 오염물질 배출에 대한 과세를 할 수 없다면 규제비용이 늘어나기 때문에 다른 방식의 환경규제를 고려해야 한다.

▌기존 규제

환경세 도입 시 고려할 또 다른 요소는 기존 규제이다. 새로운 감독체제 또는 법규를 만들 때에는 고정비용이 발생한다. 그러나 기존 규제를 수정함으로써 새로운 문제를 해결할 수도 있다. 특히, 이미 운영 경험이 있고 잘 받아들여진 제도를 수정하는 것이 효과적일 수 있다. 환경세는 기존 유류세 제도를 기반으로 도입할 수 있다. 새로운 제도는 기존 규제에 대한 보완적인 역할 또는 대체적인 역할을 할 것이다. 예를 들어, 일본은 이미 에너지에 대한 규제가 많기 때문에 이를 기반으로 온실가스 감축 규제를 할 수 있다. 기존 에너지 규제는 지역의 오염문제와 에너지 안보에 초점을 맞추고 있다. 기존 정보확산 프로그램과 같이 에너지 효율성 개선을 목적으로 하는 정책도 시장기반 온실가스 감축 제도와 보완적으로 활용할 수 있다.

개발도상국의 경우에는 새로운 세금 정책이 부수적인 효과도 가져올 수 있다. 예를 들어, 유류세가 대기오염, 산림파괴, 교통체증 등의 문제를 완화하는 효과를 발생시킬 수 있다. 새로운 제도를 도입할 때, 기존 제도를 수정하는 방식을 선택하면 규제비용을 줄임으로써 전반적인 경제적 효율성을 개선할 수 있다. 또 다른 예로, 교통체증을 줄이기 위해 도로이용료를 도입하면 대기오염과 온실가스 배출을 줄이는 효과도 있을 수 있는 것이다.

▌불확실성에 대한 태도

정책에 따라 불확실성의 크기도 다르다. 단기적인 관점에서 배출권 거래제도는 오염물질 배출을 완전히 통제할 수 있는 정책수단이다. 반면, 조세제도 또는 생산과정 및 제품의 기술수준을 규제하는 제도는 결과를 예측하기 힘들다.

장기적인 관점에서 환경세 또는 배출권 거래제도의 효과는 기업들이 연구개발에 얼마나 투자하고 새로운 기술의 혁신을 이루어내는지에 따라 결정된다. 이는 환경정책의 영속성에 대한 기업의 신뢰가 필요한 사안이다. 미래에 환경정책이 어떻게 변할지 불확실할 경우, 기업들은 단기적인 대응방식을 선택할 것이다. 이런 행동이 반드시 장기적인 정책 목표 달성을 불가능하게 하는 것은 아니지만 사회적 비용 증가로 이어지기 때문에 정부에서 추가적인 규제 강화를 꺼릴 수 있다. 따라서 정부는 장기적인 제도의 효율성을 위해 향후 규제 변화에 대한 확실한 정보를 전달해야 한다. 정권이 바뀌더라도 환경정책이 변하지 않도록 초기 고정비용이 크지만 향후 변동비 비중이 낮은 대안을 선택할 수도 있다. 연구개발을 지원하거나 특정 신기술 도입을 의무화 하는 방식의 규제는 어느 정도의 효율성을 담보하지만, 연구개발의 결과로 도입한 기술 또는 의무적으로 도입한 기술의 효율성이 낮아서 장기적으로 사회적 비용을 증가시킬 수 있다.

정부 정책은 객관적인 불확실성뿐만 아니라 경제주체에 따라 다르게 인식하는 주관적인 불확실성이 있을 수 있다. 시장기반수단에 대한 비판적인 시각을 가진 경우에는 정부의 강력한 규제 없이 시장가격에 의존하는 정책이 장기적으로 효과가 있을지에 대해 의문을 제기할 수 있다. 실증연구에 따르면 시장가격 변화에 따른 경제주체의 반응은 유의하지만 반드시 효율적인 반응이 나타나는지에 대해서는 확실한 결론이 나지 않았다.

세제 개혁을 위해서는 충분한 정치적 지원을 얻어야 한다. 따라서 힘있는 로비활동이 규제에 영향을 미칠 수 있다. 이익단체들은 자체적인 정치력을 가지고 있거나 특정 사안에 대해서 다른 정치세력과 함께 행동할 수도 있다. 부의 분배 관점 또는 정치적 압력에 의해 특정 산업의 국제경쟁력 강화를 이유로 지원하게 될 수 있다. 정부는 일반적으로 부의 분배 문제에 대해서 매우 민감하며, 정책의 결과로 이득을 보는 이들과 손해를 보는 이들이 누군지 중시한다. 이는 정치적인 문제를 고려하기 때문일 수도 있고, 보다 큰 균등의 관점에서 신경 쓰는 것일 수도 있다.

세금 제도 실패 사례의 교훈

시장기반수단을 이용한 정책으로부터 여러 가지 교훈을 얻을 수 있다. 첫째, 성공적인 환경정책을 위해서는 오염물질 배출을 효과적으로 감독하고 측정할 수 있어야 한다.

강력한 규제를 원한다면 조세제도는 좋은 대안이 아니다. 물론 오염물질 배출을 직접 측정하거나 배출량을 정확하게 예측하는 기술을 개발한다면 가능할 수도 있다. 칠레의 부유분진 규제 정책은 불완전한 감독기능 때문에 실패한 사례이다. 충분한 감독이 이루어지지 않았고, 정부의 집행이 약했기 때문에 배출권 거래가 거의 이루어지지 않았고 환경보호 효과도 전혀 없었다. 미국의 납 사용 규제도 초기 감독기능이 제대로 작동하지 않았다. 환경보호 효과는 미미했고, 시장도 제대로 기능하지 않았다. 반면, 미국의 산성비 프로그램은 지속적인 감독과 강력한 제재를 통해 지금까지 완벽하게 유지되고 있다.

둘째, 오염원을 판단하는 과정이 쉽고, 애매하지 않고, 투명해야 한다. 배출권 거래제도의 경우 불확실성과 복잡성 때문에 거래비용이 늘어나 시장이 붕괴되기도 한다. 이와 같은 문제는 세금 정책에서도 발생할 수 있다.

셋째, 환경보호 효과가 나타나기 위해서는 광범위한 오염원을 포괄해야 하고, 규제대상 오염물질이 대응하고자 하는 환경문제와 밀접한 관련이 있어야 한다. 유럽의 탄소세는 배출량이 많은 산업부문을 규제대상에 포함시키지 않아서 문제를 겪고 있다. 기업들이 일반적으로 저감비용이 더 낮기 때문에 경제적 효율성도 떨어지는 제도이다. 환경세는 다수의 오염원이 존재하고 이들의 저감비용이 모두 달라, 포괄적인 제도가 필요하고 효율적인 명령지시형 규제가 힘들 때 효과적인 대안이다.

넷째, 뚜렷한 환경보호 효과를 나타내기 위해서는 세율을 높게 적용해야 한다. 대다수의 환경세는 환경보호 효과를 발휘하지 못하고 새로운 재정수입 원천으로 사용되기도 한다. 환경세 수입을 이용해 다른 환경 정책에 활용할 수는 있겠으나 이는 환경세의 또 다른 장점인 민간부문의 저감활동 촉진 효과를 활용하지 못한 것이다.

다섯째, 오염물질 배출의 장소와 시기가 환경에 대한 영향을 결정짓는 중요한 요소인 경우에 이들 요소를 제대로 고려하지 않으면 환경규제가 실패할 수 있다. 이와 같은 환경규제에 대해서는 정치적 저항이 클 수 있다. 미국 산성비 프로그램 도입 초기에 몇몇 주에서 해당 주의 배출량이 과도하다며 전력기업이 배출권 구매를 막으려고 한 사례가 있었다. 그러나 결과적으로 모든 주의 이산화황 배출이 줄어들면서 이 문제는 인식의 문제였던 것으로 일단락 되었다.

최근 환경세의 성공 사례

환경세를 도입한 국가는 많으나 실제로 환경보호 효과가 큰 경우는 많지 않다. 명령지시형 규제가 여전히 환경정책의 주를 이룬다. 현재 사용되는 가장 직접적인 환경세는 유럽에서 주로 도입한 배출부과금(effluent charges) 제도이다. 배출부과금은 CO, CO2,SO2,BOD,NOX,TSS,N,P, 매립지, 유독성 폐기물 등의 오염물질에 부과된다. 동유럽에서 많이 사용하는 제도이나, 과세 수준이 매우 낮기 때문에 환경보호 효과보다 재정수입원으로써의 역할이 더 큰 것으로 보이기도 한다.

냉장고, 자동차 전지, 타이어 등을 폐기할 때 부과하는 세금의 문제점은 불법적으로 폐기할 인센티브를 준다는 점이다. 또한, 다른 폐기물과 섞어서 함께 버릴 경우에 이를 구분해서 세금을 부과하는 것은 불가능에 가깝다. 이와 같은 문제를 방지하고자 폐기물 예치금 제도(deposit refund system)을 운영하기도 한다. 이 제도는 자동차, 화학용기, 플라스틱 봉지, 형광등 등에 활용된다.

사용자 부담금(user charge)는 제품의 생산시점에 부과되는 것으로 다양한 제품에 적용된다. 사용자 부담금으로 인한 수익은 다른 환경정책을 지원하는 데 사용하기도 한다. 사용자 부담금은 유류, 유독성 폐기물, 배터리, 음료수 병, 가축분뇨, 타이어, 핵폐기물, 비료 등에 부과된다. 사용자 부담금 제도는 경제주체의 행동을 변화시키는 영향보다는 이로 인한 수익을 어떻게 사용하는지가 더 중요하다.

복구비용 보험제도는 석유 및 화학물질 유출 사고에 대한 책임자를 찾기 힘들거나 책임자가 비용을 완전히 부담할 수 없는 경우에 대비하는 정책이다. 이는 벨기에, 핀란드, 미국에서 도입했다. 이 제도는 보험료가 개별기업의 과거 환경성과 및 사고대비 수준을 반영해야만 효과적으로 운영할 수 있다. 일반적으로 개별기업의 보험료는 이를 잘 반영하지 못한다.

판매세(sales tax)는 대다수의 서유럽 국가에서 휘발유에 부과한다. 판매세 수입은 일반예산에 활용된다. 납이 포함된 휘발유는 무연 휘발유에 비해 높은 세율이 부과된다. 디젤은 일반적으로 과세하지 않는다. 대다수의 유럽 국가는 신차 구입 시 과세한다. 중국은 연료와 차량 모두 매우 낮은 수준으로 과세한다. 유류세가 휘발유 소비에 미치는 영향에 대해서는 논란이 많다. 단기적으로는 가격탄력성이 낮아서 휘발유 가격이 올라도 자동차는 계속 운행한다. 그러나 장기적으로 자동차 디자인, 소비자의 구매의사결정에 보다 큰 영향을 미칠 수 있다. 자동차에 직접 과세하거나 자동차 등록세를 부과하기도 한다. 신차 구입을 과세할 경우에는 연비가 낮은 노후차량을 계속 사용하게 함으로써 대기오염을 오히려 증가시킬 수 있다. 이 때는 연비, 엔진 크기 등을 규제할 수 있겠다.

차별적 세금(differentiated tax)은 유럽과 미국에서 대중교통 활용 및 친환경 연료 사용을 권장하기 위해 도입되었다. 유럽, 미국, 남미, 일본 등지에서는 친환경 투자에 대한 소득세를 환급하거나 가속상각을 인정하고 있다. 호주는 토지 황폐화 방지, 수자원 보존, 환경 연구 활성화를 위해 이 제도를 사용하고 있다.

배출권 거래제도는 미국에서 유연 휘발유, 수질, 오존파괴물질, 질소산화물, 이산화황, 기타 대기오염물질을 규제하기 위해 사용된다. 캐나다, EU, 싱가폴에서도 오존파괴물질 배출을 줄이기 위해 배출권 거래제도를 활용하고 있다. 칠레에서는 부유분진 감축을 위해 배출권 거래제도를 시행했으나 정부의 강력한 제재 부족으로 실패했다.

정보확산 프로그램은 호주, EU, 캐나다, 일본 등지에서 에너지 효율성 개선 및 환경에 대한 인식제고를 위해 활용하고 있다. 미국은 유독성 폐기물 및 유해 화학물질에 대한 특별한 정보확산 프로그램을 도입하고 있다. 기업이 사용하는 화학물질과 배출하는 유독성 폐기물은 공시해야 하는 정보이다. 정보확산 프로그램은 그 자체로 환경보호에 대한 인센티브를 주지 않지만 환경세 제도 등을 강화하는 역할을 한다.

환경세에 대한 논의는 활발하지만 아직까지 환경규제 또는 재정수입에서 주도적인 역할을 하고 있지 않다. 대다수의 환경규제는 여전히 명령지시형 규제방식을 따르고 있다. 시장기반수단은 기존 사업자에게 권리를 인정하거나 특정 환경정책에 사용될 예산으로 정해져 있어 일반예산과 구분된다. 유일한 예외는 유류세이며, 유럽에서는 상당한 규모의 재정수입의 원천이다. 개발도상국은 수입휘발유 등에 대한 소비세에 의존하는 경향이 있으며, 환경보호 목적보다는 재정수입 목적이 강하다.

환경규제에 대한 실증연구는 미국에서 대부분 이루어졌다. 연구결과에 따르면 환경세를 통해 환경보호 효과를 가져올 수 있다. 폐기물 예치금 제도는 소비자들이 주의깊게 폐기하거나 가능하면 재활용을 하도록 하는 환경보호 효과를 성공적으로 발생시킨다. 유독성 폐기물에 대한 세금이 폐기방법뿐만 아니라 유독성 물질의 생산량에도 영향을 준다는 연구도 있다. 미국의 Lead Phase-down 및 산성비 프로그램 등의 배출권 거래제도도 상당한 배출감축 효과를 가져왔다.

미국의 시장기반수단은 명령지시형 규제에 비해 사회적 비용을 절약한다. Lead Phase-down의 경우 연간 2.5억 달러, 산성비 프로그램의 경우 연간 10억 달러, EPA 거래제도의 경우 운영기간 동안 총 50-120억 달러의 비용 절약효과가 있는 것으로 추정된다. 환경세 등의 시장기반수단이 혁신을 촉진시키고, 보다 빠른 환경기술 적용 효과가 있다는 이론적 주장도 있다.

CHAPTER 08

한국의 녹색금융 현황[1)]

2008년 저탄소 녹색성장이 미래 국가비전으로 제시된 후, 2009년 중 녹색성장 국가전략 및 5개년계획, 저탄소 녹색성장 향후 추진계획, 신성장동력 녹색금융 분야 세부추진계획, 녹색투자 촉진을 위한 자금유입 원활화 방안, 녹색인증 도입방안 등이 발표되었다. 또한 2009년 말에는 2020년까지 2005년 대비 30%를 감축하겠다는 온실가스 중기 감축목표가 설정되었으며, 2010년 들어 저탄소녹색성장 기본법이 제정 공포되었다. 이와 같은 일련의 흐름을 볼 때 녹색성장이 현 정부의 핵심정책으로 확고히 자리잡았다고 볼 수 있다.

그러나 시장기능에 기초한 자율적 녹색금융은 아직까지 본격화되지 못하고 있다. 녹색금융은 투자자가 금융회사나 자본시장을 통해 녹색기업에 자금을 공급하면 녹색기업이 그 자금을 운용하여 수익을 창출한 후 투자자에게 되돌려주는 순환과정이라고 볼 수 있다. 그런데 국내에서는 자금공급자인 투자자의 기대수익에 부응하는 녹색사업이 많지 않으며, 자금수요자인 녹색사업 · 기업의 범위도 명확하지 않아 그러한 순

1) 제8장 한국의 녹색금융 현황 내용의 상당 부분이 보험연구원이 발간한 보고서 '보험회사 녹색금융 참여방안'의 내용을 재구성한 것임을 밝혀둔다.

환구조가 형성되지 못하고 있다. 또한 자금을 중개하는 자본시장이 충분히 성숙되어 있지 못하고, 녹색기술의 경제성에 대한 금융회사의 평가능력도 부족하다.

녹색금융이 부진한 기본적인 이유는 녹색사업 · 기업 투자가 벤처금융으로서의 특성을 갖는다는 것이다. 그런데 아직까지 국내에서 벤처금융이 본격화되지 못한 만큼, 향후 자율적 녹색금융이 자생적으로 활성화되기에는 상당한 시간이 소요될 것으로 예상된다. 이에 따라 정부는 녹색금융을 조기에 활성화시키고자 다각적인 지원 방안을 제시하고 있다. 하지만 정책지원은 일시적으로 녹색금융 재원을 확대할 수 있다는 점에서 긍정적 효과를 가질 수 있으나, 선별과 감시기능이 수반되지 않는 경우 자원배분 효율성을 깨뜨리고 투기적 거품을 유발하는 부작용을 초래할 수 있다. 따라서 정책지원 확대와 동시에 우량 녹색기업을 선별하고 효과적으로 감시하는데 필요한 인프라 구축을 병행하는 것이 절실하다.

이러한 문제의식에서 녹색금융에서 선별과 감시기능이 강화되기 위해 필요한 인프라를 검토하고, 국내에서 시장기능 중심의 자율적 녹색금융을 보다 효과적으로 촉진할 수 있는 정책방안을 모색해 본다. 먼저 녹색금융 개념과 특성으로부터 투자자와 금융회사가 녹색금융에 소극적인 것이 합리적인 선택일 수 있음을 확인한다. 다음으로 지금까지 제시된 정부의 녹색금융 활성화 방안의 내용을 살펴보고, 그 내용이 시장기능 중심의 자율적 녹색금융을 유도하기에 한계가 있음을 확인한다. 그리고 선별과 감시가 원활히 이루어져 투기적 투자행태가 억제될 수 있도록 녹색기업 관련 정보인프라를 구축할 필요성을 검토한다. 또한 금융회사가 투자자이자 위험관리자로서 녹색금융에 보다 적극적으로 나서도록 유인할 수 있는 방안을 검토한다.

1. 녹색금융이 갖는 벤처금융으로서의 특성

녹색금융 정책이 제시된 직후 금융업계는 녹색금융을 "새로운 금융종목"으로 인식하고 접근하였던 것으로 보인다. 이는 초기에 도입이 검토되었던 녹색금융들 대부분이 기존 금융상품과 다르지 않다는 이유로 "녹색금융 육성"을 실체가 없는 정책성 구호로 받아들였다는 점에서 잘 드러난다. 또한 현행 규정에 매우 다양한 금융상품이 포괄적으로 허용되고 있는 만큼, 이와 다른 새로운 녹색금융상품을 상상하기 어렵다는 점도 금융업계가 소극적으로 대응하게 된 이유 중 하나라고 생각된다.

그런데 해외 금융회사들이 제공하고 있는 녹색금융의 사례를 보면, 녹색금융의 핵심은 새로운 금융계약의 도입이라기보다 기존 금융계약을 녹색분야에 제공하는 것으로 보인다. 정부가 발표한 녹색금융 활성화 정책에서도 그와 같은 시각을 확인할 수 있다. 즉 녹색금융을 "녹색분야에 대한 금융"으로 간주하고, 금융서비스를 제공하는 대상이 녹색분야라는 점에서 갈색금융과 구별하는 것이 합리적일 듯하다. 따라서 자금중개 · 선별 · 감시 기능을 수행한다는 점에서는 녹색금융이 갈색금융과 유사하지만, 지원대상에 따른 위험특성이 다르고 관련 전문성도 다르다는 점은 감안될 필요가 있다. 그렇다면 녹색금융이 갖는 특성은 무엇일까?

1.1. 녹색분야 범위

보편적인 금융에 비해 녹색금융이 갖는 차별성은 자금수요자인 녹색기업에 의해 규정된다. 따라서 녹색금융 개념을 보다 구체화하려면 녹색기술 · 사업 · 기업 개념을 이해할 필요가 있다. 녹색기술 · 사업 · 기업에 대한 공식적 정의는 지식경제부의 2009년 발표에 제시되어 있는데, 아래 표는 이를 요약하여 보여준다.

우선, 녹색기술은 10대 분야[2]의 유망 기술들 중 인증평가기관이 인증대상으로 추천하고 조정위원회에서 인증을 확정한 기술이다. 지식경제부(2009)에는 59개 중점분야를 중심으로 전략품목 및 핵심 요소기술로 구성된 녹색기술 목록이 제시되어 있다.

표 1 녹색기술, 사업 및 기업 개념

	내용
녹색기술	10대 분야 기술 중 인증평가기관과 조정위원회에 의해 인증된 기술
녹색사업	녹색기술 · 제품을 이용 에너지 · 자원 투입과 온실가스 · 오염물질 발생을 최소화하는 사업
녹색기업	인증된 녹색기술에 의한 매출비중이 일정 수준 이상인 기업

2) 정부가 선정한 10대 분야는 신재생에너지, 탄소저감, 첨단수자원, 그린IT, 그린차량, 첨단그린주택도시, 신소재, 청정생산, 친환경농식품, 환경보호 및 보전 등이다.

다음으로 녹색사업은 녹색기술 · 제품을 이용하여 에너지 · 자원의 투입과 온실가스 및 오염물질의 발생을 최소화하는 사업이다. 녹색기술 10대 분야 중 기업의 수요가 없는 신소재를 제외한 9대 분야에 속하는 87개 사업이 인증대상이다. 마지막으로 녹색기업은 신생 · 성장진입기에 있는 기업으로서 인증된 녹색기술에 의한 매출비중이 일정 수준 이상인 기업이다.

요컨대, 녹색금융은 녹색분야에 대한 벤처금융으로 인식하는 것이 타당하며, 녹색분야의 대표적인 예는 ESCO 사업, 신재생에너지 개발 사업, 탄소배출저감 사업, 첨단수자원, 그린 IT, 그린 차량, 첨단그린 주택 및 도시, 신소재, 청정생산, 친환경농식품, 환경보호 및 보전 등이다.

1.2. 녹색기업의 특징

위와 같은 녹색금융의 정의를 참조할 때 자금 공급의 대상이 되는 녹색기업의 특징에 따라 녹색금융의 특징이 규정받는다고 볼 수 있다. 그런데 녹색기업은 녹색기술을 기반으로 한다는 점을 제외하면 Bank of England가 제시한 기술기반 소기업(technology-based small firms: TBSF)과 크게 다르지 않다고 판단된다. TBSF는 기업이 제공하는 제품 또는 서비스가 신기술의 적용 또는 기존 기술의 혁신적 이용 등 과학적, 기술적 기반에 크게 의존하는 기업, 경쟁력을 창출하기 위한 기업 활동의 상당부분이 기술과 관련되어 있는 기업 등이다. TBSF의 주요 분야는 통신, IT, 컴퓨터, 생명공학, 전자, 의료 · 생명과학, 우주항공 등이다. 이러한 TBSF의 개념을 참조할 때, 녹색기업은 녹색성 관련 분야(신재생에너지, 탄소저감, 첨단수자원, 그린IT, 그린차량, 첨단그린주택도시, 신소재, 청정생산, 친환경농식품, 환경보호 및 보전 등)에서의 TBSF라고 보아도 무방하다.

따라서 녹색기업은 TBSF의 특징을 공유한다고 볼 수 있는데, 그 특징은 다음과 같은 네 가지로 요약될 수 있다. 첫째, 녹색기업에서는 녹색기술 개발을 위한 연구개발비 비중이 높기 때문에, 기업가치가 주로 녹색기술 지식이나 지적재산권에 기반을 둔 장기 성장가능성에 의존한다. 따라서 경쟁우위를 가질 수 있는 녹색기술력이 진입장벽으로 작용할 수 있다. 둘째, 녹색상품에 대한 시장수요의 예측이 어려워 조기 도산 가능성이 높은 바, 성장가능성에 대한 불확실성이 크다. 녹색기업은 경쟁우위를 가질 수 있는 녹색기술에 집중하는 만큼 제품계열의 수가 많지 않은 가운데 시장수요가 예측과 달라지는 경우 조기 퇴출 가능성이 높다. 셋째, 생존하는 녹색기업은 높은 마진을 토대로 시장 확대에 따라 높은 성장성을 시현할 수 있기 때문에 시장가치가 장부가치에 비하여 높다. 즉 기술개발 이후 기술 상용화까지의 기간[3] 이후의 시장경쟁도는 상대적으로 낮다고 볼 수 있다. 넷째, 장기 성장가능성에 의존하는 녹색기업 초기단계에는 담보로 제공 가능한 유형자산이 부족하고 녹색기업의 시장점유율도 산정하기 쉽지 않아 정보의 비대칭성이 심각하다.

1.3. 녹색기업 자금조달의 특징

신흥성장(emerging growth)기업은 자금조달 시 다음과 같은 어려움에 직면한다. 먼저, 해당 기업이 보유기술과 그 기술의 상업화 가능성을 평가하는데 과다한 시간과 비용이 소요되고, 기술개발부터 상업화까지 장기간이 소요됨에 따라 수익성에 대한 불확실성이 높다. 또한 일부 산업의 경우, 기술개발 기간에 비해 제품수명주기가 짧고, 기업규모가 작아 위험–수익구조가 열등하며, 투자비용이 큼에도 불구하고 규모의 경제를 시현하기 어렵다. 이러한 녹색기업 자금조달의 특징은 벤처기업을 위한 벤처금융의 특징과 동일하다고 볼 수 있다.

벤처기업이 기업공개를 하기 전까지의 시기를 창업단계, 초기단계, 확장단계, 후기단계로 구분할 수 있는데 각 단계에서의 주요 자금원이 다르다.[4] 창립 후 18개월 미만인 창업단계(seed or start-up)에서는 기술의 사업화 가능성이 불확실하고 매출이 발생하지 않은 상태로 창업자 본인이나 엔젤투자자(가족 또는 친지)의 자금에 의존하는 것이 대부분이다. 업력이 3년에 미치지 못하는 초기단계에서는 생산품이 개발되고 매출이 발생함에 따라 상당한 수준의 자금이 벤처금융회사로부터 유입되기 시작하지만 여전히 창업자 자신이나 엔젤투자자의 자금에 의존한다. 업력이 5년 이내인 확장단계

3) 동 기간은 기업가치가 주로 녹색기술 지식이나 지적재산권에 크게 의존하는 신생 · 성장진입기 기업이 생존하기에 가장 어려운 시기로서 '죽음의 계곡(valley of death)'으로 불린다.

4) 이와 같이 기업의 성장단계별로 주요 자금원이 달라지는 경향은 일반 기업에서도 성립한다. 예를 들어, 창업단계 기업의 주요 자금원은 벤처금융회사이고 중견기업의 주요 자금원은 은행이며, 대기업의 주요 자금원은 자본시장이라고 제시한다.

(expansion)에서는 이윤이 발생하지 않더라도 매출 실적이 축적됨에 따라 일반 금융회사로부터 차입이 가능해지지만 주로 벤처금융회사로부터 자금을 공급받는다. 마지막 후기단계에서는 이윤이 증가하고 시장점유율도 확대되어 금융회사로부터의 차입과 더불어 기업공개를 통한 자금조달도 가능해진다.

Bank of England에 따르면, TBSF의 성장단계에 따라 자금조달 패턴이 다르게 나타난다. 창업초기 단계에는 창업자의 자본과 내부자금조달이 중요하며, 신생기업(start-up)과 초기성장(early growth) 단계에서는 높은 위험수준과 장기 개발기간이 고려되어 위험자본(equity risk capital) 중심으로 자금조달이 이루어진다. 지속성장(sustained expansion) 단계에서는 성장가능성이 점차 확실해짐에 따라 은행으로부터의 차입이 주요 자금원으로 활용된다.

이상의 논의에 비추어 볼 때, 신생 · 성장진입기에 있는 녹색기업에서는 외부자금조달이 용이하지 않을 것으로 보인다. 특히 녹색기업에게 차입을 통한 자금조달(debt financing)은 적합하지 않을 수 있다. 녹색기업이 보유한 정보와 자금공급자가 보유한 정보 사이의 비대칭성이 큰 상황에서, 부채를 통한 자금조달은 자본을 통한 자금조달(equity financing)에 비해 경영진의 고위험 추구 가능성이 높기 때문이다. 이러한 도덕적 해이와 역선택 문제가 심각한 상황에서는 신용경색으로 시장실패가 유발될 가능성이 높다. 따라서 TBSF의 경우 실제 기업 리스크에 비해 외부자금조달의 비용이 과도하게 높거나 조달 자체가 불가능하여 내부자금조달이 선호된다.

1.4. 녹색투자 행태의 특징

녹색기업은 기존에 축적된 시장성과를 보유하고 있지 않으며 연구개발 집중도가 높기 때문에, 투자자가 객관적 재무정보에 기초하여 정형화된 가치평가 기법을 활용하기 어렵다. 또한 녹색기업의 경우 투자자들의 주관적인 가치평가에 사용될 수 있는 공개정보도 많지 않다. 따라서 투자자와 녹색기업 사이에 정보 비대칭성이 심각하며, 투기적 투자행태가 나타나 과잉투자와 신용경색이 반복되는 경향이 강하다. 더욱이 지분투자 방식의 자금조달이 주로 활용되는데, 경영진이 기업가치의 극대화에 앞서 사적 이익을 추구하여 자본을 유용할 가능성이 높다. 결과적으로 정보 비대칭성이 심각할수록 외부 투자자가 과도한 수준의 위험프리미엄을 요구하거나 녹색투자 자체를 기피하는 경향이 나타난다.

그런데 이러한 경향은 투자자의 합리적 선택결과로서 나타나는 시장실패이다. 투자자 심리(investor psychology)에 기초하여 증권시장에서 나타나는 거품 생성 및 조정을 설명할 수도 있다. 공적 정보가 충분하지 않은 상황에서 투자자가 자신이 보유한 사적 정보의 정보에 대해 과신하는 경우, 합리적 선택의 결과로서 투기적 군집행동이 나타날 가능성이 높다는 것이다. 그런데 기업 가치 중 성장가능성 관련 부분의 비중이 크면 기업 가치에 대한 주관적 판단이 요구되므로 이러한 판단에 대해 시장이 늦게 반응하는 것이 일반적이며, 사적정보에 기초한 투자자들의 결정에 대해 시장이 늦게 반응할수록 투자자들이 사적정보의 정확성에 대해 과신하는 경향이 있다.

녹색금융에서도 투자자가 사적신호의 정확성과 미래 성장가능성에 대해 과도하게 신뢰하여 투기적 군집행동이 발생할 가능성이 높다. 녹색기업은 상대적으로 녹색기술에 대한 투자 비중과 무형자산의 비중이 높아서 시장가치가 경기상황에 따라 보다 민감하게 변동할 수 있기 때문이다. 경기가 하락하여 소득이 감소하고 경제 전반에 걸쳐 위험부담능력이 감소하면 자금공급자들의 위험회피 성향이 강화됨에 따라 녹색기업에 대한 자금공급이 우선적으로 위축되는 가능성이 높다. 반면 경기가 상승하면 녹색기업에 대한 전망이 개선됨에 따라 단기간에 걸쳐 투자자금의 공급이 급증하여 기업 가치가 고평가되는 경향이 나타날 수 있다. 성공가능성이 높은 녹색기업의 수는 제한된 상태에서 과도한 자금이 소수의 녹색기업에 집중되어 투자될 것이기 때문이다. 결과적으로 시장의 관심을 끄는 녹색분야에 자금이 집중적으로 공급되거나 시장가치가 내재가치로 정당화될 수 없을 만큼 높게 평가되는 현상이 빈번하게 발생할 가능성이 높다.

2. 녹색금융 활성화 정책

최근 민간 기업들이 정부의 녹색성장 전략에 부응하여 녹색사업에 대한 설비투자를 확대하겠다는 계획을 밝히고 있다. 그러나 자금공급자인 투자자와 금융회사가 녹색금융에 보이는 관심은 자금수요자의 투자계획을 충족하기에 미흡한 수준으로 보인다. 시장자율에 기초한 녹색금융이 기대만큼 활성화되지 못하고 있는 이유를 살펴보고자 하는데, 그에 앞서 녹색금융 활성화 정책의 내용을 개관한다.

2.1. 녹색성장 국가전략 실행전략 및 정책과제

녹색금융은 녹색성장 국가전략의 3대 실행전략과 10대 정책과제를 볼 때 그 무게중심은 신성장동력 확충이라고 보인다. 우선 실행전략 중 녹색기술 · 산업 개발, 혁신을 통한 신성장동력 확충이, 다른 전략인 녹색국토 조성과 제도 개선을 통한 삶의 질과 환경개선이나 저탄소 녹색성장 모범국가 구현을 통한 국가위상의 강화에 앞서 제시되고 있다는 점이다. 또한 10대 정책과제 중 녹색기술개발 및 성장동력화, 전 산업의 녹색화, 탈석유 · 에너지자립 강화 그리고 녹색경제 기반 조성 등이 신성장동력 확충과 연관된다. 다음 그림은 우리나라 녹색금융 활성화 정책의 근간이 되는 녹색성장 국가전략의 3대 실행전략과 10대 정책과제를 보여준다.

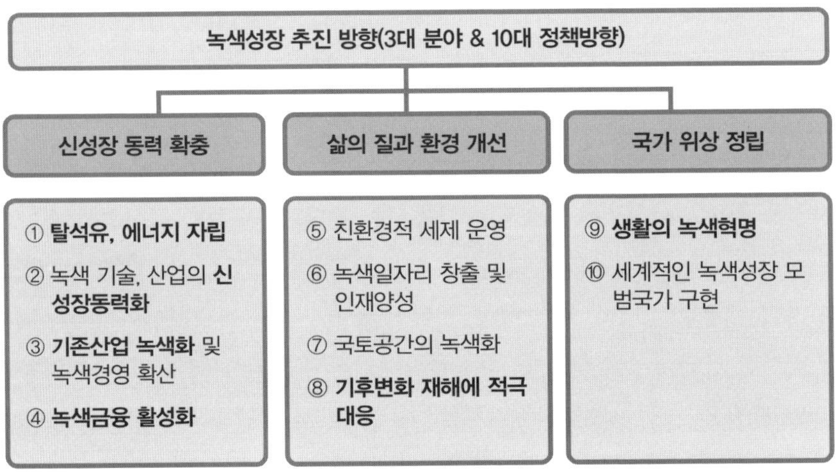

그림 1 **녹색성장 추진 방향**

2.2. 녹색성장기본법 녹색금융 시책

녹색성장기본법에 제시된 녹색금융 시책에 비추어 볼 때, 녹색금융은 녹색기술 · 산업에 대한 자금공급, 녹색금융상품 개발 · 보급, 탄소시장에서의 거래에 연계된 금융으로 보는 것이 타당하다. 녹색성장기본법은 녹색금융에 대한 정의를 직접적으로 제시하지 않고 있다. 다만 정부로 하여금 저탄소 녹색성장을 촉진하기 위하여 일부 사항을 포함하는 녹색금융 시책을 수립 · 시행하도록 규정하고 있다. 녹색금융 시책의 구체적인 예로서, ① 녹색산업 육성 · 지원 및 녹색기술의 개발 등을 위한 재원의 조성 및 정책자금 지원, ② 은행 · 증권 · 자산운용 등 각 금융 부문별 녹색금융의 지원 유도 및 새로운 녹색금융 상품 개발 촉진, ③ 녹색기반시설 구축사업에 대한 민간투자 활성화, ④ 공시제도 등을 통한 기업의 녹색경영 정보공개 강화 및 녹색경영 기업에 대한 금융지원 확대, ⑤ 배출권 거래시장의 개설을 통한 녹색금융시장 창출, ⑥ 그 밖의 전문인력 양성, 회계제도 개선, 정보체계 구축 등이 열거되어 있다.

2.3. 녹색금융 활성화 방안

정부가 제시한 녹색금융 관련 정책들도 신성장동력 확충을 위한 재원조달에 초점이 맞추어져 있다. 녹색금융 활성화 정책의 대표적인 예는 “신성장동력 녹색금융 분야 세부추진계획”(기획재정부 등, 2009), “녹색투자 촉진을 위한 자금유입 원활화 방안”(기획재정부, 2009), “녹색인증 도입방안”(지식경제부, 2009) 등이다. 그 전반적인 내용은 ① 녹색산업/기술 육성 지원 재원 확대, ② 투자대상 저변 확대, ③ 녹색산업 발전단계별 자금유입체계 마련, ④ 투자대상 저변 확대를 위한 녹색인증 제도로 정리해 볼 수 있다.

▌재원 확대

시장기능을 통한 자율적 녹색금융이 성숙하지 못한 만큼, 초기에는 정부의 재정지원에 의존한 녹색사업 설비투자가 불가피할 것으로 보인다. 정부도 이를 인지하고 재정지원에 기초한 ‘녹색투자 촉진을 위한 자금유입 원활화 방안’을 제시하였다. 아래 표는 녹색금융 활성화 방안에 포함된 재원확대 내용을 요약하여 보여준다.

▌투자대상 저변 확대

투자대상 저변 확대 방안의 목표는 자금유입체계의 실효성 있는 작동과 녹색투자 과열 가능성의 사전적 차단이다. 첫째, 기술 또는 사업이 녹색분야인지 여부를 인증하는 제도, 그리고 녹색기술을 보유하거나 녹색사업을 수행하면서 일정요건을 충족하는 기업을 녹색기업으로 확인하는 제도가 도입된다. 둘째, 향후 미래 주력 수출품목이 될 수 있는 핵심 녹색산업이 선정되고 이들이 전략적으로 육성된다. 상용화 가능성, 미래 주력 수출품목화 가능성, 전후방 연관효과 등이 선정기준이다. 셋째, 주요 녹색SOC

표 2 녹색금융 관련 재원확대 내용 (단위: 십억원)

지원방안	2009년	2013년	증감
ESCO 사업 재정융자 증액	135	200	65
녹색기술 R&D 재정지원 증액	2,000	2,800	800
연구개발 · 사업화 지원 매칭펀드 확대	13	80	67
녹색중소기업 전용펀드 확대	60	1,100	1,040
녹색산업 · 사업 해외진출 수출금융 확대	1,000	3,000	2,000
녹색기업 · 사업 신용보증 지원 확대	2,800	7,000	4,200
산업은행 · 연기금 녹색PEF	500	–	–
개도국 탄소배출권 투자 탄소펀드	100	–	–

자료: 기획재정부(2009)

표 3 투자대상 저변 확대 방안 내용

방안	내용
녹색인증제 도입	• 녹색기술, 녹색사업(프로젝트), 녹색기업 인증
핵심 녹색산업 육성	• 핵심 녹색산업 선정, 지원 • 녹색 옴부즈만 설치
민자사업 확대	• 녹색 인프라 프로젝트의 민간투자대상 확대 • 인프라펀드 최소자본금 인하, 신탁형 펀드 도입
ESCO 사업 활성화	• ESCO 대상사업 및 융자 확대, 융자조건 개선 • ESCO 기업에 대한 보증 우대 • ESCO 업종 중소기업특별세액 감면 업종에 추가

자료: 기획재정부(2009)

사업(자전거 도로, 신재생에너지 등)이 민자대상 사업에 포함되어 부가가치세 영세율 적용, 사업시행자에 대한 토지 수용권 부여 등의 혜택을 받는다. 넷째, ESCO 사업범위가 에너지절약시설에서 CO_2 저감시설 및 신재생에너지시설로 확대되고, 재정융자 규모도 증액될 예정이다. 아래 표는 이러한 투자대상 저변 확대 방안의 내용을 요약하여 보여준다.

발전단계별 자금유입체계

녹색산업 발전단계를 R&D 및 상용화 단계, 성장 단계, 성숙 단계로 구분한 후, 각 단계별 맞춤형 자금유입체계의 구축이 추진된다. 대표적인 내용을 정리하면 아래 표와 같다.

먼저 R&D 단계 및 상용화 단계의 녹색산업에 대해서는 재정지원 중심의 자금유입체계가 구축된다. 녹색기술 R&D 재정지원을 위한 '연구개발 및 사업화 지원 매칭펀드'와 녹색 중소기업에 대한 자금공급을 위한 '녹색중소기업 전용펀드'가 조성되며, 녹색기업과 녹색사업에 대한 신용보증 지원도 확대된다.

다음으로 성장 단계의 녹색산업에 대해서는 자본시장을 활용한 장기자금 조달체계가 구축되며, 필요한 경우 세제지원 등을 통해 투자위험 경감을 위한 유인도 제공된다. 산업은행과 연기금을 중심으로 사모 녹색펀드가 조성되며, 공모펀드에 투자하는 개인투자자에 대해 소득공제와 비과세 혜택도 부여된다. 또한 녹색예금과 녹색채권에 대해서도 세제혜택이 제공되는 한편, 지방자치단체의 녹색 지방채[5]의 발행을 허용하는 방안도 검토된다. 연기금의 참여를 유도하기 위해 자산운용 평가 시 녹색 투자실적에 따라 가산점이 부여되며, PEF가 녹색 인프라 사업에 적극적으로 참여할 수 있도록 PEF의 사회기반시설 직접투자가 허용된다.

세제혜택이 주어지는 대상은 조달자금의 60% 이상을 정부인증 녹색기술 · 프로젝트에 투자하는 녹색펀드, 녹색예금, 녹색채권이다. 아래 표는 개인투자자에 대한 세제혜택을 요약하여 보여준다. 공모펀드에 투자하는 개인투자자에 대해 출자금액의 10%가 300만원 한도로 소득공제되고, 펀드 배당소득과 녹색채권 이자소득에는 3천만원

표 4 발전단계별 자금유입체계 구축 내용

방안	내용
R&D 및 상용화 단계	• 녹색기술 R&D 재정지원, 매칭펀드 조성 • 녹색중소기업 전용 모태펀드 조성 • 녹색기업 및 프로젝트에 대한 신용보증 지원
성장 단계	• 녹색 펀드 조성 • 녹색 장기예금 개발 및 녹색채권 발행
성숙 단계	• 민간의 자발적 녹색금융 참여 유도 • 녹색금융 인프라 구축

자료: 기획재정부(2009)

5) 녹색 지방채는 조달자금의 100%를 녹색인증을 받은 프로젝트에 투자

표 5 녹색금융 세제지원(안)

	녹색펀드	녹색예금	녹색채권
세제지원	배당소득 비과세 소득공제(10%, 300만원)	이자소득비과세	이자소득비과세
가입한도	1인당 3천만원	1인당 2천만원	1인당 3천만원
만기	3년 이상	3년 이상	3년 이상

자료: 기획재정부(2009)

한도, 녹색 장기예금 이자소득에는 2천만원 한도로 비과세 혜택이 주어진다.

마지막으로, 성숙단계의 녹색산업에 대해서는 민간의 자발적 녹색금융 참여가 유도되고 정부에 의해 녹색금융 인프라가 구축된다. 탄소배출권 거래소 설립이 추진되면, 개도국 탄소배출권 시장에 투자하는 탄소펀드가 설립된다. 또한 한국형 '녹색 사회책임투자지수(SRI)'가 개발되어 우수기업은 '녹색리그테이블'로 공표되는 한편, 녹색기업 · 사업의 해외진출 지원을 위한 수출금융도 확대된다.

▌녹색인증 제도 도입

녹색인증을 통해 녹색기술 · 사업 · 기업으로 선별되면 전략적 육성방안에 따라 다양한 지원이 주어진다. 인증 받은 녹색기술 · 사업 · 기업은 정부 각 부처에 의해 정책적으로 추진되는 각종 지원(기술개발 R&D, 사업화, 마케팅, 수출 지원)에서 우대받을 수 있다. 또한 인증된 녹색기술 · 사업 · 기업에 참여하는 투자자에게도 금융 · 세제 면에서의 지원이 주어진다. 이러한 인증제도의 도입은 녹색금융 투자대상 확대와 녹색산업 단계별 자금유입체계 구축을 선택과 집중 원칙에 따라 실행하기 위함이다. 즉 핵심 녹색산업을 선별하여 집중 육성하되, 자금유입 촉진을 위해 자본시장을 적극 활용하고 정부는 보완적 역할을 하려는 것이다.[6]

녹색인증의 대상은 녹색기술 · 사업 · 기업이다. 우선, 녹색기술 인증 시 사용되는 기준은 기술성, 시장성, 녹색성(전략성)이다. 기술성을 예를 들어 설명한다면 신청기

---

6) 이러한 정책방향은 선진국의 정책방향과 유사하다. 네덜란드, 독일, 캐나다 등 주요 선진국은 녹색산업에 대한 투자를 활성화하기 위해 선택과 집중의 원칙하에 녹색산업을 선정□육성하고 있으며 녹색채권 발행, 녹색펀드 조성 등 다양한 정책을 실시하고 있다.

표 6 녹색기술 평가기준

항목	배점	평가내용
기술성	40	• 신청기술의 구체성, 명확성, 혁신성, 차별성, 수준 • 기술적 파급효과, 경쟁국 대비 기술수준
시장성	30	• 신청기술의 비교우위성, 사업화 계획 타당성, 시장진입가능성 • 시장규모, 성장률, 투자대비 회수가능성, 수입대체 효과, 국제경쟁력
녹색성 (전략성)	30	• 에너지 · 자원의 절약, 기후변화 및 환경훼손의 억제 • 녹색성장 기여 효과, 산업 및 경제구조 개선, 고용창출

자료: 지식경제부(2009)

술의 구체성, 명확성, 혁신성, 차별성, 수준을 기준으로 평가되는데, 기술의 수명주기상 도입기나 성장기에 위치하고, 다른 기술의 발전이나 수준향상에 기여할 수 있으며, 최고수준의 기술 대비 70%이상의 것이어야 한다. 인증평가기관이 기술성, 시장성, 녹색성을 종합적으로 평가하여 100점 만점 중 70점 이상인 기술을 인증대상으로 추천하면, 조정위원회가 녹색기술 인증 여부를 확정하게 된다. 아래 표는 녹색기술 평가기준을 요약하여 보여준다.

다음으로 녹색사업 인증 시 사용되는 기준은 녹색기술 활용성, 환경 기대효과, 사업타당성이다. 녹색기술의 사용이 사업목표에 부합하고, 그 사용 비중이 전체 투자액 대비 일정한 수준 이상이어야 한다. 신청 사업이 환경에 미치는 긍정적 영향(에너지 절감, CO_2 저감, 오염 물질 저감)과 부정적 영향(산림훼손, 습지 · 생태공간 훼손, 오염물질 배출)을 종합적으로 판단할 때 긍정적 영향이 부정적 영향보다 커야 하며, 환

표 7 녹색사업 평가기준

항목	배점	평가내용
녹색기술 활용성	30	• 녹색기술 활용 여부, 사업기여도 • 사업목표와 녹색기술 활용의 부합성
환경기대효과	50	• 긍정적 영향(A) 분석, 부정적 영향(B) 분석 • (A)>(B) 여부 종합판단
사업타당성	20	• 사업목표 구체성, 명확성, 정책목표에의 부합성 • 엔지니어링 · 기술적 오류 검토

자료: 지식경제부(2009)

경훼손 발생 가능성이 있는 사업의 경우에는 최소한 환경 중립성이 보장될 수 있어야 한다. 사업목표는 구체적이고 명확하며 정책목표와 부합해야 하는 한편, 엔지니어링이나 기술적 측면에서도 오류가 없어야 한다. 아래 표는 녹색사업 평가기준을 요약하여 보여준다.

마지막으로 녹색기업 인증 시 사용되는 기준은 성장단계와 녹색기술 매출비중이다. 창업 후 1년이 경과하여 신생 또는 성장진입기에 있어야 하며, 인증된 녹색기술에 의한 매출비중이 전체 매출의 30%이상이어야 한다. 인증 받은 녹색기술이 다수인 경우에는 각 녹색기술에 의한 직전년도 매출의 합이 전체매출의 30%이상이면 된다.

3. 시장자율의 녹색금융 현황

지금까지 살펴본 녹색금융 활성화 방안에 의하면, 녹색금융은 녹색기업을 대상으로 하는 벤처금융이라고 규정해 볼 수 있다. 그런데 정보 비대칭성이 강하고 외부성이 크게 나타나는 벤처금융의 특성을 감안할 때 투자자가 녹색금융에 소극적인 태도를 보이는 것은 합리적인 선택일 수 있다. 이와 같은 점은 시장기능 중심의 자율적 녹색금융이 본격화되지 못하고 있는 현실에서 확인 가능하다. 이하에서 우리나라 녹색금융의 현황을 벤처금융, ESCO 금융, 금융회사 서비스 등으로 구분하여 살펴본다.

3.1. 벤처금융

녹색기술에 의존하고 신생 · 성장 진입기에 있는 기업을 녹색기업으로 인증하겠다는 기준을 감안할 때, 벤처금융이 녹색금융의 기본 형태라고 할 수 있다. 그러나 아직까지 벤처금융을 통한 산업별 투자분포에서 환경 부문과 에너지 부문 비중은 미미하다.

국내 벤처금융은 첨단기술의 기업화를 촉진하기 위한 정부 정책의 일환으로 등장하였다. 1986년 벤처금융회사의 근거 법이 제정되었으며, 1996년에는 벤처금융의 투자회수시장을 정비하기 위해 코스닥 시장이 도입되었다. 1997년에는 벤처기업 육성을 위한 특별법이 제정되어 벤처지정제도를 통한 정책지원이 주어졌다. 국내 벤처금융 규모는 정책지원과 세계적인 벤처붐의 결과로 1999년과 2000년에 정점에 달한 후,

표 8 벤처금융 투자실적 현황 (단위:백만원)

년도	누적투자		신규투자	
	금액	기업 수	금액	기업 수
2000	28,827	1,980	20,211	1,910
2005	22,675	2,414	7,573	635
2006	21,957	2,093	7,333	617
2007	24,781	2,179	9,917	615
2008	26,613	2,165	7,247	496
2009.9	26,894	2,073	5,798	374

자료: 벤처캐피탈협회(2009)

IT부문에 대한 과잉투자가 해소되면서 조정과정을 겪었다. 벤처금융의 2000년과 최근 5년간 투자실적은 아래 표와 같다.

해외와 달리 국내 벤처금융회사들이 녹색금융 참여에 소극적인데 그 이유는 다음과 같은 국내 벤처금융의 특징 때문이라고 판단된다. 아래의 내용은 한국 벤쳐캐피탈협회에서 2009년에 발표한 내용이다. 첫째, 조직형태가 주주가 자본금을 납입하여 설립한 주식회사로서 미국의 유한회사와 대비된다. 주식회사 형태에서는 몇 가지 단점이 발생한다. 벤처금융리스트가 투자조합의 자금과 회사 내부자금을 동시에 운용함에 따라 이해상충이 발생할 수 있다. 또한 벤처금융리스트가 수익의 일부만이 향유할 수 있으므로 투자대상 선별과 감시에 있어 최선을 다할 유인이 약하다. 더 나아가 벤처금융리스트 개인보다는 회사의 능력과 평판이 강조되므로 벤처금융리스트의 전문성 확보가 지연된다.

둘째, 미국은 내부자금의 비중이 큰 반면, 자금조달 측면에서 볼 때 2002년 이후 투자조합을 통해 조달한 자금의 비중이 창업투자회사의 내부자금의 비중보다 커졌다. 투자조합 출자자별 구성에서는 정부의 비중이 가장 높으며 장기자금원이라고 할 수 있는 연기금과 기관투자자의 비중이 매우 낮다.

셋째, 투자 측면에서 볼 때 업종별로는 일반제조업 비중이, 업력별로는 후기단계 비중이, 지역별로는 수도권지역 비중이, 투자유형별로는 주식투자 비중이 높다. 단계별 투자나 이사회 참여를 통해 자금을 제공한 벤처기업의 행위에 대해 감시하는 경우는 거의 없어 벤처금융 회사가 미국과는 달리 수동적 투자자(passive financial investors)에 머무르고 있다. 미국 벤처금융 회사의 경우에는 경영지원 서비스를 제공하거나 이사회 참여와 단계별 투자를 통해 투자기업을 적극적으로 감시하는 것이 보편화 되어 있다.

넷째, 회수 측면에서 볼 때 기업공개에 전적으로 의존하고 있어 인수합병, 경영진 인수, 환매 등의 방법을 활용한 사례는 존재하지 않아 미국의 경우와 대비된다.

3.2. ESCO 사업

에너지절약전문기업(ESCO: Energy Service COmpany)는 금융회사는 아니지만 녹색화 사업에 필요한 자금을 제공할 수 있다는 점에서 녹색금융의 중요한 형태라고 볼 수 있다. 또한 에너지절약사업의 위험을 부담하는 대신 수익을 얻는다는 점에서 ESCO의 사업구조는 벤처금융의 일종이라고 볼 수도 있다. ESCO 사업은 1970년대 말 미국에서 에너지절약 투자방식으로 시작된 후 지금은 약 40개 국가에서 시행중이며, 국내 ESCO 사업은 정부정책 일환으로 1991년부터 시작되었다.

국내 ESCO 사업은 아직까지 시장기능에 의해 운영되지 못하고 정부의 지원에 의존하고 있다. 이러한 한계는 정부의 지원 자금이 모두 소진되면 더 이상 자금 인출이 발생하지 않는다는 점에서 극명하게 드러난다. 그 결과 1990년대 후반 급격히 성장하던 국내 ESCO 사업은 2001년 이후 성장이 정체되어 있다. ESCO 사업의 최근 5년간 투자실적은 아래 표와 같다.

표 9 ESCO 투자실적 현황 (단위: 백만원)

구분	ESCO 수	지원건수	지원액	건당지원액
2004	159	167	831	5
2005	166	202	1,829	9
2006	158	156	1,333	9
2007	156	106	1,357	13
2008	143	100	1,115	11
5개년	–	3,058	11,603	4

자료: 지식경제부(2009)

3.3. 금융회사 서비스

현재 국내에서 시도되고 있는 녹색금융 유형은 세 가지로 구분 가능하다. 우선 녹색성장에 대한 국민적 인식의 확산과 금융산업의 이미지 제고에 도움을 줄 수 있는 녹색금융이 시도되고 있다. 지금까지 국내에서 도입된 녹색금융상품은 대부분 녹색성장에 대한 인식 확산과 금융산업 이미지 제고를 위한 것이라 볼 수 있다. 첫째, 녹색보험 예로서 녹색증권, 환경친화 재물복구비용 특약, 개인용자전거전용보험, 친환경농산물비용손해보상 특별약관, 환경오염배상책임보험 등이 시도된 바 있다.

둘째, 은행업 녹색금융상품 대부분은 일정 기준 충족 시 금리를 우대하는 형태이다. 셋째, 녹색금융투자상품의 대표적 예인 녹색펀드는 운용자산의 일정 비율 이상을 녹색기업에 투자하는 것인데, 자금의 성격에 따라 차입(debt financing)과 경영권 참여가 수반되는 지분투자(equity financing)로 구분 가능하다.

다음으로 녹색기업에 대해 자금을 공급하는 한편 그 과정에서 발생할 수 있는 다양한 위험요소를 관리할 수 있는 수단을 제공하는 녹색금융이 모색되고 있다. 그런데 녹색기업이 신생 · 성장진입기에 있는 기업으로서 인증된 녹색기술에 의한 매출비중이 일정 수준 이상인 기업으로 규정되어 있는 만큼, 녹색기업은 녹색분야에서 활동하는 벤처기업이라고 볼 수 있다. 또한 녹색사업 · 기업에 대한 투자는 벤처금융으로서의 특성을 갖는다. 그러나 안타깝게도 국내에서 벤처금융이 아직까지 본격화되고 있지 못한 만큼, 녹색기업에 대한 자금과 위험관리수단을 제공하는 녹색금융은 아직 지지부진한 상태이다.

표 10 국내 녹색보험 예

상품명	보험회사
에버그린특약	동부화재
하이라이프 파워에코	현대해상
친환경농산물비용 특약	LIG손해보험
자전거전용보험	삼성화재, 현대해상
탄소종합보험	수출보험공사
승용차요일제보험	동부화재 등
그린빌딩보험	–

표 11 국내 은행 녹색금융상품 예

회사	상품
대구	DGB Green Loan
국민	여신심사 시 환경평가
신한	마이카 대출
기업	녹색부동산담보대출

마지막으로 탄소배출권 거래에 참여할 수 있는 수단 및 위험을 관리할 수 있는 수단을 제공함으로써 투자자의 탄소시장 참여를 지원하는 녹색금융을 생각해 볼 수 있다. 그러나 배출권 거래는 에너지사용목표 관리제도나 탄소세와 같이 병행되어야 실효성을 가질 수 있는 제도인데, 아직 국내에 관련 제도들이 도입되어 있지 않은 상태이다. 따라서 배출권시장에의 참여 유인이 크지 않으며, 관련 녹색금융상품도 아직 국내에는 존재하지 않는다.

4. 녹색금융 활성화 정책의 한계

정부가 제시한 활성화 방안(녹색금융 투자대상 확대, 녹색산업 단계별 자금유입체계 구축, 녹색인증 제도 도입)에 따라 기본적인 재원이 마련되고 인증제도가 시행되면, 녹색금융의 범위가 구체화되어 투자자가 녹색금융에 보다 적극적으로 참여할 수 있을 것이다. 또한 인증 받은 녹색기술 · 사업 · 기업에 대해 재정 · 금융 · 세제 면에서의 지원이 주어짐에 따라 민간부문의 녹색금융 참여 유인도 커질 것으로 기대된다.

그러나 현재의 방안 내용은 시장기능에 기초한 자율적 녹색금융의 활성화를 유도하기에는 한계가 있을 것으로 보인다. 지금까지 제시된 녹색금융 활성화 방안이 재원의 확보에 치중하고 있어, 시장기능의 핵심인 선별 및 감시기능의 강화와 그 전제조건인 녹색기술 · 사업 · 기업 관련 정보의 축적에 대해서는 상대적으로 소홀하기 때문이다. 향후 민간 재원 중심의 자율적 녹색금융이 성장하려면 시장기능이 보다 강화되어야 한다는 문제의식에 따라, 이하에서 녹색금융 개념, 중점 분야, 안전망, 선별 및 감시기능, 관계금융, 녹색정보 생산에 관련된 한계를 살펴본다.

4.1. 개념의 구체성 부족

앞서 살펴본 녹색금융 정의는 자금지원 대상을 기준으로 "녹색금융"이 "갈색금융"으로부터 명확히 구별될 수 있음을 보여주지만, 금융회사의 녹색금융 참여 활성화라는 정책 목표에 비추어 볼 때 구체성이 부족하다. 그런데 정부의 정책에 크게 의존하면서 경제적 기능에 기초한 자율적 시장이 조성되어 있지 못한 상태에서는 구체성 확보가 더욱 중요하다.

국내 금융회사가 해외 금융회사와 달리 녹색금융 참여에 소극적인 것은 녹색금융에 대한 부적절한 접근 때문이라고 보인다. 이는 녹색금융의 제공 대상에 대한 오해, 녹색금융 수단에 대한 오해, 녹색금융 참여 방식에 대한 오해에서 비롯된다. 즉 녹색금융을 친환경 금융으로 좁게 해석하거나, 현행 금융상품과 전혀 다른 혁신적인 것으로 간주하거나, 높은 위험이 수반되는 직접투자에 주목하기 때문이다. 특히 녹색금융 참여 경험이 충분히 축적되기 전까지는 능력이나 사업성도 개선되기 어려운 만큼, 녹색금융에 대한 인식 전환이 시급하다고 보인다.

4.2. 중점 분야에 대한 오해

녹색금융 정책이 제시된 직후 금융업계는 녹색금융을 "친환경금융"으로 인식하고 접근하였던 것으로 보인다. 이는 초기에 도입이 검토되었던 녹색금융들 대부분이 녹색금융에 대한 국민적 인식을 확산시키고 금융산업의 이미지를 제고하려는 것이었다는 점에서 잘 드러난다. 특히 보험산업의 경우 그러한 경향이 강하였는데, 구체적인 예로서 녹색증권, 환경친화 재물복구비용 특약, 개인용자전거전용보험, 친환경농산물비용 손해보상 특별약관, 환경오염배상책임보험 등이 검토된 바 있다.

그런데 정부가 제시한 녹색금융 활성화 정책에 따르면 녹색금융의 핵심은 환경보전이라기 보다 에너지 안보나 신성장동력 발굴이라고 판단된다. 즉 녹색금융은 녹색기술 · 사업 · 기업에게 자금을 제공하는 한편 투자자에게는 투자수단과 위험관리수단으로서 녹색금융상품을 제공하는 것이다. 또한 그와 같은 자금중개 과정에서 선별 및 감시기능과 정보생산기능을 수행하는 것이 녹색금융의 실질적 내용이다. 이와 같은 시각을 뒷받침하는 근거는 정부가 발표한 다양한 활성화 정책에서 찾아볼 수 있다.

4.3. 안전망에 대한 인식 부족

녹색금융 정책이 제시된 직후 금융업계는 녹색금융 참여방식을 "고위험 사업에 대한 직접투자"로 인식하고 접근하였던 것으로 보인다. 이는 녹색분야에 대한 자금제공이 높은 위험을 수반하는 관계로 금융회사들이 녹색금융에 참여하는 것이 부적절하다고 주장하였던 점에서 잘 드러난다. 그러한 판단에 따라 금융회사들은 위험 부담이 크지 않은 환경친화적 금융상품들만을 검토하였던 것으로 보인다.

그런데 해외 금융회사들이 녹색금융에 참여하는 방식을 보면, 녹색분야에 투자하는 것과 더불어 녹색사업에 참여하는 투자자들에게 안전망을 제공하는 것에 주력하는 것을 확인할 수 있다. 즉 금융회사의 역할 중 투자자로서의 역할보다 위험관리자로서의 역할을 적극적으로 수행하고 있는 것이다. 이는 녹색기술 · 사업 · 기업에 자금을 제공하는 투자자들이 직면하게 되는 위험을 금융회사가 인수해 주는 대가로 위험프리미엄을 받는 것이다.

해외에서는 창업투자회사가 녹색사업을 발굴하고 조성하는 단계에서부터 투자자들(대형 금융회사나 펀드)이 안전망으로서 보험을 요구하는 것이 일반적이다. 녹색사업 진행 과정에서 각종 사고로 인하여 손실이 발생하거나 시장환경 변화로 인하여 수익이 예상수준에 미치지 못할 가능성이 존재하는 만큼, 그와 같은 위험을 관리할 수 있는 위험관리수단을 마련하려는 것이다. 특히 사업자가 적절한 보험을 확보하지 못하면 녹색사업이 진행되지 못하는 만큼, 안전망으로서의 보험이나 보증에 대한 인식이 강하다. 국내에서도 투자자의 자금공급이 녹색기업이 요구하는 자금수요에 미치지 못하고 있는 만큼, 보험회사의 안전망 제공에 대한 요구는 점차 커질 것으로 예상된다. 아래 그림은 해외에서 진행되는 녹색사업의 전형적인 형태를 보여준다.

4.4. 선별 및 감시기능 미흡

녹색금융의 외형은 자금공급자인 투자자로부터 조달된 자금이 자금수급자인 녹색기업에게 제공되는 금융중개(financial intermediation)이다. 정부의 활성화방안의 대부분이 녹색금융에 소요될 재원을 확보하는 것에 집중하고 있는 것도 녹색금융의 외형에 주목하기 때문인 것으로 보인다. 그런데 녹색금융의 질적인 측면은, 경쟁력 있는 녹색기업에게 상대적으로 풍부한 자금을 지원하고 부실한 녹색기업은 시장에서 도태시키는 시장기능이다. 그러한 시장기능은 투자대상에 대한 선별(screening)과 감시(monitoring)가 제대로 이루어질 때 정상적으로 작동할 수 있다.

정부의 녹색금융 활성화 방안에 따르면, 녹색인증을 통해 녹색기술 · 사업 · 기업에 대한 선별이 이루어질 것으로 보인다. 그리고 녹색금융 초기에는 대부분의 투자자가 녹색인증 기준을 사용하여 투자대상을 선별할 것으로 예상된다. 녹색기술 · 사업 · 기업의 수익성평가에 대한 경험과 노하우가 부족하여 독자적인 선별이 어려울 뿐만 아니라, 정부가 제공하는 다양한 지원을 받기 위해서는 인증된 녹색기술 · 사업 · 기업에 투자하는 것이 불가피하기 때문이다. 그런데 인증제도에 지나치게 의존하여 금융회사의 독자적인 선별과 감시기능이 정상적으로 작동하지 못하면 시장실패가 발생할 가능성이 높다.

특히 현재 제시된 녹색인증 기준만으로 녹색기업의 미래 성장가능성이나 수익성을 정확하게 판단하기는 어려울 것으로 보이는데, 그 이유는 다음과 같다. 첫째, 녹색사업 평가기준은 사업의 녹색성 평가 중심으로 구성되어 있으며, 사업의 경제성 평가는 금융회사의 몫으로 남겨져 있다. 둘째, 녹색기술 활용성, 환경 기대효과, 사업타당성은 모든 사업에 공통적으로 적용될 기준으로, 사업 유형별로 적용될 세부기준과 사업목표와 정책목표 사이의 정합성을 판정하는 기준이 마련되어 있지 않다. 셋째, 녹색기업 선별 기준으로 부품소재전문기업과 첨단기술기업의 기준이 준용되고 있는데, 첨단기술기업 관련 기준은 첨단기술을 바탕으로 발생한 매출액이 연간 총매출액에서 차

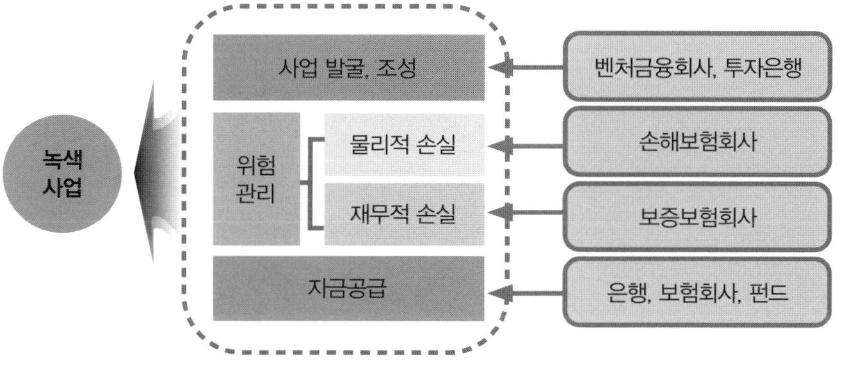

그림 2 **녹색사업 자금조달 방식**

지하는 비율이 30퍼센트 이상이며(대덕연구개발특구등의육성에관한특별법 시행령 제3조 제3항 제2호), 부품소재전문기업 관련 기준은 부품소재 또는 그 생산설비의 매출액의 비율이 100분의 50 이상인 기업(부품소재전문기업등의육성에관한특별조치법 시행령 제3조 제1항)이다. 동 기준에 따른 선별의 적절성에 대한 평가가 선행될 필요가 있다. 넷째, 무엇보다도 이번에 발표된 방안에서는 자금 제공 이후 녹색기업에 대한 사후적 감시기능에 대한 고려가 부족하다.

4.5. 관계금융에 대한 인식 부족

정부가 제시한 녹색금융 활성화 방안의 기본 방향은 민간 재원을 최대한 활용하는 한편 정부는 보완적 역할만을 담당하는 것이다. 그런데 현재 국내 상황은 투자자들이 녹색금융에 익숙하지 못한 단계로서, 수익성이 검증되지 않은 녹색금융이 자본시장을 통한 직접투자 방식으로 활성화되기는 어렵다. 금융회사의 경우, 글로벌 금융위기 이후 건전성규제가 강화되는 추세여서 위험자산에 해당하는 녹색금융을 확대할 여력이 크지 않다.

이와 같은 상황에서 자율적 녹색금융이 가능하려면 관계금융(relationship financing)을 활용하여 녹색기업에 대한 선별과 감시를 수행할 적극적 투자자가 요구된다. 관계금융에서는 금융회사가 녹색기업과 장기관계를 유지하면서 획득한 사적 정보를 활용하면서 맞춤형 투자계약을 바탕으로 선별과 감시를 수행하는데, 이는 재무제표를 비롯한 공개된 정보를 활용하면서 표준형 투자계약을 바탕으로 금융을 중개하는 거래금융(transaction financing)과 대조된다.

불확실성이 크고, 투자회임기간이 장기이며 외부성이 강하게 나타나는 녹색금융 초기에는 거래금융에 비해 관계금융이 보다 효과적일 수 있다. 관계금융 시에는 보다 다양한 수단을 활용하여 녹색기업에 대한 선별과 감시를 수행하는 것이 가능하기 때문이다. 예를 들어, 녹색기업 이사회 참여, 투자계약 시 특별약정 체결, 녹색기업과의 장기 거래관계 등을 생각해 볼 수 있다. 결과적으로 관계금융이 확립되면 보다 저렴한 비용으로 선별과 감시가 이루어질 수 있기 때문에 R&D 단계나 성장단계에 위치한 녹색기업에 대해서도 자금을 공급할 유인이 커진다.

또한 적극적 투자자의 관계금융이 확산은 자본시장을 통한 거래금융이 촉진될 수 있는 기반을 제공한다. 녹색기업에 대한 공개정보가 많지 않은 초기에는 사적정보에 기초한 관계금융으로 시작하는 것이 불가피하지만, 관계금융 과정에서 부산물로서 녹색기업 관련 공개정보가 생성되어 축적됨에 따라 점진적으로 거래금융의 활용가능성이 커진다. 따라서 적극적 투자자가 많아지면 녹색금융에 내재된 정보의 비대칭성이 완화되고 녹색기업의 장기적 경쟁력에 대한 판단이 정확해져 거래금융도 활성화될 수 있다.

요컨대, 녹색금융 초기에는 적극적 투자자에 의한 관계금융을 활성화하는 것이 바람직한데, 이에 대한 고려가 부족하다는 점이 녹색금융 활성화 방안의 한계이다. 정보의 비대칭성이 심각한 상태에서 자본시장에 기초하여 녹색금융을 활성화 시키려는 방안은 기대만큼의 효과를 거두기 어렵다고 판단된다. 특히 녹색금융의 질적 성숙을 위해 요구되는 선별과 감시기능이 원활히 이루어질 가능성이 높지 않다.

4.6. 녹색정보 생산 소홀

녹색금융의 초기에 선별과 감시가 원활히 작동하기 어려운 이유는 녹색기업에 대한 정보가 부족하기 때문이다. 우선 R&D 단계나 성장단계에 위치한 녹색기업과 관련하여 핵심역량이나 사업에 관한 정보가 외부에 공개되지 않기 때문에 정보의 비대칭성이 심각하게 나타난다. 더욱이 이들 녹색기업에 대한 정보생산에서는 외부성이 강하게 나타나 정보생산이 충분한 수준으로 이루어지지 않는다. 이는 일부 투자자가 비용을 들여 해당 녹색기업에 대한 정보를 생산하면, 해당 투자자가 정보생산 비용을 모두 부담하는 반면 다른 투자자도 생산된 정보를 활용할 수 있기 때문이다. 이에 따라 대다수 투자자들이 다른 투자자의 정보생산에 무임승차하려는 유인을 갖게 되어 정보의 비대칭성이 지속되는 결과가 초래된다.

이와 같은 외부성을 감안할 때 재정지원과 녹색인증을 담당하는 공적기관이 정보생산 기능을 수행하는 것이 바람직하다. 녹색기술 · 사업 · 기업 관련 인증업무를 수행하는 과정에서 인증평가기관과 조정위원회에 녹색기술 · 사업 · 기업에 대한 정보가 축적될 수 있다. 이러한 가능성은 ESCO 사업에 대한 저금리 융자제도의 경우에서 확인할 수 있다. 성과배분제의 계약서를 바탕으로 에너지관리공단의 추천을 받은 ESCO 사업자는 산은캐피탈에서 에너지절약시설자금을 인출할 수 있다. 그 과정에서 ESCO

는 계약서와 관련 자료를 에너지관리공단에 제출하여야 하는데, 동 자료는 ESCO 사업의 수익성 분석에 활용될 수 있다.

그런데 재정지원 공적기관의 경우 사후적 관리에 대한 유인이 크지 않기 때문에, 이들을 통해 축적된 정보를 녹색금융에 직접적으로 활용하는 것은 한계가 있다고 판단된다. ESCO 사업의 사례에서도, ESCO 사업 수익률을 산정하기 위해 필요한 정보가 충분히 집적되어 있지 못하다. 예를 들어, 에너지관리공단에 집적된 정보에는 실제 투자 규모, 실제 절감액, 에너지사용자와 ESCO 사이의 분쟁여부 등의 정보가 포함되어 있지 않다. 또한 계약체결 후 기간에서의 절감량을 정확히 산정하기 위해 필요한 주설비별 사용 연료의 종류와 그 가격에 대한 정보도 집적되어 있지 않다. 이러한 정보는 사후적 감시가 제대로 이루어져야만 집적될 수 있는 것인바, 에너지절약시설자금 지원 이후 사후적 관리가 충분하지 못하였다고 볼 수 있다.

이와 마찬가지로 녹색금융 활성화 방안에서도 인증 과정에서 인증평가기관에 의해 축적된 정보나 매칭펀드 · 모태펀드 · 보증지원 운영과정에서 생성되는 정보를 집적하여 활용하려는 계획이 포함되어 있지 않다. 이는 녹색금융 활성화 방안이 녹색기술 · 사업 · 기업 정보의 생산과 관련하여 갖는 한계이다.

5. 녹색금융 활성화를 위한 정책제언

이하에서는 향후 우리나라에서 시장자율에 기초한 녹색금융을 조기에 활성화시키기 위해 요구되는 개선방향을 논의해 본다. 녹색금융 관련 시장실패를 교정하는 방안, 녹색금융 관련 안전망을 제고하는 방안, 녹색기업 관련 정보인프라를 구축하는 방안, 금융회사에게 녹색금융에 보다 적극적으로 참여하도록 유인을 제공하는 방안, 공적지원의 실효성을 제고하는 방안을 보완할 필요가 있다.

5.1. 시장실패 교정

지금까지 정부의 녹색금융 활성화 방안(녹색금융 투자대상 확대, 녹색산업 단계별 자금유입체계 구축, 녹색인증 제도 도입)은 녹색기술 · 사업 · 기업의 자금조달을 지원하기 위한 재원을 마련하는 한편, 인증 제도를 통해 녹색분야의 범위를 구체화하는 것이다. 이와 같은 정부 정책은 녹색금융 시장에서 수요곡선과 공급곡선이 교차할 수 있도록 녹색금융에 대한 시장수요를 확대하려는 것이라 볼 수 있다. 즉 현재 시장자율에 기초한 녹색금융 시장이 조성되지 못하는 것을 수요곡선과 공급곡선이 만나지 못하여 발생하는 일종의 시장실패로 간주할 때, 정부가 개입하여 수요곡선을 이동시키면 시장실패가 교정될 수 있는 것이다.

정부가 직간접적 개입을 통해 녹색금융을 활성화를 유도하는 명분은, 녹색분야의 성장으로부터 긍정적인 외부효과를 기대할 수 있다는 것이다. 즉 녹색기업의 성장에 따른 혜택은 녹색기업에 자금을 제공하는 투자자뿐만 아니라 녹색기업의 성과를 모방하는 경쟁기업, 보완재를 생산하는 기업, 새로운 제품을 소비하는 수요자 등도 함께 누릴 수 있다. 따라서 녹색분야 성장에 따른 사회적 수익률은 투자자가 누릴 수 있는 사적 수익률에 비해 높을 것으로 추론된다.

그런데 긍정적 외부효과가 존재하는 경우 시장자율에 의해 발생하는 녹색금융 수준은 사회적으로 최적인 수준에 미치는 못하는 것이 일반적이다. 이와 같은 시장실패를 보정하여 녹색금융을 사회적 최적수준까지 확대하기 위해서는 공적지원이 요청된다. 다만 녹색분야에 대한 정부의 지원은 국민의 세금에 의존하는 만큼, 녹색금융 활성화를 공적재원에만 의존하는 것은 한계가 있다. 따라서 보다 효과적이고 효율적인 활성화 방안을 모색할 필요가 있는데, 민간 보험을 활용하는 것이 한 가지 대안이 될 수 있다.

일종의 안전망인 녹색보험이 활성화되지 않은 상태에서 시장기능 중심의 자율적 녹색금융이 본격화되기 어렵다. 녹색사업에 수반되는 다양한 위험을 효과적으로 관리할 수 있는 수단이 제공되지 않는 상황에서, 투자자가 녹색금융 참여를 기피하는 것은 합리적인 선택이다. 즉 현재 시장자율에 의한 녹색금융이 발생하지 않는 것은, 녹색금융 공급자가 요구하는 기대수익률에 비해 녹색금융 수요자가 약정할 수 있는 수익률이 낮기 때문이라고 볼 수 있다.

이와 같이 민간 보험을 활용하면 녹색금융 관련 시장공급의 확대를 유도하는 것이 가능하므로, 시장수요 확대에 초점을 맞추고 있는 정부의 활성화 방안과 보완적이라고 판단된다. 예를 들어, 투자자가 녹색금융 거래에 수반되는 위험을 제3자에게 전가

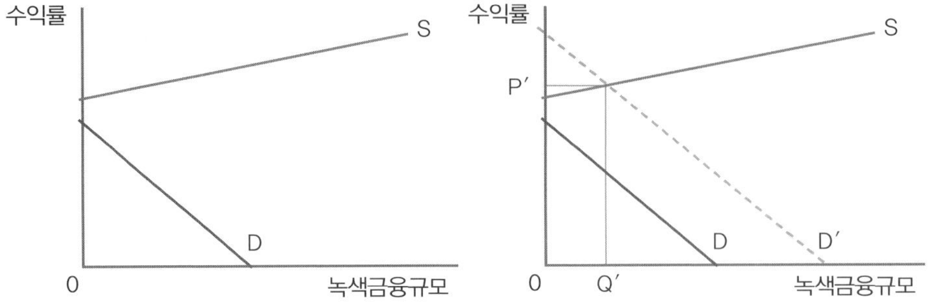

그림 3 **녹색금융 활성화 방안 효과**

시킬 수 있으면 위험프리미엄 수준이 축소되고 결과적으로 녹색금융 공급가격이 낮아질 수 있다. 따라서 민간 보험회사가 일정한 안전망을 제공하면 시장공급 확대로 자율적 녹색금융이 발생할 수 있을 것으로 기대된다.

5.2. 안전망 강화

금융회사가 녹색금융에 적극적으로 참여하도록 유도하려면, 우선적으로 녹색금융에 대한 시야를 보다 확대할 필요가 있다. 녹색금융은 환경요인과 금융거래를 연계하는 것과 더불어 녹색기술 · 사업 · 기업에 자금을 제공하는 한편 녹색성장 과정에서 경제주체들이 직면하는 위험을 인수하여 관리하는 것도 포괄한다. 그런데 국내 금융회사들은 아직까지 금융거래에 환경요인을 연계하는 수준에 머물러 있으며, 정부의 활성화 방안도 녹색기술 · 사업 · 기업에 자금을 제공하는 것에 집중하고 있다. 한편 녹색기술 · 사업 · 기업과 관련된 위험을 인수하여 관리하는 녹색금융의 도입의 필요성에 대한 인식은 상대적으로 부족하다.

환경요인과 금융거래를 연계하는 수준에서는, 금융회사의 역할도 제한적이며 녹색금융이 틈새시장에 머무를 가능성이 높다. 반면 녹색금융의 범위를 녹색성장 과정에서 경제주체들이 직면하는 위험을 인수하여 관리하는 것으로까지 확대하면, 선별 및 감시기능과 정보생산기능을 담당하는 금융회사 역할이 중요해진다. 그러한 역할에는 R&D 단계나 상용화 단계에 위치한 녹색기업으로부터 위험을 인수하는 한편, 투자자에게는 투자수단과 위험관리수단으로서 녹색금융상품을 제공하는 것이 포함된다. 녹색금융 관련 위험관리수단의 대표적인 예는 녹색보험이라 할 수 있는데, 그 개념,

유형, 구체적인 상품구조, 활용 사례 등에 대해서는 제5장을 참조하기 바란다.

보험회사가 제공하는 안전망의 대표적인 예는 성능보증보험으로서, 녹색사업으로부터 예상되는 성과수준 100%에 대비하여 약정수준을 80%로 설정하고, 처음 20% 손실에 대해서는 투자자가 부담하고 80% 이하의 추가 손실에 대해 보험회사가 부담하는 구조를 생각해 볼 수 있다.

이와 같은 가능성을 고려할 때, 정부도 민간 보험회사가 녹색금융 투자자들에게 적절한 안전망을 제공하도록 유인을 제공하는 방안을 검토해 볼 수 있겠다. 이는 금융보증 제공에 따른 사회적 혜택이 큼에도 불구하고 정작 금융보증을 제공하는 보험회사가 누리는 혜택은 제한적일 수 있기 때문이다. 실제로 국내 금융산업 발전 경로 상 은행이 금융보증을 제공해 왔었으나, 1997년 외환위기 이후 서비스가 중단된 사례도 자발적인 금융보증 제공이 쉽게 위축될 수 있음을 보여준다.

따라서 보험산업을 통해 안전망이 제공되기를 기대하는 경우 적절한 공적 안전망을 통해 공급자 유인을 제고하는 것을 고려해 볼 수 있다. 즉 녹색금융 활성화를 유도하려면 투자자를 위한 다층적인 안전망 구축을 도모하는 것이다. 예를 들어, 통상적이고 개별적인 위험을 관리하기 위한 민간 보험 · 보증회사의 보장서비스, 체계적 위험을 관리하기 위한 사적 안전망, 더 나아가 거대위험을 관리하기 위한 공적 안전망이 정비될 필요가 있다.

해외의 사례를 볼 때, 창업투자회사가 녹색사업을 발굴하고 조성하는 단계와 대형 금융회사나 펀드로부터 대규모 자금을 조달하는 단계 중간에서 보험 · 보증회사가 제

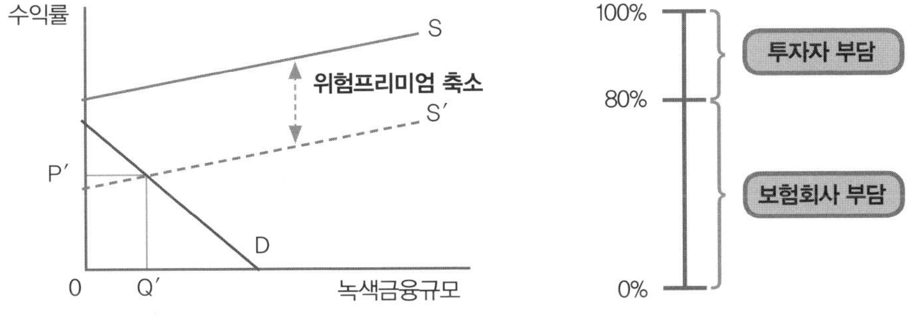

그림 4 **민간 보험을 통한 녹색금융 활성화**

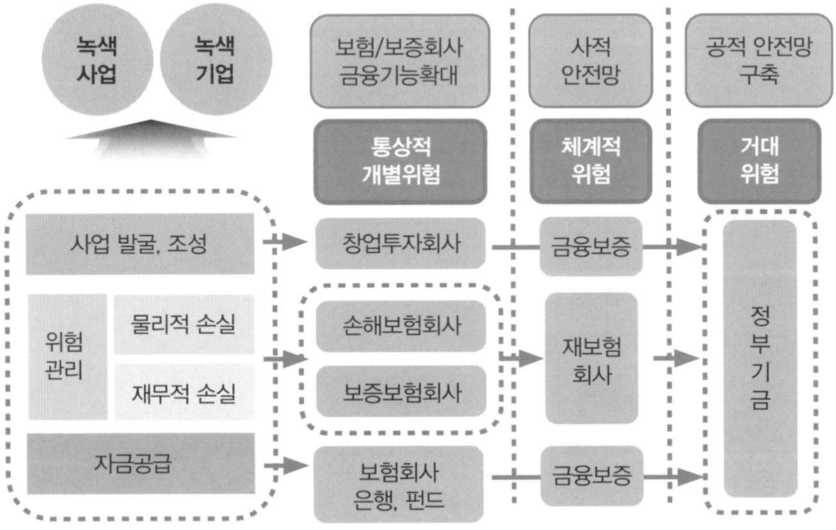

그림 5 **녹색금융 활성화를 위한 안전망 구축**

공하는 다양한 위험관리수단이 활용된다. 현재 우리나라 제도를 보면, 재보험이라는 사적 안전망을 활용하여 보험 · 보증회사의 위험 인수를 지원하는 것이 가능하다. 또한 민간 금융회사가 감당하기 어려운 거대위험에 대해서는 정부의 기금이 공적 안전망 역할을 수행할 수 있다.

요컨대, 공적 안전망과 사적 안전망의 병행이라는 관점에서, 아직 우리나라에는 없는 금융보증 제도를 도입함으로써 사적 안전망을 보다 확충하는 것을 제안한다.

5.3. 녹색정보 인프라 구축

녹색금융 과정에서 녹색기술 · 사업 · 기업에 대한 정보를 생산하여 시장에 제공할 수 있는 민간 주체로서 시중은행, 투자은행 업무를 영위하는 금융투자회사, 신용평가회사, 채권추심전문회사, 창업투자회사 등을 생각해 볼 수 있다. 이들의 정보생산기능이 원활하게 수행되면 녹색금융에서의 정보 비대칭성이 완화되고 긍정적 외부효과가 나타나 투자자들의 선별 및 감시능력이 강화될 수 있다. 그러나 이들의 녹색금융 관련 정보생산 가능성은 현 단계에서 크지 않을 것으로 보인다. 특히 논리적 차원에서 볼 때 창업투자회사는 단계별 금융을 활용하거나 기업의 경영에 참여함으로써 벤처금융을 주도할 수 있지만, 국내 창업투자회사는 사후적 감시에 소극적이며 전문성을 갖춘 벤처금융리스트도 부족하다는 점에서 녹색기업 관련 정보생산에 한계가 있다고 판단된다.

또한 녹색기술 · 사업 · 기업에 대한 정보가 부족한 상태에서 보편적인 기업평가 기법이 그대로 녹색기업에 적용되기 어렵다. 아직까지 녹색기업에 대한 신뢰할만한 정보가 부족하하며, 신생 · 성장진입기에 있는 녹색기업에 적합한 정형화된 분석기법이 존재하지 않는다. 그리고 녹색기업에 대한 기업평가를 수행할 전문인력이 크게 부족할 뿐만 아니라, 대형 금융회사가 보유한 기업평가 기법과 노하우가 활용되기 어렵다. 이처럼 녹색기업에 대한 정보가 부족하여 기업평가가 부진하면 투기적 군집행동이 초래되어 녹색금융의 순환이 교란될 수 있다.

우선 녹색기업 가치평가가 쉽지 않기 때문에 경기변동에 따라 녹색기업 가치가 과대 혹은 과소평가되는 투기적 패턴이 반복되고 이로 인하여 투자자들의 불신이 커져 녹색금융이 위축될 가능성이 높다. 예를 들어, 2000년 전후에 나타났던 벤처금융의 투기적 투자패턴도 정보부족에 기인하였다고 볼 수 있으며 결과적으로 벤처투자에 대한 투자자의 불신을 야기한바 있다.

다음으로 R&D 단계나 상용화 단계에 위치한 녹색기업일수록 공적 정보가 부족한 만큼, 대부분의 녹색금융이 성숙단계에 위치한 녹색기업에만 집중될 가능성이 높다. 정보 부족으로 R&D 단계나 상용화 단계에 있는 녹색기업의 자금조달이 어려워지면 녹색기술 개발 동기가 약화될 수 있다. 그런데 이 단계의 녹색기술에서는 긍정적 외부효과가 기대되는 만큼, 사회적 수익이 사적 수익보다 크게 나타나는 것이 일반적이다. 그와 같은 외부효과를 감안할 때, 성장잠재력이 큰 녹색기술 개발 동기가 약화됨에 따른 손실은 매우 크다고 볼 수 있다.

따라서 녹색성장이 성공적으로 달성되려면 모든 단계의 녹색기업에 대해 녹색금융이 원활히 이루어져야 한다. 정부도 이러한 긍정적 외부효과에 주목하여 R&D 단계나 상용화 단계에 있는 녹색기업에 대해서는 재정지원 중심의 자금유입체계를 제시하였다. 그러나 재정지원에도 한계가 있는 만큼 시장기능에 기초한 자율적 자금유입이 조기에 활성화되도록 유도하는 것이 바람직하다.

이와 관련하여 녹색정보 인프라를 개선하는 것이 시장기능에 기초한 자율적 녹색금융이 활성화될 수 있는 전제조건이라고 생각한다. 우선 인증 과정에서 인증평가기관에 의해 축적된 정보나 매칭펀드 · 모태펀드 · 보증지원 운영과정에서 축적된 정보를 토대로 녹색금융 관련 데이터베이스를 구축할 필요가 있다. 그리고 축적된 녹색정보를 민간 금융회사가 활용할 수 있도록 정보인프라를 구축해야 할 것이다. 더 나아가 녹색금융 과정에서 자체적으로 수집한 녹색기업의 경영정보를 토대로 민간 금융회사나 신용평가회사가 기업가치 평가 사업을 영위할 수 있도록 허용하는 것도 생각해 볼 수 있다.

5.4. 금융회사 위험인수 유인 제공

금융회사가 위험관리자로서 녹색금융 활성화에 기여할 수 있는 기회가 적지 않지만, 현실에서는 위험관리자가 자생적으로 성장하기는 쉽지 않다. 따라서 금융회사가 녹색금융에서 선별과 감시를 보다 적극적으로 수행하도록 유도하는 방안을 검토할 필요가 있다.

첫째, 금융회사가 수익성과 더불어 녹색성을 투자대상 선별기준으로 사용하도록 유도할 필요가 있다. 이를 위해 수탁자의무나 대출자책임에 녹색성 추구가 포함되는 것으로 해석하는 것이 가능하며, 이에 대해 투자자가 공감대를 형성하도록 녹색투자평가 교육프로그램을 제공하는 것도 가능하다. 더 나아가 금융회사의 재무건전성을 평가하거나 연기금의 위탁운용회사를 선정할 때 녹색금융 비중이 높은 회사를 우대할 수 있다.

둘째, 금융회사가 녹색금융을 위해 다양한 벤처금융기법을 활용할 수 있도록 허용할 필요가 있다. 금융회사가 벤처금융, 프로젝트 파이낸싱, 팩토링, 사모투자펀드, 헤지펀드를 활용하여 녹색기업을 지원하는 경우, 필요자기자본을 산정함에 있어서 우대하는 것이 가능하다. 한편 ESCO가 투자자로부터 자금을 조달하여 투자조합을 결성하고 이 자금을 활용하여 에너지절약사업을 영위할 수 있도록 허용하는 것을 생각해 볼 수 있다. 또한 ESCO가 자금조달 목적으로 발행하는 채권을 녹색채권으로 분류하여 이자소득을 비과세하는 방안도 검토해 볼 수 있겠다.

셋째, 녹색금융에 참여하는 금융회사에 대한 정책적 지원을 마련할 필요가 있다.

지금까지 제시된 펀드 중심의 자금유입체계 구축 방안에는 투자자에 대한 세제혜택이 포함되어 있으나, 금융회사에 대한 지원 내용은 담겨 있지 않다. 금융회사의 녹색금융 내용과 녹색성장 목표 사이의 부합성을 평가하여 법인세를 감면해 주는 방안을 검토해 볼 수 있다. 또한 녹색인증 과정에서 시장성이나 사업타당성 평가 시, 위험관리 목적의 녹색금융상품 사용을 우대하는 방안도 생각해 볼 수 있다. 특히 녹색예금 · 녹색펀드에 주어지는 세제혜택을 참조하여 녹색보험(보장성 녹색금융상품)에 대해서도 세제혜택을 줄 수 있다. 그리고 녹색보험 개발 시 필요한 경험통계가 축적되어 있지 않는 만큼, 녹색인증 과정에서 축적된 녹색기업 · 금융 관련 정보를 행정통계로 활용할 수 있도록 허용하는 것도 생각해 볼 수 있다.

5.5. 공적지원 실효성 제고

정부가 녹색기업을 지원하는 것이 정당화될 수 있는 기본적인 논리는, 녹색기업 성장에 따라 긍정적인 외부효과가 발생한다는 것이다. 녹색기업의 R&D지출이나 오염물질저감장치 설치를 위한 지출은 다른 기업들이나 경제시스템 전반에 긍정적인 혜택을 주는 만큼, 해당 녹색기업이 투자로부터 발생하는 모든 혜택을 누릴 수 없기 때문에 공적지원이 합리적인 방안이다. R&D의 파급효과는 여러 가지 형태로 발현될 수 있는데, 새로운 혁신에 따른 혜택은 동 혁신을 모방하는 경쟁기업, 보완재를 생산하는 기업, 새로운 제품을 소비하는 수요자에 의해 공유된다.

여기에서 강조되어야 할 점은 사회적 수익률과 사적 수익률 사이의 갭이 녹색기업의 특성에 따라 달라지므로, 소규모 녹색기업들에 공적지원을 집중할 필요성이 크다는 것이다. 이에 대한 논거는 다음과 같다. 첫째, 지적재산권을 효과적으로 방어하지 못하며 생산물시장에서 충분한 지대를 누리지 못하는 소규모 녹색기업들에서 외부효과가 강하게 나타날 수 있다. 둘째, 소규모 녹색기업은 정보 비대칭성이 강하여 민간금융회사로부터 자금을 조달하기 어렵다. 혁신기업에 대한 자금제공 전 선별기능과 자금제공 후 감시기능을 적극적으로 수행하는 벤처캐피탈회사가 벤처금융을 효과적으로 수행하는 것으로 받아들여지고 있으나, 전체 기술기반 기업들 중 벤처캐피탈회사를 통해 자금을 조달하는 비중은 매우 낮다. 이러한 상황에서 공적지원 과정에서 성장가능성이 높은 녹색기업들이 선별되면 자금조달이 해결된다는 직접적 효과와 더불어 정보비대칭성이 완화되는 간접적 효과도 나타나게 된다.

한편, 공적지원 과정에서 이해집단이나 정치인이 자신의 이해를 도모함에 따라 자원배분상의 왜곡이 발생할 수 있는바, 이를 통제하기 위한 방안이 요구된다는 점에 주목할 필요가 있다. 시장실패 교정을 위해 공적지원이 주어지는 과정에서 기회주의적 행태가 나타날 가능성있다. 규제포획이론(theory of regulatory capture)에 따르면, 무임승차 가능성이 낮아 집단행동 형성이 용이하고 이해집단이 충분한 사적 이익을 기대할 수 있는 상황에서는, 직간접적으로 공적지원을 남용하려는 유인이 강하게 나타난다. 특히, 소규모 회사에 대한 공적지원 과정에서도 기회주의적 행태가 나타날 가능성이 존재함을 강조할 수 있다.

또한 민간기업, 정치집단, 관료가 독자적인 의사결정주체로 행동하는 주인-대리인 모형을 분석하면, 관료들이 민간의 이해에 기초하여 도출된 정책을 자신의 이해에 따라 왜곡시킬 수 있음을 알 수 있다. 녹색기업에 대한 공적지원을 담당하는 관료나 정치인의 이해에 따른 왜곡은 다양한 양상으로 나타날 수 있다. 녹색기업들이 공적지원의 수령을 추구하는 가운데 정치인들이 자신과 정치적 이해관계에 갖는 녹색기업에게 지원이 집중되도록 유도할 수 있다. 또한, 관료들이 공적지원의 필요성과는 무관하게 성공가능성이 높은 녹색기업을 선정하는 상황도 발생할 수 있다. 지원받은 녹색기업이 성공하면 해당 녹색기업을 선정한 관료들이 공적을 인정받을 수 있기 때문에, 해당 기업에 대한 공적지원의 필요성이 크지 않음에도 불구하고 지원하는 것이다.

요컨대, 공적 안전망 구축 시, 지원 과정에서 이해집단이나 정치인이 자신의 이해를 도모함에 따라 자원배분상의 왜곡이 발생할 수 있는바, 이를 통제하기 위한 방안을 모색해야 할 것이다.

찾아보기

국문 찾아보기

ㄱ

ㄴ

ㄷ

영문 찾아보기

저자 약력

김주태

- 서울대학교 경영대학 졸업
- Miami University MBA
- 삼성전자 근무 (기획실/해외사업부)
- 서울대학교 경영학 박사(국제경영/경영전략)
- 현, 단국대학교 경영학과 교수
- 최근 APEC과 ADB 주최 녹색성장에 관한 국제공동연구들에 참여함.

진 익

- 서울대학교 경제학부 졸업
- Rice University 경제학 박사
- 한국은행 금융경제연구원 근무 (금융연구실)
- 자본시장연구원 근무 (금융투자상품실)
- 현, 보험연구원 경영전략실 실장
- 최근 녹색보험, 기후변화 등에 관한 연구들을 수행함.

녹색금융 GREEN FINANCE

2013년 1월 10일 | 1판 1쇄 인쇄
2013년 1월 15일 | 1판 1쇄 발행

지은이 | 김주태 · 진 익
발행인 | 김은중
발행처 | 서울경제경영출판사
편집디자인 | (주)우일미디어디지텍

주 소 | 120-808 서울특별시 서대문구 대현동 67-5 대현빌딩 6층
전 화 | 02)313-2682
팩 스 | 02)313-8860
등 록 | 1998년 1월 22일 제5-63호

ISBN 978-89-97937-07-3 93320 정가 24,000원

※ 잘못된 책은 바꾸어 드립니다.